はじめて学ぶ 健康・スポーツ科学シリーズ 5

体力学

中谷 敏昭 編

池田 達昭
後藤 一成
寺田 恭子
鍋倉 賢治
星野 聡子
宮口 和義 著

化学同人

●シリーズ刊行にあたって●

「はじめて学ぶ 健康・スポーツ科学シリーズ」は，健康・スポーツ科学，体育系の大学や専門学校で学ぶ1，2年生が，その後に続く専門課程（コース）に進むために身につけておくべき知識をわかりやすくまとめた「教科書シリーズ」である．

スポーツが好きで大学や専門学校に入学しても，高等学校までの知識が不足していると入学後の講義が難しく感じられ，「夢」を諦めてしまう学生も少なくない．大学や専門学校での専門的な講義は，高校で学んだ保健体育の知識だけでなく，生物や物理といった人間の生命活動に関わる，幅広い基礎的知識が必要とされる．本シリーズでは，健康・スポーツ科学，体育系の大学や専門学校に入学した学生が「夢」を諦めることなく，意欲的に勉学に打ち込めるように，広範な基礎的知識を学びやすく構成し，基礎づくりのための教科書をそろえることをめざした．

わが国は世界でもまれな「長寿国」として知られている．健康で生き生きした生活をサポートする専門家としては，科学的な事実に基づく知識や経験を有することが必要条件である．健康・スポーツ科学，体育系で学ぶ学生の皆さんは，将来その分野の専門家として，国民の健康の維持・増進に大いに貢献していくことが期待される．

また，オリンピック・パラリンピック競技大会やワールドカップにおける選手の活躍は，私たちに夢と希望，感動を与えてくれる．世界で活躍する選手を指導するコーチは，競技力向上のために，健康・スポーツ科学の最新の知識に触れておくことが求められる．科学・技術の進歩によって，これまで知られていない驚くべき事実が明らかにされ，指導法やトレーニング法が一変されることも少なくないからである．

健康・スポーツ科学，体育系の専門課程は，人文社会科学，自然科学におけるさまざまな学問分野を複合的に学ぶ履修体系であるが，このシリーズは自然科学分野に絞って構成した．各巻の編集は，本シリーズの刊行に賛同いただき，それぞれの専門分野で中心的役割を担う先生方にお願いし，実際にその分野で活躍中の先生方に執筆していただくことができた．また学ぶ楽しさが味わえる写真や図表を豊富に取り入れ，各章ごとに学ぶポイントや役立つ知識，復習問題を掲載した．巻末には専門用語の解説や推薦図書を紹介しているので，ぜひ役立ててほしい．

この「教科書シリーズ」は，中学校や高等学校の保健体育教員，健康運動指導士，トレーニング指導士，アスレティック・トレーナー，障害者スポーツ指導者等の資格取得を目指す学生や一般の方々においても幅広く活用してもらえると信じる．本シリーズで学んだ知識を礎に，質の高い「専門家」として健康・スポーツ，体育系分野のさまざまな立場で活躍してくれることを期待している．

「はじめて学ぶ 健康・スポーツ科学シリーズ」
シリーズ編集委員一同

シリーズ編集委員

中谷　敏昭	天理大学体育学部教授　博士（医学）	
鳰木　秀夫	兵庫県立大学経済学部教授　博士（学術）	
宮西　智久	仙台大学体育学部教授　博士（体育科学）	

執筆者

池田　達昭	独立行政法人日本スポーツ振興センター 国立スポーツ科学センター研究員 博士（体育科学）	8章
後藤　一成	立命館大学スポーツ健康科学部 准教授 博士（体育科学）	10章, 13章
寺田　恭子	名古屋短期大学現代教養学科 教授 体育学修士	9章
◎中谷　敏昭	天理大学体育学部 教授　博士（医学）	1章, 2章
鍋倉　賢治	筑波大学体育系 教授　教育学博士	11章, 14章
星野　聡子	奈良女子大学生活環境学部 教授 博士（人間科学）	3章, 4章, 12章
宮口　和義	石川県立大学教養教育センター 教授 博士（学術）	5章, 6章, 7章

（五十音順．◎印は編者）

はじめに

　「体力」とは，ひとことでいえば「生きるための能力」である．生まれてから大人になるにつれて体力は発達し，20歳代でピークを迎えたあとは徐々に低下する．つまり，多くの人では，人生の4分の1をかけて体力が向上（発達）し，残りの4分の3をかけて体力は低下（老化）する．一般的に，「体力」といえば身体面の能力を指す場合が多いが，意志が強く，ストレスに負けない精神力，病気から身を守る免疫力も体力の構成要素とされる．このような身体的あるいは精神的な能力，行動的あるいは防衛的な能力を「体力」とする考えは，半世紀以上前に福田邦三や猪飼道夫らにより定義されたもので，その考えが今も受け継がれている．その後，健康関連体力や転倒関連体力など，さまざまな「体力」が定義されたが，福田や猪飼の考え方に変わる定義は見られない．

　現代社会では，体力の低下が原因となる社会問題が発生している．それは，子どもの体力低下，生活習慣病や要介護者の増加などである．これらの問題を解決するためには体力を高める必要があり，多くの研究成果が報告されるようになった．厚生労働省が，生活習慣病の予防・改善には「一に運動，二に食事，しっかり禁煙，最後に薬」と謳っていることからもわかる．また，日常生活の活動を行う体力が劣ると要支援・要介護の状態に陥り，自らの力で生活することができなくなる．人生の4分の3をかけて体力は確実に低下することを理解し，低下を食い止めるさまざまな方策を考える必要がある．本書には，「体力」を維持・改善するための有益な情報が書かれている．健康・スポーツ・体育の指導者を志す読者に，この情報が役に立つことを願ってやまない．

　『体力学』では，それぞれの研究分野で活躍されている中堅あるいは若手の先生方に執筆をお願いし，最新情報とわかりやすい解説をできる限り加えていただいた．読者が理解しやすいように，「役に立つ知識」や「用語解説」を設けた．また各章末の復習トレーニングにより，理解を確実なものにしてほしい．体力とは何か，体力を高く保つことの重要性については，本書の知識だけでは十分でないように思う．さらに，知識を深めて広く専門性を有した指導者となれるよう，このシリーズの他書で学ぶことにも挑戦してもらいたい．

　本書を出版するにあたって執筆にご協力いただいた著者の方々にこの場をお借りして感謝申し上げます．また，編集に多大なご尽力をいただき，励まし続けていただいた化学同人編集部の山本富士子氏には，著者を代表して深く感謝申し上げます．

2013年12月

編者　中谷　敏昭

目 次

1章 体力とは何か　　1

- ❶ 体力の考え方 …………………… 2
- ❷ 行動体力と防衛体力 …………… 2
- ❸ 形態と機能 ……………………… 4
- ❹ 体力の構成と要素 ……………… 5
- ❺ エネルギー面から考える体力 …… 6
- ❻ パワーと競技特性 ……………… 8
- 復習トレーニング ………………………9

2章 健康と体力の関係　　11

- ❶ 運動と健康に関連した体力 …… 12
- ❷ 健康関連体力 ………………… 13
- ❸ 健康関連体力の構成要素 …… 14
- ❹ 筋力・筋持久力と健康の関係 …… 15
- ❺ 全身持久力と健康の関係 …… 17
- ❻ 柔軟性と健康の関係 ………… 20
- ❼ 身体組成と健康の関係 ……… 21
- 復習トレーニング ………………………23

3章 体力テストの方法　　25

- ❶ 体力テストの考え方 …………… 26
  - (1) 体力テストとは：テスト・バッテリーでの実施 26
  - (2) 体力テストの対象 27
- ❷ わが国の体力テストの変遷 …… 28
- ❸ 体格と形態 …………………… 28
- ❹ 体力テスト項目 ………………… 30
  - (1) 筋力，筋持久力 30
  - (2) 筋パワー 31
  - (3) 全身持久力 32
  - (4) 平衡性 34
  - (5) 敏捷性 35
  - (6) 柔軟性 35
  - (7) 基本的運動能力 36
- ❺ 体力テストを実施しよう ……… 37
- 復習トレーニング ………………………38

4章 体力をどう評価するか　　43

- ❶ 体力測定と体力評価としての統計 …………………………… 45
- ❷ 平均値と標準偏差 …………… 46
  - (1) 代表値 47
  - (2) 標準偏差 48
- ❸ 正規分布と不正規分布 ……… 49
- ❹ 境界点と段階評価 …………… 49
- ❺ 図表の活用 …………………… 50
- ❻ T得点を求めよう ……………… 51
- 復習トレーニング ………………………55

5章　体力の発育発達　57

- ① 身長の発育 …………………… 58
- ② 骨格の発育 …………………… 59
- ③ 骨の成長と身長の伸び ……… 59
- ④ 体重の発育 …………………… 60
- ⑤ スキャモンの発育曲線 ……… 61
- ⑥ 第二次性徴とは ……………… 62
- ⑦ 神経・筋コントロール能力の発達
  ……………………………………… 63
- ⑧ 筋と筋力の発達 ……………… 64
- ⑨ 発達における遺伝と環境 …… 65
- ⑩ 暦年齢と生理的年齢 ………… 66
- ⑪ 性差について ………………… 67
- ⑫ 早熟と晩熟 …………………… 68
- 復習トレーニング ……………………… 69

6章　子どもに必要な運動刺激　71

- ① スキャモンの発育曲線から …… 72
- ② 運動神経がよいとは ………… 73
- ③ ゴールデンエイジの特徴 …… 74
- ④ 少年期にやるべきこと ……… 75
- ⑤ 一人3種目を目指し，いろいろなスポーツに挑戦する …………… 76
- ⑥ 少年期にさまざまな動きのトレーニングが有効な理由 ……………… 78
- ⑦ 足裏に注目しよう …………… 79
- ⑧ 早熟，晩熟などを考慮したトレーニングを ……………………………… 81
- 復習トレーニング ……………………… 82

7章　幼少年期に必要な運動　83

- ① 運動遊びの意義 ……………… 84
  - (1) 現代社会と運動遊びの状況　84
  - (2) 運動不足による子どものからだのゆがみ　85
  - (3) 背筋力の低下　85
  - (4) 防衛体力への影響　86
  - (5) 運動による効果とは　87
  - (6) スポーツの語源は"遊び"　88
- ② 幼児期に有効な運動とは …… 89
  - (1) ラダーを使ったケンパ遊び　89
  - (2) 紙ボールを使ったサッカー遊び　90
- ③ 児童期に挑戦してほしい運動 …… 91
  - (1) ボールジャグリング：まずはカスケードから　92
  - (2) 仲間とダブルダッチに挑戦！　93
- 復習トレーニング ……………………… 94

8章　競技者の体力の特徴　97

- ① 競技者における体力とは …… 98
  - (1) 新体力テストの成績からみた一般人と競技者の違い　98
  - (2) 競技者における体力の位置づけ　99
- ② 日本人一流競技者の形態および体力 …… 99
  - (1) 競技者における体力のとらえ方　99
  - (2) 日本人一流競技者の測定結果に基づく競技の特性　100
- ③ フィールドテストを用いた競技種目の適性診断 ……………………… 104
  - (1) 測定項目の選定　104
  - (2) 測定結果の分析　105
  - (3) スポーツ競技の適性診断　107
- 復習トレーニング ……………………… 110

9章　障がい者の体力と運動能力　　*111*

❶ 障害・障がい者について ………… *112*
❷ 障がい者の体力の特徴 ………… *113*
　(1) 障がい者の体力とは何か　*113*
　(2) 障がい者の体力測定　*114*
　(3) 障がい者の体力低下の原因　*115*
❸ 機能障害と体力 ………… *116*
　(1) 脳性麻痺者　*116*
　(2) 脊髄損傷者　*117*
　(3) 切断者　*117*
　(4) 脳血管障がい者　*117*
❹ 障がい者の競技参加 ………… *118*
　(1) パラリンピックアスリートの体力　*118*
　(2) 重度身体障がい者の体力と競技参加　*120*
復習トレーニング ………… *122*

10章　行動を起こす体力の加齢変化　　*123*

❶ 加齢に伴う体力の変化 ………… *124*
　(1) 筋量・筋力の低下とサルコペニア　*124*
　(2) 歩行能力・代謝の低下とサルコペニア　*125*
❷ 高齢者における筋力トレーニングの効果 ………… *126*
　(1) 神経系と筋系への影響　*126*
　(2) 栄養摂取による影響　*128*
❸ 高齢者における有酸素トレーニングの効果 ………… *128*
復習トレーニング ………… *130*

11章　行動を続ける体力の加齢変化　　*131*

❶ 加齢に伴う運動パフォーマンスの低下 ………… *132*
　(1) ベテラントップアスリートのパフォーマンス　*132*
　(2) 加齢に伴う運動パフォーマンスの低下　*132*
❷ 持久力の加齢変化 ………… *133*
　(1) 高齢者における持久力の重要性　*133*
　(2) 持久力に関わる運動能力テストの加齢変化　*134*
　(3) 加齢に伴って持久性能力が低下する要因　*135*
　(4) 最高心拍数の加齢変化　*136*
　(5) 最大酸素摂取量の加齢変化　*136*
❸ 持久力の加齢変化に及ぼす運動の影響 ………… *137*
　(1) 最大酸素摂取量の加齢変化に及ぼす運動の効果　*137*
　(2) 運動習慣が加齢による持久力低下に及ぼす効果　*138*
　(3) 運動開始年齢や運動中止の影響　*139*
　(4) 持久力の加齢変化に及ぼす運動の効果：まとめ　*140*
復習トレーニング ………… *141*

12章　技能関連体力の加齢変化　　*143*

❶ 敏捷性 ………… *145*
❷ 巧緻性 ………… *148*
❸ 柔軟性 ………… *149*
❹ 平衡性 ………… *150*
❺ 調整力 ………… *155*
❻ 認知機能 ………… *156*
復習トレーニング ………… *158*

13章 筋力や筋パワーを高める体力トレーニング　　161

❶ あなたの最大筋力は何で決まるのか？ …………… 162
　(1) 神経系の要因：筋線維の動員能力　162
　(2) 筋系の要因：筋量と筋線維組成　162

❷ 最大筋力や筋量を増やすためのトレーニング …………… 163
　(1) 神経系の要因を高めるトレーニング　164
　(2) 筋系の要因を高めるトレーニング　165

❸ 筋パワーを高めるためのトレーニング …………… 167
　(1) 力―速度関係を強化する　167
　(2) 伸張―短縮サイクルを高める　168

復習トレーニング …………… 169

14章 持久力を高める体力トレーニング　　171

❶ 持久力の概念と特徴 …………… 172
　(1) 筋持久力　172
　(2) 低強度の全身持久力　173
　(3) 高強度の全身持久力　174
　(4) 間欠的運動の全身持久力　175

❷ 全身持久力を高めるトレーニング法 …………… 176
　(1) 低負荷のトレーニング　176
　(2) 高地トレーニング　177
　(3) 早朝練習　180

❸ 高強度の全身持久力や間欠的全身持久力を高めるトレーニング …………… 181
　(1) インターバルトレーニング　182
　(2) 高強度運動と低強度運動のミックス　182
　(3) 超高強度インターバルトレーニング　183

復習トレーニング …………… 184

巻末資料 …………… 185
- 競技種目別　身長，体重（男子，女子）
- 競技種目別　等速性膝伸展・屈曲運動中の体重あたりの最大トルク（男子，女子）
- 競技種目別　垂直とび，10秒間自転車全力ペダリング中の体重あたりの最大パワー（男子，女子）
- 競技種目別　30秒間自転車ペダリング中の体重あたりの平均パワー，体重あたりの最大酸素摂取量（男子，女子）

参考文献・参考情報 …………… 193

推薦図書 …………… 197

用語解説 …………… 199

索引 …………… 203

復習トレーニングの解答は，小社ホームページに掲載されています。
→ http://www.kagakudojin.co.jp/

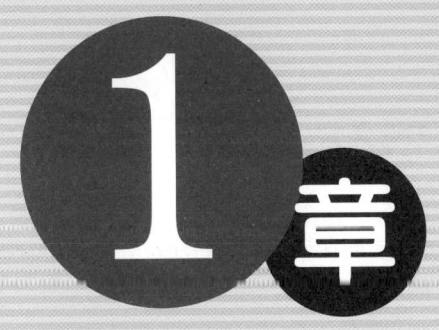

1章 体力とは何か

1章のポイント

- ◆ 体力は「行動体力」と「防衛体力」に分けると理解しやすい．
- ◆ 体力には「からだ」に関わる「身体的要素」と，「こころ」に関わる「精神的要素」があり，それぞれに「行動体力」と「防衛体力」がある．
- ◆ 体力は，身体の形態（構造）と機能（働き）から考えることもできる．
- ◆ 体力の要素は8つあり，行動体力の要素は3つの能力に分けられる．
- ◆ 身体が発揮するエネルギーの面（力，スピード，時間）からみた「体力」，という考え方もある．

1　体力の考え方

体力（physical fitness）には，日常生活の活動を営む能力，一般の人たちがスポーツを楽しむ能力，競技者が試合で競い合うような能力があり，幅広い．これらの能力は，私たちが自ら行動を起こす際の身体的な能力を指す場合が多い．「体力」を辞書で調べると，「体力とは，身体の力．身体の，作業・運動の能力，または疾病に対する抵抗力」[*1]，「継続的に物事を行うことができる，からだ全体の能力．とくに，病気に対する抵抗力や疲労に対する回復力」[*2]，「体力には作業能力あるいは運動能力のほか，疾病に対する抵抗力を含める場合もある」[*3]と説明されている．つまり，作業や運動能力とともに，病気や疾病に対する抵抗力も体力に含まれる．

体力は「日本語の辞典でこのような説明がなされているのは，医学及び体育学の分野の生理学，とくに運動にかかわる生理学について研究活動を推進した2人の研究者（福田邦三，猪飼道夫）が体力について書き残した内容が大きく影響しているように思われる」と説明されている．福田邦三や猪飼道夫が説明した「体力」の考え方は1960年〜1970年代のことであり，その当時の考え方が今でも用いられているといえる．

2　行動体力と防衛体力

体力を「**行動体力**」と「**防衛体力**」に分けて説明したのは福田邦三で

---

*1 新村出編,『広辞苑』, 岩波書店.
*2 松村明編,『大辞林』, 三省堂.
*3 『南山堂医学大辞典』, 南山堂.

福田邦三（1896〜1988）
生理学者．東京大学名誉教授，山梨大学名誉教授．

猪飼道夫（1913〜1972）
生理学者．お茶の水女子大学教授，東京大学教授．日本にはじめてトレッドミルを導入した．

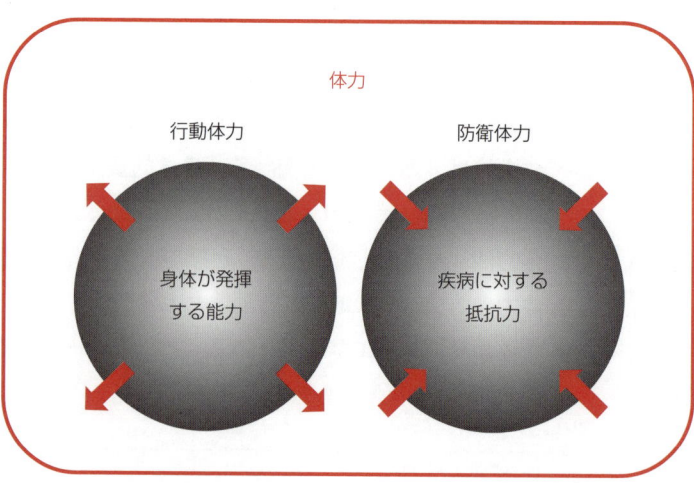

図 1.1　**体力の考え方**
体力を，身体が発揮する能力と疾病に対する抵抗力に分ける．

ある．筋力やパワーに優れていたとしてもよく下痢をする人もいれば，まったく風邪をひかなくても持久力が劣るという人もいる．体力は生きていくために必須であるが，長年にわたり身体を鍛え続けたスポーツマンでも早死にする人はいる．その反面，まったくスポーツをしない人が長生きする場合もある．

その後，猪飼道夫は「行動体力とは外界に働きかけようとする能力」で，「防衛体力とは外界からのストレスに対して，これを防衛して自分の健康を維持しようとする能力である」という考え方を示した．つまり，行動体力は作業や運動を遂行する能力に関係し，防衛体力は疾病やストレスなどから健康を維持するために必要な能力に関係するということである（図1.1）．

一般的に体力といえば「行動体力」を指す場合が多いが，「防衛体力」は外界からのさまざまなストレス（暑さ，寒さ，高所，ウイルス，細菌）に対する抵抗力である．地球温暖化に伴い真夏の気温が上昇し，屋外内に限らず高温多湿な環境で試合しなければならない．冬になると，インフルエンザなどのウイルスからの感染にも注意する必要がある．国際的な大会に出場する選手になると，ほとんどの試合が海外で行われるため，気候の違い，高地環境，時差などに適応できなければ優れたパフォーマンスを発揮することはできない．

また，現代のストレス社会ではさまざまなストレッサーによって心の悩みをもつ人も多い．「スポーツで気晴らし」とよくいわれるが，勝つために厳しいトレーニングを続けているスポーツマンは，いつ，どこでもストレッサーに苛まれている．

「防衛体力」でいう適応とは，寒暖の差や環境などへの身体の生理的

> **知っておくと役に立つ！**
>
> **パワーの種類：力型，スピード型，中間型**
>
> パワーには「力型」のパワー，「スピード型」のパワー，「中間型」のパワーがあり，ラグビーのフォワードや相撲，柔道など重い相手に対する際は「力型」のパワー発揮が求められ，野球のピッチャー，バドミントンや卓球のラケットの運動などは「スピード型」のパワー発揮が求められる．短距離走やステップをきる動きなど，最大筋力に近くもなく軽い負荷でもない運動は「中間型」のパワー発揮という．等速性筋力を測定する際には角速度（deg/秒）や移動速度（cm/秒）を変えれば，「力型」（60 deg/秒や20 cm/秒），「中間型」（120 deg/秒や80 cm/秒），「スピード型」（240 deg/秒や120 cm/秒）のパワー発揮能力を評価できる．
>
> **ストレッサー**
>
> ストレス反応を引き起こす外的な原因のことである．同じ原因でも人によってはストレス反応が起こらない場合もある．

```
行動体力
  形態：身長，体重，上肢長，下肢長，上腕囲，大腿囲
  機能：筋力，敏捷性，持久性，パワー，平衡性，
       柔軟性，協応性

防衛体力
  構造：器官，組織の構造
  機能：温度調節，免疫，適応
```

図1.2　行動体力と防衛体力の形態と機能

1章 体力とは何か

恒常性
生命活動を維持するために，内部環境を保つための働き．

な反応のことを指し，**恒常性**（ホメオスタシス）を保つ能力である（図1.2）．過度なトレーニングを行えば筋断裂や疲労骨折の危険性を招き，負荷が少なければ効果はわずかである．また，若ければ疲労回復も早いが，歳をとれば疲労回復に時間がかかるというのは恒常性を保つ能力の低下による．

また，「行動体力」には身長や体重などの形態と機能があり，「防衛体力」には臓器やリンパ節など器官や組織の形態（構造），温度調節能やウイルスから身を守る免疫器官の機能がある．

3 形態と機能

行動体力には形態と機能，防衛体力には構造（形態）と機能が含まれ，それぞれが体力を構成している．形態と機能は密接に関係し，体力を決める大きな要因であるといえる．しかし，必ずしも形態が大きくても機能がよいとは限らないし，形態が小さくても機能がよいという人も現実にはいる．

スポーツの場面では，バレーボールやバスケットボールなどの球技で平均身長が高いチームは有利であり，そういった選手をそろえたほうが勝利を収めることが多い．また，柔道の無差別級や相撲，ボクシングなどでは体重の重いほうが有利になることから，格闘競技では体重を基準とした階級制が採用されている．身体の形態や構造は体力の決定的な要因のひとつといえる．

一方，「あの選手は筋力が強い」や「持久力に優れる」などといわれ

バレーボールでは身長が高いほう，柔道の無差別級では体重が重いほうが有利．

る体力は，身体の生理機能による働きを表現している．一般に「体力」というと，筋力や瞬発力，持久力などの機能が優れているか，劣っているかを指す．体力測定の評価で用いられる「非常に優れている」や「劣っている」という表現は機能（働き）の良し悪しを表している．

4 体力の構成と要素

スポーツを楽しむ体力を長く維持することが重要．

福田邦三は体力を「行動体力」と「防衛体力」という2つの側面から説明したが，教え子である猪飼道夫は「行動体力と防衛体力」にも「からだ＝身体」と「こころ＝精神」があることから，「身体的要素」と「精神的要素」を加えて定義づけた．この考えに基づき，体力の構成と要素を分けると図1.3となる．猪飼道夫は「身体活動はつねに精神活動に支配され，精神活動は身体のコンディションに影響される」と述べ，身体面と精神面の両面から考えるべきだとした．

自らが外界に働きかける行動体力を考えると，その能力を発揮するためには「意志」や「判断」，「意欲」が必要なことはいうまでもない．意志や意欲がないと何も始まらないとはよくいったものだが，強い意志をもち続けることは生易しいことではない．オリンピック競技大会を目指すような優れたスポーツマンは，4年に1度の大会のために休まずトレーニングを続けていくことになるだろう．"勝つため"に目前の大会には目もくれず，オリンピック競技大会本番に向けて「強い意志」をもち続けることは並大抵なことではない．試合後に選手が口にする「楽しかった」という言葉の奥には，「長い間休みなく打ち込んだトレーニングか

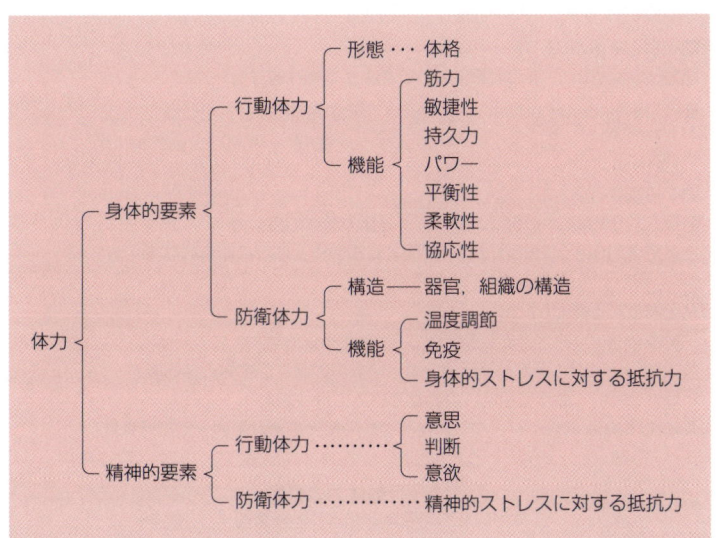

図1.3 体力の構成
猪飼道夫，『運動生理学入門』，杏林書院 (1967)，p.144 を改変．

ら解放された」という意味も含まれていよう．

　猪飼道夫は「身体的要素」の「行動体力」は，筋力，敏捷性，持久性，パワー，平衡性，柔軟性，協応性という要素から構成されていると説明する．キュアトンは「体力」を筋力，敏捷性，スピード，パワー，平衡性，柔軟性，持久力，協応性と説明し，猪飼とほぼ同じ要素をあげている．一方，ヘッティンガーやネッケルは，「体力」は筋肉（力），循環系（持久性），神経系（巧緻性，敏捷性）により支配されるとし，生理機能の能力と考えている．行動体力の要素を機能の特徴から分けて考えると，「行動を起こす能力」，「行動を持続する能力」，「行動を調整する能力」に分類することもできる（図1.4）．

5　エネルギー面から考える体力

　実際の運動やスポーツの場面を考えると，筋力は大きな力を短い時間で発揮するときもあれば，小さな力を長い時間発揮し続けるというときもある．そのため，「力」，「時間」，「速さ」という物理的な要素（エネルギーの発揮）から体力を考えることもできる（図1.5）．この考え方には，「筋力と速さ」，「筋力と持久性」，「速さと持久性」といった2つの能力の組合せがあるとともに，「筋力，スピード，持久性」という三次元的な能力も考えられる．

　「力と時間」でつくる平面（2つの関係）は，短い時間で大きな力を発揮する場合は純粋な筋力を示し，小さな力を長く発揮し続けると力の持久性となる．この力と持久性の関係は，力の持久性（筋持久力）の能

行動を起こす能力(2つ)
　筋力(strength)：筋の収縮によって発生する物理的な力
　筋パワー(muscle power)：筋によって単位時間になされた仕事で，
　　　　　　　　　　　　　力×スピード(距離÷時間)

行動を持続する能力(2つ)
　筋持久力(muscular endurance)：一部の筋群の持久力
　全身持久力(aerobic power)：呼吸・循環機能と筋群の総合的な持久力

行動を調整する能力(4つ)
　平衡性(balance)：ある姿勢に保つ能力(姿勢保持能力)
　敏捷性(agility)：運動神経伝導速度と筋収縮の速さが主体となる能力
　巧緻性(skill)：動作を目的に合わせて巧みに行う能力
　柔軟性(flexibility)：ひとつ，または複数の関節の運動範囲（関節可動域）

図1.4　行動体力の分類
体力の8つの要素を知ることが重要．

力に相当する．「力と速さ」でつくる平面は，速さが小さいときは筋力に相当し，力が小さいときは敏捷性の能力に近くなる．力と速さの関係はパワーを示す．次に，「速さと時間」の平面では，時間が短いときには敏捷性に相当し，時間が長いときには持久性に相当する．これらの関係はスピードの持久性となる．

ラインデルやゲルシュラーは，実際のスポーツトレーニングの場面では持久性のなかの能力を「力の持久性」や「スピードの持久性」という2つに分け体力を説明しているが，平衡性，柔軟性，協応性は体力の要素として含まれない．その理由は，平衡性は視覚や前庭機能，神経や筋の反射など，神経系の調整能力であり，柔軟性は関節の可動域の大きさを示し，関節周辺の腱や靭帯，筋の伸張性を示す．また，巧緻性（協応性）は神経と筋の働きの上手さを示していることから，いわゆる運動スキルの能力である．したがって，これらの能力はエネルギーの面から考えられる能力とは異なる性質とされ，「力」，「時間」，「速さ」という物理的な要素では考えられない能力となる．

「力と速さ」はパワーを表しているが，物理的にはパワー（仕事率）は単位時間あたりの仕事量である．ここで注意しなければならないのは，実際には運動が速すぎても遅すぎても発揮できるパワーは小さくなり，最大筋力のおよそ3割程度で最大パワーが得られるということである．宮下充正は「力と速さ」の関係からなるパワーは凸型の曲線で説明されるべきであり，図1.5の曲線（凹型）は実際の実験結果と異なり正しくないと述べている．

宮下充正（1936～）
東京大学名誉教授．教育学博士．
全日本ノルディック・ウォーク連盟会長．

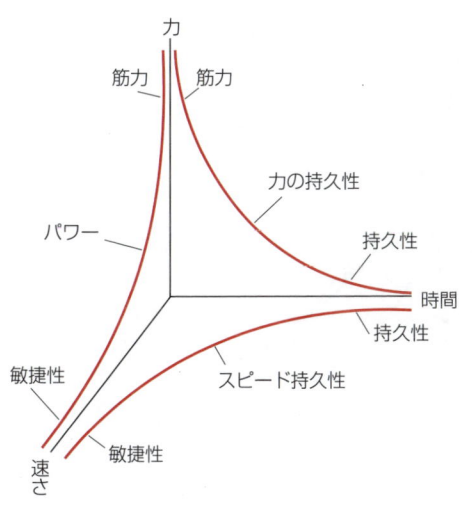

図1.5 体力の組立て
力，速さ，持久性の3つの軸で体力を考えるとひとつの能力だけでなく，2つの能力の組合せでも考えられるので理論上はわかりやすい．
猪飼道夫・江橋慎四郎 共著，『体育の科学的基礎』，東洋館出版社（1965），p.101を改変．

6　パワーと競技特性

　軽い重量（小さい力）では速度が速く，重い負荷（大きい力）では速度が遅くなる（図1.6）．この曲線は猪飼道夫が述べる「力と速さ」の平面に相当するが，実際には仕事率（仕事量÷時間）であるパワーを算出すると，最大筋力（この図の男子では30 kg）のおよそ3割あたりに曲線の凸状の最大値がみられる．最大パワーは運動の速度が速くても遅くても，負荷（力）が大きくても小さくても小さくなり，最大筋力の3割あたりでピークとなる．

　スポーツの世界では，試合時間全体にわたりパワーを発揮し続ける能力は勝ち負けを決める重要な要素とされる．パワーは力発揮の効率であり，筋の収縮によって発生する物理的な力（筋力）をどう効率よく発揮するかが重要なことはいうまでもない．ここで「力」と「パワー」は異なる能力（要素）であることを理解しておくべきである．

　競技スポーツの世界では，できるだけ素早く動くことや，大きな力を発揮することが求められる．そのため，種目によってパワーの発揮特性は異なる．短距離走に求められるパワーと投擲で求められるパワーは異なり，同じ種目でもラグビーのフォワードとバックスのようにポジションによっても異なる．また，バドミントンのスマッシュやバレーボールのスパイク動作のように道具を使うか，使わないかでもパワーの発揮特性は異なる．

　図1.7はスポーツ選手の肘関節屈曲運動において発揮された負荷（力）と速度，パワーの関係を示したものである．重量挙げ，剣道など，

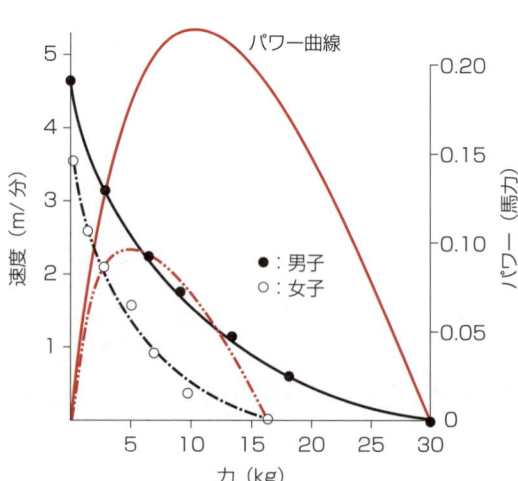

図1.6　力と速度の関係（パワー）
M. Kaneko, The relation between force, velocity and mechanical power in human muscle, *Res. J. Phys. Ed.*, **14**, 143 (1970) を改変.

一般にパワー発揮は種目やスポーツ実施の有無によって男女それぞれで異なる．

復習トレーニング

次の文章のカッコの部分に適切な言葉を入れなさい．

❶ 体力は身体が外界に発揮する能力である（　　　）と疾病に対する抵抗力である（　　　）に分けて考えると，わかりやすい．

❷ 体力を行動体力と防衛体力に分けて考え定義したのは（　　　）である．行動体力と防衛体力を身体的要素と精神的要素に分けて考えたのは（　　　）である．

❸ 行動を起こす能力には（　　　）と（　　　），行動を持続する能力には（　　　）と（　　　），行動を調整する能力には（　　　），（　　　），（　　　），（　　　）が含まれる．

❹ パワーとは単位時間あたりの（　　　）のことで，（　　　）×（　　　）である．力と速度の関係をみると，パワーの最大値は最大筋力のおよそ（　　　）％程度でみられる．

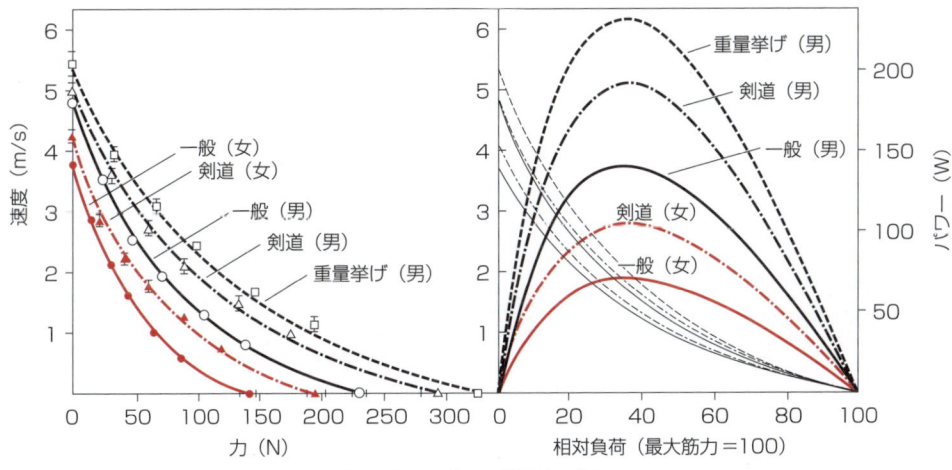

図1.7　スポーツ種目とパワー
金子公宥，『人体筋のダイナミクス』，杏林書院（1974），p.83を改変．

健康と体力の関係

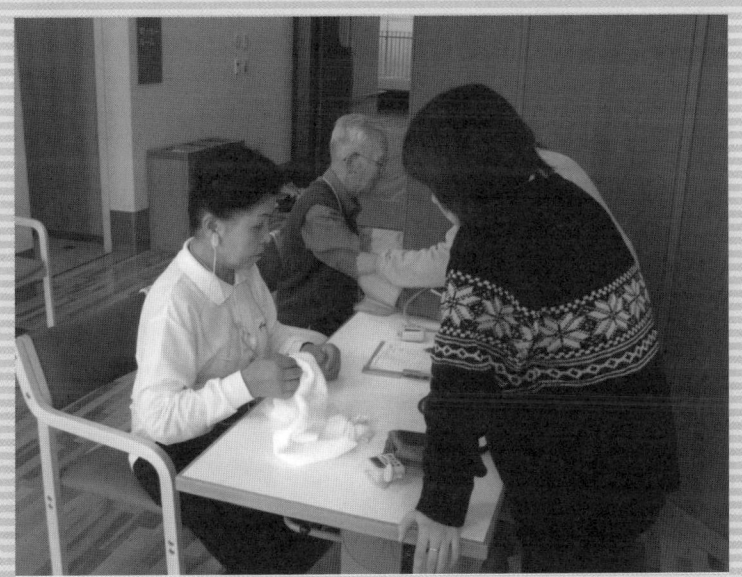

2章のポイント

- ◆ 運動能力や成績に関連する体力とともに，健康に関連する体力について考えられるようになってきた．
- ◆ 健康関連体力を構成する要素は，筋力と筋持久力，全身持久力，柔軟性，身体組成とされる．
- ◆ 筋力と筋持久力，全身持久力は病気の死亡率，メタボリックシンドロームの罹病率，メタボリックシンドローム危険因子と関係する．
- ◆ 柔軟性と腰背痛の関係はあまりないことがわかってきたが，関節可動域の大きさ(柔軟性)を維持することはスポーツや日常生活で重要である．
- ◆ 体脂肪の多さだけでなく，脂肪蓄積の部位も健康と関係している．

1　運動と健康に関連した体力

　1988年（昭和63）に開催された「運動，体力，健康」に関する国際会議で，これら3つの定義についてそれぞれの関連性が示され，「習慣的によく運動する人は体力水準が高く，体力水準の高い人はよく運動する，健康状態は体力や日常生活における運動量に影響を与える」とされた（図2.1）．

　ここでいう**体力**とは，「身体的体力」と「生理学的体力」に区別される．**身体的体力**は呼吸循環機能の持久性，筋力と筋持久力，柔軟性を含む体力であり，遺伝，生活習慣，環境，個性によって影響され，**生理学的体力**は生活習慣によって影響される身体諸機能を含み，血圧，糖耐性とインスリン感受性，血中脂質の濃度，身体組成や脂肪分布，抗ストレスを含むとされている．

　「身体的体力」も「生理学的体力」も，運動の成績に関連する体力か，健康に関連する体力かを区別し，前者を**運動成績関連体力**（performance-related fitness）として日常生活活動や仕事，運動やスポーツに関する要素（能力）が含まれ，後者は健康関連体力（health-related fitness）として健康状態に関する要素（能力）が含まれるべきだとされた．これらに共通した要素は，筋力と筋持久力，無酸素性あるいは有酸素性作業能（全身持久力），柔軟性，身体組成を評価する能力とし，これらを**健康関連体力**と定義した．

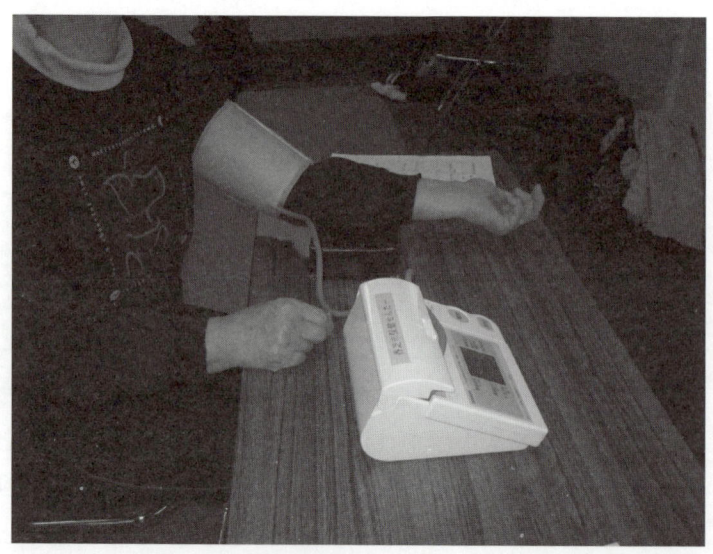

運動前の健康チェックは重要

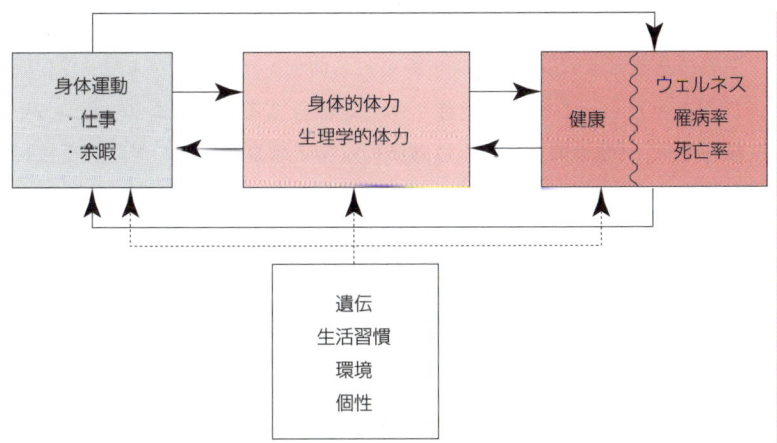

図2.1　運動，体力，健康の関連図
宮下充正 編,『体力を考える：その定義・測定と応用』, 杏林書院 (1997), p.29 を改変.

2　健康関連体力

健康関連体力は，日常生活における身体活動や仕事，趣味のスポーツを楽しむための能力と関連し，運動不足による病気の発症を予防することにも関係する．体力を高く維持することは，病気を発症するリスクを減らすとともに**質の高い生活**（quality of life，**QOL**）を続けるためにも重要である．

　健康を維持した生活を営むためには，単に病気ではないというだけでなく，積極的に身体を動かす必要がある．その結果，生理機能にもよい刺激が加わる．「よく動く者は体力水準が高く健康で，健康である者は

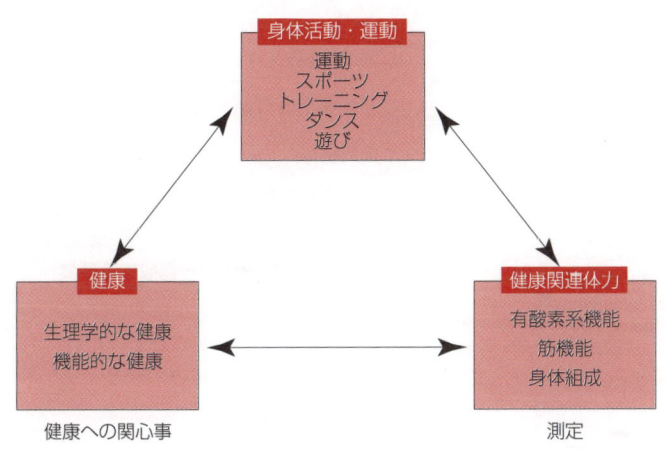

図2.2　健康，身体活動，健康関連体力の関係
中谷敏昭, 総合リハビリテーション, **35**(7), 688 (2007).

よく動けるし体力水準も高い」という関係は理解できる．また，健康に関心のある者はテレビや新聞で得られる情報を元に運動やスポーツに興じることから，これらの実践も体力を改善する要因となる（図2.2）．現在では，「健康関連体力」は健康の維持と増進や病気の予防に密接に関係することが多くの研究から明らかになっている．

3　健康関連体力の構成要素

健康関連体力の要素は，①筋力と筋持久力（muscle strength and endurance），②全身持久力（cardiorespiratory fitness），③柔軟性（flexibility），④身体組成（body composition）である（図2.3）．

アメリカ保健体育レクリエーションダンス連合（AAHPERD）は，健康を高い水準で維持するためには体脂肪量が少なく，呼吸循環機能（全身持久力）に優れ，仕事や運動をこなすための十分な筋力と筋持久力を有し，腰部や大腿後部の柔軟性が適切に保たれていることが重要だとし，1980年（昭和55）からこれらを測定・評価する体力テストを実施している．

また，アメリカスポーツ医学会（ACSM）は，成人の健康を維持増進するために必要な運動の量と質について何度となく公式見解を出している．1978年（昭和53）の最初の見解では，健康に関連する要素として筋力・筋持久力と柔軟性をあげており，1990年（平成2）の改定で呼吸循環機能と身体組成が加えられた．最新の改定では，これらに神経運動（neuromotor fitness）という要素も加えられたが，この機能の

① 筋力と筋持久力

② 全身持久力（無酸素性作業能力も含む）

③ 柔軟性

④ 身体組成

図2.3　健康関連体力を構成する要素

良し悪しと健康との関係については現時点では不明な点も多い．

4 筋力・筋持久力と健康の関係

　AAHPERDやACSMでは，これらの能力を適正に保つことが良好な健康につながると早くから指摘している．それは，筋力は関節運動を起こすために必要な筋収縮による力発揮であり，筋持久力は筋や筋群が一定時間にわたり収縮し続ける能力でもあるからである．

　筋力・筋持久力は健康の維持や改善のためになくてはならない体力要素であるため，身体運動に直接に関わる．日常においてはもちろんのこと，運動やレクリエーション，スポーツを積極的に実践していかなければならない．

　筋力（レッグプレスとベンチプレスの1RM重量）と病気（メタボリックシンドローム）の罹病率との関係が示されている．それによると，20～39歳，40～49歳，50歳以上の年齢の人ともメタボリックシンドロームへの罹病率は，筋力が劣っている人で高く，優れている人で低い傾向にあり，年齢に関係なく筋力が優れているほうが病気に罹る率は低いということがわかる（図2.4）．

　次に，年齢の影響を除いて普通体重（BMI：25未満）と過体重・肥満（BMI：25以上）の人に分けて，筋力の優劣でメタボリックシンドロームへの罹病率をみてみる．過体重や肥満の人では，普通体重の人に比べてメタボリックシンドロームへの罹病率は高くなるが，筋力の水準でみても，体格指数に関係なく筋力の優れている人のほうが罹病率は低

> **1RM（最大挙上重量）**
> 自らが1回しか挙上できない負荷重量のこと．最大筋力にほぼ近い．

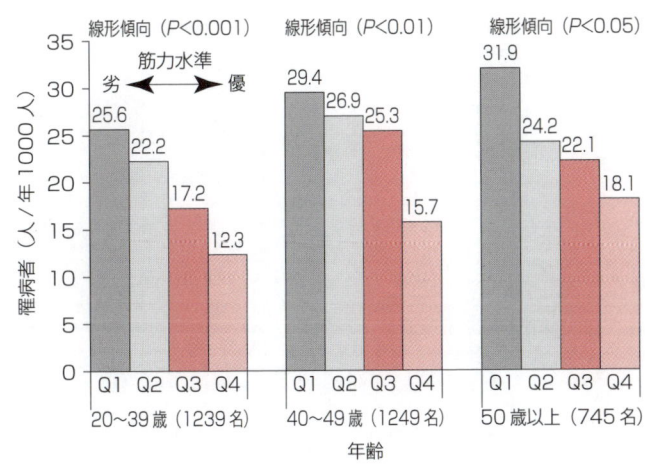

図2.4　20～80歳男性における筋力水準からみたメタボリックシンドローム罹病率の年齢による比較
筋力水準を弱い（Q1）から強い（Q4）に4段階として分類．
R. Jurca, M. J. Lamonte, C. B. Barlow, J. B. Kampert, T. S. Church, S. N. Blair, *MSSE*, **37**, 1849（2005）を改変．

い（図2.5）．この研究では，普通体重の人のなかで筋力が最も優れている人は，最も劣っている人に比べてメタボリックシンドロームの罹病率が44％低く，過体重・肥満の人のなかで最も筋力が優れている人は劣っている人に比べて罹病率が39％低いとされる．年齢や体格指数に関係なく，筋力は優れていたほうが病気に罹る率が低いことがわかる．

また，筋力の優劣とメタボリックシンドロームの危険因子であるウエスト周囲長，血糖値，中性脂肪，HDLコレステロール，最高および最低血圧の関係も報告されており，筋力が優れた人はそれらのリスクが低く抑えられている．筋力の水準と危険因子の関係は，表2.1のとおりとなる．

筋力の優れた人はメタボリックシンドロームを引き起こすリスクが少なく，メタボリックシンドロームへの罹病率も低くなることがわかった

表2.1 筋力水準とメタボリックシンドローム危険因子の関係

メタボリックシンドローム 危険因子	劣 Q1	← 筋力水準 Q2	→ Q3	優 Q4
ウエスト周囲長	100	95.0	92.7	89.6†
血糖値	100	98.1	97.3	96.5†
中性脂肪	100	92.6	87.5	80.1†
HDLコレステロール*	100	101.7	103.5	107.0†
最高血圧	100	99.2	98.4	98.7†
最低血圧	100	98.6	98.0	97.6†

＊HDLコレステロールは筋力水準が強いほど値が高くなる．
†線形傾向（$P < 0.0001$）
R. Jurca, M. J. Lamonte, T. S. Church, C. P. Eatnest, S. J. Fitzgerald, C. B. Barlow, A. N. Jordan, J. B. Kampert, S. N. Blair, *MSSE*, **36**, 1301（2004）を改変．

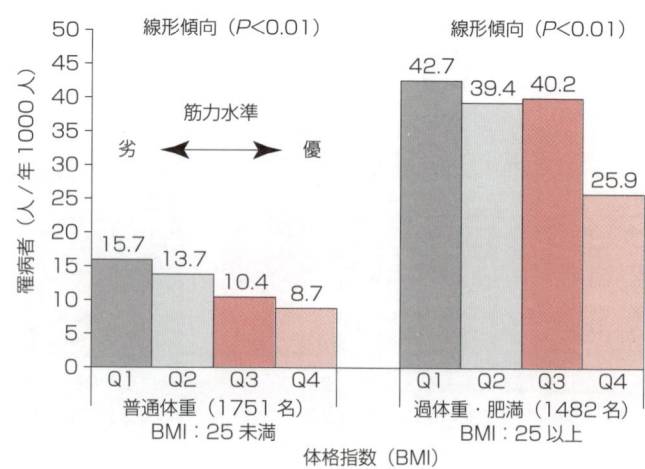

図2.5 20〜80歳男性における筋力水準からみたメタボリックシンドローム罹病率の体格指数による比較
筋力水準を弱い（Q1）から強い（Q4）に4段階として分類．
R. Jurca, M. J. Lamonte, C. B. Barlow, J. B. Kampert, T. S. Church, S. N. Blair, *MSSE*, **37**, 1849（2005）を改変．

表2.2　筋力と全身持久力の優劣による罹病率と相対危険度

筋力	全身持久力	罹病率	相対危険度	線形傾向
劣る	劣る	12.3%	1.00	
優れる	劣る	12.0%	0.90	$\varGamma = 0.78$
劣る	優れる	3.3%	0.25	$P < 0.0001$
優れる	優れる	3.5%	0.27	$P < 0.0001$

筋力の水準が優れていても，全身持久力が劣っていると危険度は10％程度しか下がらない．
R. Jurca, M. J. Lamonte, T. S. Church, C. P. Eatnest, S. J. Fitzgerald, C. B. Barlow, A. N. Jordan, J. B. Kampert, S. N. Blair, *MSSE*, **36**, 1301（2004）を改変．

だろう．しかし，筋力と全身持久力をあわせて，体力の優劣をみた場合に興味深い結果が示されている．普通体重の人において，筋力が優れていても全身持久力が劣っていると，メタボリックシンドロームへの罹病率は10％程度（相対危険度 1.00 → 0.90）しか下がらない．これは，健康関連体力要素のなかで，筋力のみが優れていても病気の予防に大きな効果はないことを示している．他の体力要素を含めて考えることが必要であるといえる（表2.2）．

5　全身持久力と健康の関係

全身持久力は呼吸機能（空気を取り込む能力），循環機能（心臓のポンプ機能や血管の伸展性），末梢の筋機能（毛細血管の発達や骨格筋の酸素抽出能）の総合的な能力とされ，呼吸循環機能（cardiorespiratory fitness）や有酸素性作業能（aerobic fitness）とも呼ばれる．全身持

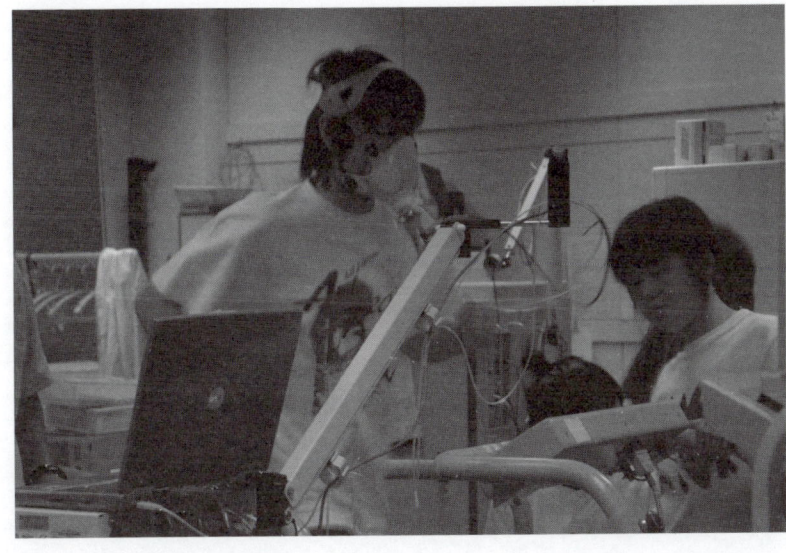

最大酸素摂取量（$\dot{V}O_2 max$）測定のようす

最大酸素摂取量
1分間に体内に取り込める酸素の最大量のこと.

久力を表す指標としては**最大酸素摂取量**（$\dot{V}O_2\,max$）が知られており，日頃からよく運動している人やスポーツ選手ではこの能力が高く，活動量や加齢とも関係する．最大酸素摂取量は加齢に伴って低下し，習慣的によく運動している人で年 0.6％ 低下するが，運動不足の人では年 1.2％ も低下する．

これまで，最大酸素摂取量と病気の罹病率や総死亡率との関係が研究され，とくに代謝性疾患（糖尿病や高血圧症，脂質異常症など）や冠動脈疾患との関係が指摘されるようになった．最大酸素摂取量を高く維持している人は，血圧が低く，内分泌機能など代謝機能が優れている．逆に，最大酸素摂取量の低い人，つまり全身持久力が劣っている人では高血圧，耐糖能異常，脂質代謝異常など代謝性疾患への罹病率や死亡率が高い．全身持久力の劣る人は優れた人に比べて，約6年後のメタボリックシンドロームの罹病率は男性で2.7倍，女性で2.1倍高くなり，全身持久力はメタボリックシンドロームの独立した危険因子であるとされる．また，トレッドミルの歩行時間から3つの水準（高体力，中体力，低体力）に分けた全身持久力と，メタボリックシンドロームへの罹病率の関係が明らかにされている（図2.6）．それによると，罹病率は高体力の男性で53％，女性で63％低く，中体力の男性で20％，女性でも26％低体力の者に比べて低い．

また，1週間あたりの運動量（強度×時間×頻度）が多い人は，虚血性心疾患や冠動脈疾患による危険因子が少なく，病気による死亡率も低い（図2.7）．日常生活における身体活動量（運動を含む）が多い人ほど，心臓血管疾患，脳卒中，がんへの罹病率や死亡率も低くなる．その理由は，全身持久力に優れている人は血管が軟らかく，血圧が適切に

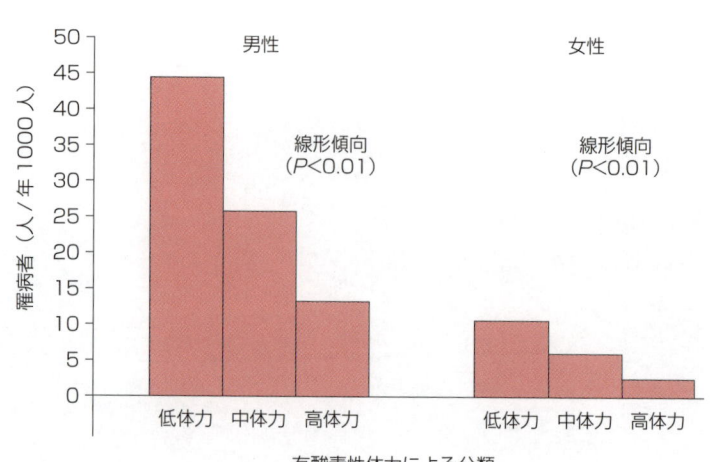

図2.6 **全身持久力の水準（高体力，中体力，低体力）でみたメタボリックシンドロームの罹病率**

M. J. Lamonte, C. E. Barlow, R. Jurca, J. B. Kampert, T. S. Church, S. N. Blair, *Circulation*, **112**, 505（2005）を改変.

保たれ，自律神経機能に優れ，総コレステロールや中性脂肪の脂質代謝に異常が少なく，血糖の利用に異常が少ないことが影響しているからとされる．

ACSM は，健康を維持するために必要な運動量（負荷 × 時間）として，中強度の運動で 1 日 30 分以上，週 5 日以上，1 週間にトータルで 150 分以上を目安としている．また，高強度な運度であれば 1 日 20 分以上，週 3 日以上，1 週間のトータルで 75 分以上が必要だとする見解が示されている．

また，わが国の「健康づくりのための身体活動基準 2013」（運動基準・運動指針の改定に関する検討会，2013 年）で，全身持久力と生活習慣病等および生活機能低下のリスクとの関係をみてみると，性・年代別の平均以上の全身持久力を有する群は，最も全身持久力が乏しい群よりも生活習慣病等のリスクが約 40％低い．健康関連体力としての全身持久力の目安となる性・年代別の基準を表 2.3 に示す．

表 2.3　性・年代別の全身持久力の基準

年齢	18〜39 歳	40〜59 歳	60〜69 歳
男性	39（11.0 メッツ）	35（10.0 メッツ）	32（9.0 メッツ）
女性	33（9.5 メッツ）	30（8.5 メッツ）	26（7.5 メッツ）

注) 表中は最大酸素摂取量を示す（単位は mL/kg/分）．メッツは安静に対する最大運動の割合を示す（11.0 メッツは安静の 11 倍の運動ができることを意味する）
健康局がん対策・健康増進課，「健康づくりのための身体活動基準 2013」，2013 年．

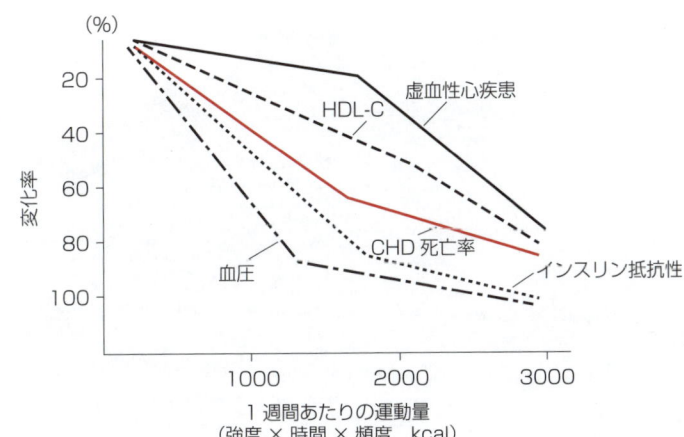

図 2.7　**冠状動脈疾患（CHD）による死亡率およびリスクファクターと総運動量との関係**
運動は 1 週間あたりの量で示している（仮説）．
W. M. Haskell, *MSSE* (Suppl), **33**, S454 (2001) を改変．

6 柔軟性と健康の関係

　柔軟性はなぜ健康関連体力の要素なのか，「関節可動域の大小」が健康とどう関係するのか．これは，欧米人に腰背痛に悩む人が多いことが理由にあり，臀部から大腿後面の軟らかさが乏しいことと関係している．つまり，シット・アンド・リーチの成績が劣る人は腰背痛を患う人が多いという意味である．

　日常生活や運動，スポーツの実践場面を考えても，関節各部位の可動域は大きいほうが（たとえば転倒など）不意に大きな力がかかることによる怪我を防ぐことにつながる．1998年（平成15）に出された健康づくりのための指針では，関節可動域とその機能の改善は，運動パフォーマンスを高めることに効果があるとされる．さらに，柔軟性の低下はアキレス腱や足底腱膜の障害を引き起こすことから，日頃から静的あるいは動的な筋腱のストレッチを行うことは必要である．しかし，柔軟運動は体幹の安定性やバランスの改善に効果があるとする一方，定期的に柔軟運動をしたからといって，筋や腱の障害，腰痛の予防，筋肉痛の予防には直接的につながらないともされる．柔軟性を向上させることは，障害の予防というよりは筋腱が付着する主要な関節可動域の改善につながり，そのことが筋力発揮に役立つと最近考えられるようになってきた．

　スポーツ選手はより素早く，より力強く動くことが求められ，そのためには筋力や筋パワーのような体力要素が重要であり，また関節可動域が広いと筋の収縮や伸展性を大きくすることにもつながる．柔軟性は動きの効率を高めるために必要で，素早く，力強く動けるように関節の動

椅子に座った姿勢でのシット・アンド・リーチ計測のようす

きを定め，コントロールするための要素となる．また，柔軟性を高めておくことは，受傷後のパフォーマンスの回復にも効果的とされる．

加齢や運動不足により，関節の可動域を決定する筋や腱，結合組織の伸展性が失われ，結合組織に拘縮が生じる．肩関節や腰背部，股関節や膝関節などの関節可動域が低下すると，日常の活動が制限されることにもなる．

7　身体組成と健康の関係

身体組成とは，からだの組成のうち，皮下や内臓の脂肪組織（fatness），骨や筋肉，水分などの除脂肪組織（leanness）の成分の割合のことである．身体組成が健康関連体力の要素とされるのは，体脂肪量やその分布が健康を害する病気に大きく関わっているからである．一般に，脂肪が過剰に蓄積された状態を**肥満**と呼ぶ．不活動な人では，食事などで摂取したエネルギーに対して，身体活動や運動で消費するエネルギーが少なく，皮下や内臓に脂肪として蓄積される．とくに，内臓に蓄えられた脂肪は，糖尿病，冠動脈疾患，脂質異常症，高血圧症などの病気の危険因子とされている．

肥満の判定には，**体格指数（BMI）**や標準体重から求めた肥満度，体脂肪計で得られた脂肪率を利用する．BMI は，体重を身長（m）の2乗で除して求めるため容易に外形から肥満を判定する際に用いられる．

知っておくと役に立つ！
BMI とメタボリックシンドローム

BMI22kg/m² で病気に罹る率が一番低く，この値を下回っても上回っても罹病率が増える．このカーブをJ型傾向という．飲酒と罹病率との関係もJ型傾向を示す．

メタボリックシンドロームは「内臓脂肪症候群」と呼ばれ，内臓脂肪型肥満（上半身型肥満）から高血圧，耐糖能異常，脂質代謝異常の3つの症状を引き起こす病気で，ウエスト周囲長が大きく（内臓脂肪型肥満を疑う），3つのうち2つの症状が異常と判定される場合に当てはまる．生活習慣を改善し，内臓脂肪量を減らすことで病気の予防や改善が期待できることから，「1に運動，2に食事，しっかり禁煙，最後にクスリ」という標語が叫ばれている．

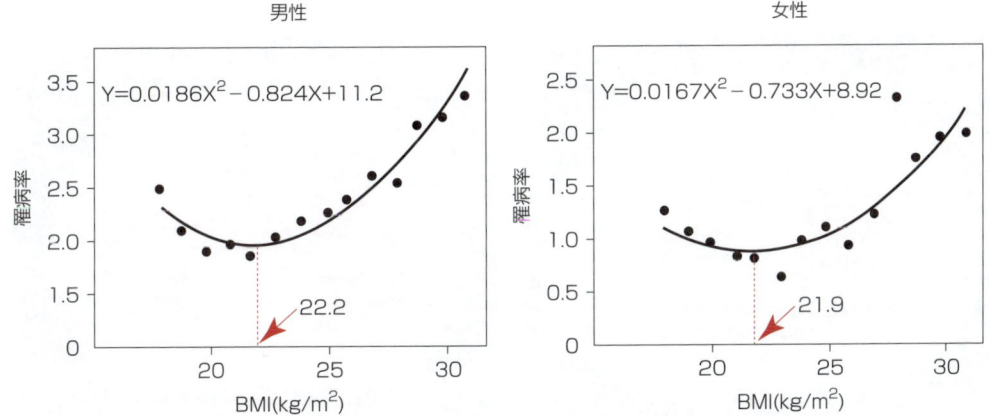

図2.8　体格指数（BMI）と罹病率の関係

Y. Matsuzawa, K. Tokunaga, K. Kotani, Y. Keno, T. Kobayashi, S. Tarui, *Diabetes Res. Clin. Pract.*, **10**, S159 (1990) を改変．

$$\text{BMI}(\text{kg/m}^2) = \text{体重}(\text{kg}) \div \text{身長}^2(\text{m})$$

18.5 未満(低体重), 18.5 以上～25 未満(普通体重), 25 以上(肥満)

BMI と病気の罹病率の関係を図 2.8 に示す. 成人の男女とも 22 付近(男性 22.2, 女性 21.9)で罹病率は最も低くなり, この値が健康的とされる標準体重の基準値になっている.

$$\text{標準体重}(\text{kg}) = \text{身長}^2(\text{m}) \times 22$$

たとえば, 身長が 160 cm の人で標準体重は 56.3 kg, 170 cm の人で 63.6 kg, 180 cm の人で 71.3 kg となる.

最近になって, 体脂肪量の多さよりもどの部位に脂肪が蓄積されているかということが, 生活習慣病との関係で注目されている. 男性は腹部に脂肪がつきやすく, 女性は臀部や下腹部に脂肪がつきやすい. 前者は**上半身型(りんご型)肥満**, 後者は**下半身型(洋なし型)肥満**ともいう. 上半身型肥満は下半身型肥満に比べて生活習慣病の発症が多いとされ, 脂肪が腹部深部の内臓の回りに蓄積していることから**内臓脂肪型肥満**ともいわれる(図 2.9).

2005 年(平成 17), **メタボリックシンドローム**という概念が提唱され, メタボ検診としてウエストの周囲長を測定する検査が実施された. これは, ウエストの周囲長で男性 85 cm, 女性 90 cm が腹部内臓脂肪面積 100 cm^2 に相当し, この面積を超えると高血圧症, 糖尿病, 脂質異常症など生活習慣病の発症が増えるということに関係する. そのため, 体重が重く体脂肪量が多いというだけでなく, 脂肪分布の部位も病気の発症

(A) 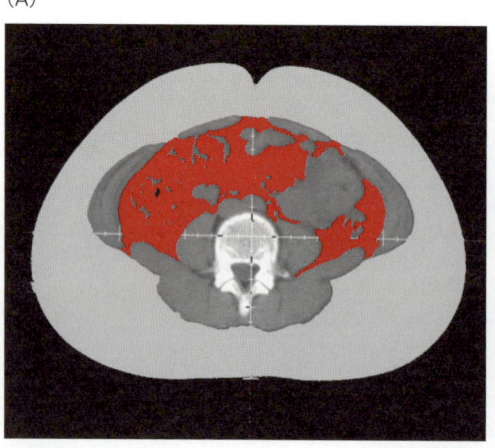   (B)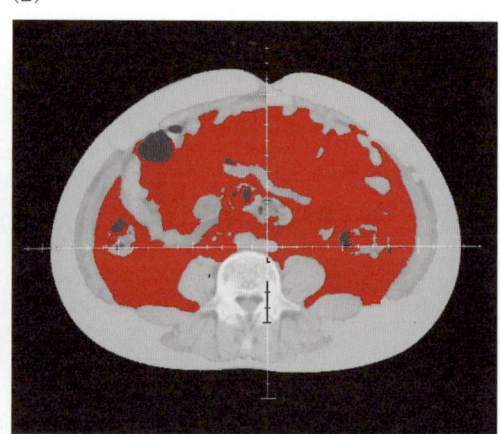

図 2.9 皮下脂肪型肥満(A)と内臓脂肪型肥満(B)
赤いところが内臓脂肪, 周囲のうすい灰色のところが皮下脂肪である.
鵤木秀夫編, 『健康づくりのための運動の科学』〈はじめて学ぶ健康・スポーツ科学シリーズ〉, 化学同人(2012), p.30.

との関係で健康に結びつく要素となる．つまり，身体組成も健康関連体力のひとつの要素といえる．

復習トレーニング

次の文章のカッコの部分に適切な言葉を入れなさい．

❶ 習慣的によく運動する人は（　　　）が高く，体力水準の高い人はよく（　　　）する．健康状態は体力や日常生活における（　　　）に影響を与える．

❷ 健康関連体力の要素は4つあり，①（　　　）と（　　　），②（　　　），（　　　），（　　　）である．これらの能力は健康と強く関連する．

❸ 最大酸素摂取量を高く維持している人は，（　　　）が低く，内分泌機能など（　　　）機能が優れている．逆に，最大酸素摂取量の低い人，つまり全身持久力が劣っている人では（　　　），（　　　），（　　　）など代謝性疾患への罹病率や死亡率が高い．

❹ 体脂肪の多さよりもどの部位に体脂肪が蓄積されているかということが生活習慣病との関係で注目されている．男性は（　　　）に脂肪がつきやすく，女性は（　　　）や（　　　）に脂肪がつきやすい．前者は（　　　）型肥満，後者は（　　　）型肥満ともいう．生活習慣病の発症が高いのは（　　　）型肥満である．

3章 体力テストの方法

3章のポイント

- ◆ 体力テストは,人間すべての活動・行動の源となる能力を総合した体力を診断し評価する.
- ◆ 体力テストで評価できる内容は,「行動体力」に限定される.
- ◆ 体力テストは,① 行動を起こす能力(筋力,筋パワー),② 行動を持続する能力(全身持久力,筋持久力),③ 行動を調整する能力(平衡性,敏捷性,巧緻性,柔軟性)を主として評価する.
- ◆ わが国では,1964年(昭和39)からテスト・バッテリーで「体力・運動能力調査」(文部科学省)を行ってきた.
- ◆ 近年では高齢化に伴い,健康関連体力を重視した新たな内容の「新体力テスト」(文部科学省)が1999年(平成11)に開発された.

3章 体力テストの方法

1　体力テストの考え方

（1）体力テストとは：テスト・バッテリーでの実施

　体力を評価するものの一つに**体力テスト**がある．体力テストは，人間すべての活動・行動の源となる能力を総合した体力を診断し評価することを狙って考案されたテストである．この章では客観的に評価するテストを通して，体力について考えることを狙いとする．

　「彼は最近，めきめきと体力がついてきた」，「近頃，疲労の回復が遅く，体力の衰えを感じる」など，何気なく会話に使われる「体力」という言葉であるが，前者は**行動体力**（行動力）として，一方，後者は**防衛体力**（抵抗力）として使用される．すなわち，自らが外界に対して働きかける能力と，防御する能力に分けられる．

　二つに分類される体力のうち，体力テストで評価できる内容は，「行動体力」の精神的能力を除いた身体的要素に限定される．行動体力には，ⅰ）行動を起こす能力（筋力，筋パワー），ⅱ）行動を持続する能力（全身持久力，筋持久力），ⅲ）行動を調整する能力（平衡性，敏捷性，巧緻性，柔軟性）が含まれる．

　体力テストは体力を構成する複数の要素を診断して総合的に評価されることから，**テスト・バッテリー**で実施されることが多い．テスト・バッテリーとは，体力を総合的に理解するために，複数のテストを組み合わせて実施することや，その組み合わされた方法のことである．単一テストの実施による限られた情報では体力の評価に限界があるのに対して，テスト・バッテリーでは多面的に情報を得ることができる．具体的にい

体力テストのようす（上体起こし．p.31 参照）

くつかのテストを実施して関連する結果をつき合わせて検討することで，個人の体力への理解がより深まるのである．

（2）体力テストの対象

　行動体力のそれぞれの能力では，基本的運動能力である「走」「投」「跳」「泳」の運動成績に関連する体力が主であるが，最近では日常生活を支える体力である健康関連体力に関わる要素も重要視されている．若年層に対して，行動体力における能力の程度や能力のバランスを把握することは，個人の発育発達や運動習慣・生活習慣との関連性を考察でき，個人の生活モニターとして活用できる点からも非常に重要である．またアスリートにとっては，専門の種目特性に必要な行動体力を客観的に把握できるため，技能向上を支える身体づくりに役立つ．一般成人においては，日常生活を無事に過ごすうえで体力を把握しておく必要があろう．

　アメリカスポーツ医学会では，体力要素を健康に関わる要素と競技力に関わる要素に区分し（表3.1），身体的に活動的であるライフスタイルによって得られる多くの利得と，健康に関わる体力の関係を強調している．

　いずれの対象においても，体力テストは体力の有無を決めたり体力の優劣を競ったりするものではなく，個人の生活のなかで，いかなる体力がどのように変化しているのかを理解する資料として扱うことが有益であろう．

表3.1　体力の健康に関わる要素と競技力に関わる要素の比較

健康に関わる要素	競技力に関わる要素 （運動能力あるいはスキルにかかわる要素） （すべてを包含してはいない）
心肺系体力 身体組成 柔軟性 筋力 筋持久力	平衡性 反応時間 協調性 敏捷性 スピード パワー

B. Gregory ほか 編，青木純一郎・内藤久士監訳，『ACSM　健康にかかわる体力の測定と評価—その有意義な活用をめざして』，市村出版（2010），p.3.

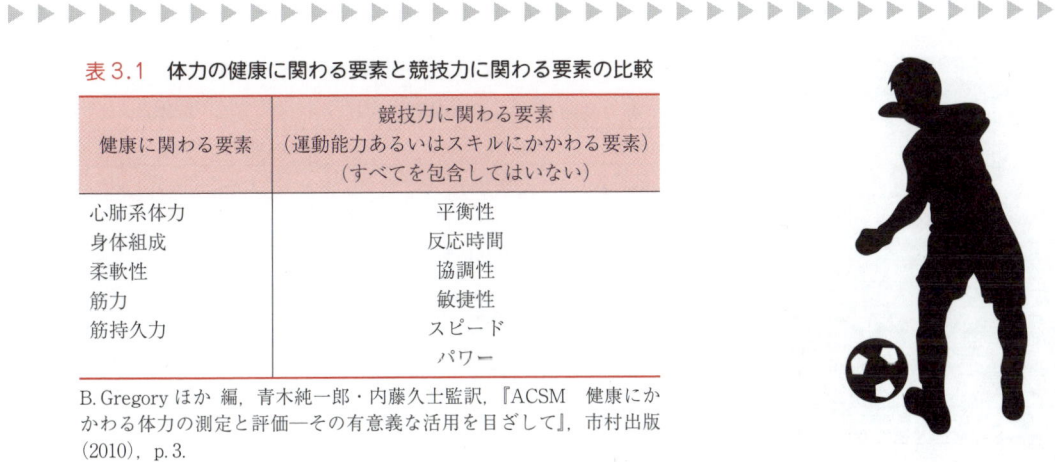

2 わが国の体力テストの変遷

　体力テストは，誰もが安全に実施でき，かつ測定値に対する高い信頼性および明らかな評価基準を確立する必要がある．文部科学省（平成27年10月からはスポーツ庁）では，1964年（昭和39）以来，**体力・運動能力調査**を実施して，国民の体力・運動能力の現状を明らかにしている．

　1999年（平成11）4月より，テスト実施における安全性の重視や種目の妥当性，計測の簡略化や天候に左右されない実施場所の確保を目指し，8種目で構成された**新体力テスト**を導入した（表3.2）．このテストの一番大きな特徴は，高齢化するわが国の実態に合わせて，その対象を従来の59歳までから79歳までに拡大した点にある．高齢期を対象としたテスト項目が新たに設置され，また児童期から高齢期に至る全年齢に共通したテスト項目が加わった（表3.3）．このように，幅広い年齢の国民について体力の現状を明らかにし，体力の向上と健康の維持・増進に積極的に取り組むことを狙いとした．

3 体格と形態

　体格とは，人のからだつき，大きさや形などの形態的な要素からなる．体力の違いには，先天的な遺伝要因，後天的な栄養・運動・疾病などの環境要因が考えられるが，遺伝要因によるところが大きいとされている．

表3.2　新旧体力テストと項目の比較

体力項目	旧体力テスト	新体力テスト
筋力	握力	握力
筋持久力	懸垂　　女子は斜懸垂	上体起こし
筋パワー	立ち幅とび（小学校低学年）	立ち幅とび
柔軟性	立位体前屈 伏臥上体そらし	長座体前屈
走力	50 m走	50 m走
投力	ハンドボール投げ （小学生はソフトボール投げ）	ソフトボール投げ（小学生）
跳躍力	走り幅とび 垂直とび	
敏捷性	反復横とび	反復横とび
巧緻性	ジグザグドリブル 連続逆上がり	
全身持久力	持久走 踏み台昇降運動	20 mシャトルラン（往復持久力）または，持久走・急歩

体型は，いくつかの身体的特徴に基づいて分類される体格を特定するカテゴリーを指す．体格を量的に分類するために，身長，体重，胸囲，座高などの身体計測を行う．

身長の計測は，頭部の目と耳の中央（眼窩点と耳珠点を通る面）が水平になるように留意して直立姿勢をとり，頭頂までの垂直方向距離を求める．

体重の計測については，近年の体重計（ヘルスメーター）の機能向上が目覚ましいため，体重，体脂肪率のみならず，筋肉量，内臓脂肪量，基礎代謝量，骨量などを測定ないし推定できるようになっている．健康管理のための情報が著しく必要とされるようになり，文字通り"ヘルスメーター"としての役割を果たしているといえるだろう．

体重は，体組成の脂肪の有無から，基本的に**除（体）脂肪量**（fat free mass, **FFM**, lean body mass, **LBM**）と**体脂肪量**（fat mass, **FM**）で表わせる．除脂肪量は骨格筋や骨，血液などから構成され安静時代謝率に影響を及ぼすため，健康関連体力と密接な関係がある．それぞれは，体重に対する相対量（%）として**除（体）脂肪率**，**体脂肪率**として表される．

人間に必要な体脂肪率は一般男性でおよそ2〜3%，女性では生殖に関わる性特異的な体脂肪がおよそ8〜12%であると考えられている．

脂肪過多についての数値は標準化されていないが，体脂肪率（**% fat**）は必要以上に増えることで健康関連体力に影響を及ぼすため，健康と関連した望ましい体脂肪率は，男性で10〜22%，女性で20〜32%と考えられている．

また，体格を表す指標である**体格指数**（body mass index, **BMI**）は，

表3.3 年齢別の新体力テスト

体力項目	対象年齢	6歳〜11歳（小学校全学年）	12歳〜19歳	20歳〜64歳	65歳〜79歳
	テスト項目	8項目	8項目	6項目	6項目とスクリーニング調査
筋力	握力	○	○	○	○
筋持久力	上体起こし	○	○	○	○
柔軟性	長座体前屈	○	○	○	○
走力	50 m走	○	○		
投力	ボール投げ	○（ソフトボール1号）	○（ハンドボール2号）		
敏捷性	反復横とび	○	○	○	
筋パワー	立ち幅とび	○	○	○	
全身持久力	20 mシャトルラン（往復持久走）または，持久走・急歩	○	○ または持久走（男子1500 m, 女子1000 m）	○ または，急歩（男子1500 m, 女子1000 m）	
静的平衡性 巧緻性 歩行能力	開眼片足立ち				○
	10 m障害物歩行				○
	6分間歩行				○
	ADL（日常生活活動テスト）				○

American College of Sports Medicine 編，日本体力医学会体力科学編集委員会監，『運動処方の指針——運動負荷試験と運動プログラム（原書第7版）』，南江堂（2006），p.55.

知っておくと役に立つ！

体格指数（BMI）と低体重・肥満の関係

表 3.4 **体格指数（BMI, kg/m²）による肥満の判定基準**

BMI	日本肥満学会による判定	WHO基準
<18.5	やせ	低体重
18.5〜24.9	普通	正常
25.0〜29.9	肥満1度	前肥満
30.0〜34.9	肥満2度	Ⅰ度
35.0〜39.9	肥満3度	Ⅱ度
≧40	肥満4度	Ⅲ度

知っておくと役に立つ！

筋力を測る，その他のテスト
旧体力テスト項目では「背筋力」があった．「背筋力」測定では，牽引時に腰痛を引き起こす可能性があるため，安全性の面で新体力テスト項目から除かれた．

体重（kg）を身長（m）の二乗で除して求める．肥満ややせに関わる冠疾患などの健康問題との関連から，25 kg/m² 以上を**肥満**，18.5 kg/m² 未満を**低体重**と定義している（表 3.4）．疫学的調査により，疾病に最もかかりにくい BMI は男女ともほぼ 22 kg/m² である（図 3.1）．したがって，BMI の計算式を逆算すれば理想体重を求めることができる．

【体格指数を求めてみよう】
体格指数(BMI) [　　　　　] = 体重 [　　(kg)] ÷ 身長 [　　(m)]²

【理想体重を求めてみよう】
理想体重 [　　　(kg)] = 身長 [　　　(m)]² × 22

4　体力テスト項目

ここでは，体力要素の理解を図ることと，テスト実施の実際について学習することを目的とし，12歳（中学生）から64歳を対象に実施されるテスト項目を取り上げて説明する．

（1）筋力，筋持久力

筋力とは，力を発揮する筋の機能と定義される．一方，**筋持久力**とは，持続的な力の発揮または何回も繰り返し行う筋の機能と定義される．これらの区別は，数回（3回未満）の繰り返し作業で筋疲労に陥るものは筋力を測定しているとみなされ，逆に，筋疲労に至るまでに筋収縮を12回以上繰り返し遂行できるものは筋持久力を測定していると慣習的に考えられてきた．

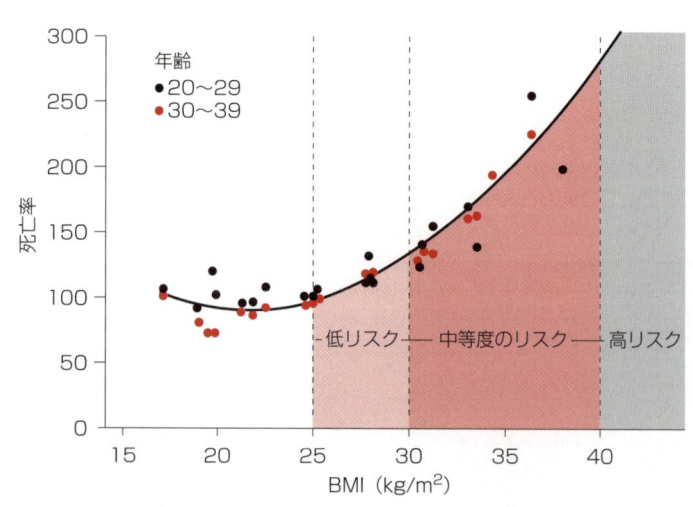

図 3.1　**体格指数（BMI）と死亡率の関係**
B. Gregory ほか 編，青木純一郎・内藤久士監訳，『ACSM 健康にかかわる体力の測定と評価―その有意義な活用をめざして』，市村出版（2010），p. 43.

新体力テスト項目では，すべての年齢を対象として，握力計を用いて**アイソメトリック**な最大随意収縮の筋力を測定する**握力**を採用している．

- ●「握力」計測の実施上の注意（図 3.2）
- ・握力計の指針が外側になるようにもつ．
- ・人差し指の第 2 関節がほぼ直角になるように握りの幅を調節する．
- ・自然な直立姿勢をとり，握力計が身体に触れないようにして力いっぱい握る．
- ●「上体起こし」実施上の注意（図 3.3）
- ・腰痛の自覚症状のある者には実施しない．
- ・測定者はマット上で仰臥姿勢をとり，両手を軽く握り，両腕を胸の前で組む．めがねは外しておく．
- ・両膝の角度は 90°に保つ．
- ・補助者が被測定者の両膝を固定する．お互いの頭がぶつからないように留意する．
- ・30 秒間できるだけ多く上体を起こすことを繰り返す．

（2）筋パワー

筋力と筋収縮のスピードの積であり，瞬発力ともいわれるが，体力テスト項目では**立ち幅とび**でこの能力が評価される．旧体力テストで小学校低学年で実施されてきた「立ち幅とび」は，新体力テストでは 64 歳まで通して実施し，継続することで体力推移をみることができるようになった．

- ●「立ち幅とび」実施上の注意（図 3.4）
- ・踏み切り前の両足の中央位置を決めておくと，計測が容易である．

> **アイソメトリック（等尺性収縮）**
> 筋収縮の分類には，筋がその長さを変えないで収縮する等尺性収縮（isometric contraction）や，筋がその長さを短くしながら収縮する短縮性収縮（concentric contraction），また筋がその長さを長くしながら収縮する伸張性収縮（eccentric contraction）がある．筋の長さを変えない等尺性収縮は，長さを変化させる動的収縮に対して，静的収縮とよばれる．具体的には，非常に重い荷物をもち上げようとして同じ姿勢で力発揮をしている場合であり，物の移動がないとき，あるいは物を下げたままでいるときがこれにあてはまる．物理的仕事はなくてもエネルギー消費はするため，生理学的には仕事をしており疲労は生じる．

図 3.2〜3.8，表 3.5〜3.7 は，新体力テスト（スポーツ庁）を参考に作成．

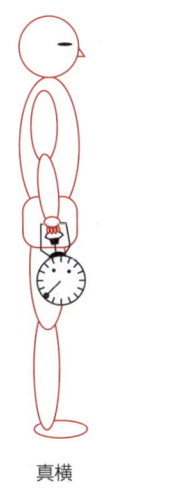

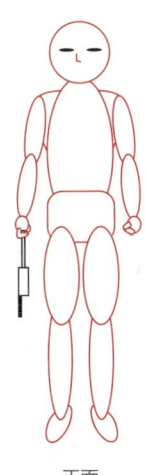

真横　　　正面

図 3.2「握力」計測

- 踏み切りの際には二重踏み切りにならないようにする．
- 着地位置から，最も踏み切り線に近い位置までを結ぶ直線距離を計測する．

（3）全身持久力

全身持久力とは多くの筋が，同時にある一定強度の運動を持続するために働く能力のことをいう．この能力には有酸素性エネルギー供給機構の役割が重要であり，運動強度が増して酸素摂取量がそれ以上増えなくなる時点での酸素摂取量（**最大酸素摂取量**，$\dot{V}O_2max$）および酸素の需要に供給が追いつかなくなる**無酸素性作業閾値**をもって決定される．

新体力テストでは，学童・生徒を対象に **20 m シャトルラン**という，20 m 間隔に引かれたライン間の往復走行を繰り返す持久走が新たに開発された．天候に左右されず体育館で実施可能という利点をもつ一方で，走速度を 2 分ごとに 0.5 km/ 時ずつ上げるという，きわめてゆるやかなペースであるため，測定に時間がかかるという一長一短がある．しかし，ペースについていけなくなった時点の速度を代入することで，全身持久力の測度である最大酸素摂取量を推定できるという利点がある（表 3.5）．また，従来のトラックを用いた持久走（男子 1500 m，女子 1000 m）でも測定することができる．

高齢者（65 歳～79 歳対象）を対象としたテストでは，長い時間歩き続けられる能力として **6 分間歩行**が実施される．「6 分間歩行」は，運動強度を上げずに各自の可能なペースで長時間歩き続けるテストであり，全身持久力と同義ではない．

障害物に足をつまずかせることなく歩ける能力を測る **10 m 障害物歩**

> **知っておくと役に立つ！**
>
> **筋パワーを測る，その他のテスト**
>
> 「垂直とび」，「最大酸素パワー」，「脚伸展パワー」など．全身持久力は，平坦な走路での 12 分間における到達距離から体力を求める「12 分間走（クーパーテスト）」があるが，この能力を発揮するための意志や意欲がテスト結果に大きく影響する．「踏み台昇降運動」は実施時間が統一できるため用いやすいテストであったが，信頼性が低く新体力テスト項目から除かれた．

> **知っておくと役に立つ！**
>
> **筋持久力を測る，その他のテスト**
>
> 「懸垂腕屈伸（男子対象）・斜懸垂腕屈伸（女子対象）」，「腕立伏臥腕屈伸」がある．懸垂や腕立て伏せができない場合の筋持久力を，正確に評価できない欠点がある．高齢者を対象とした「椅子立ち上がり」は下肢筋持久力を評価できる項目である．膝に故障のある場合，能力を正確にとらえることが難しい．

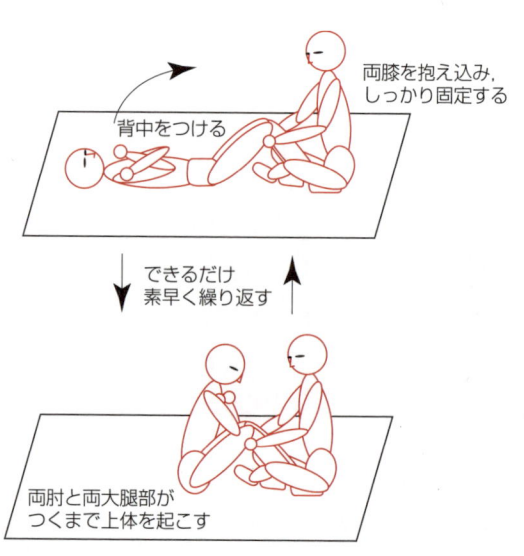

図 3.3 上体起こし

表3.5 20mシャトルラン（往復持久走）最大酸素摂取量推定表（平成12年3月改訂）

折り返し数	推定最大酸素摂取量 (mL/kg·分)	折り返し数	推定最大酸素摂取量 (mL/kg·分)	折り返し数	推定最大酸素摂取量 (mL/kg·分)	折り返し数	推定最大酸素摂取量 (mL/kg·分)
8	27.8	46	36.4	84	44.9	122	53.5
9	28.0	47	36.6	85	45.1	123	53.7
10	28.3	48	36.8	86	45.4	124	53.9
11	28.5	49	37.0	87	45.6	125	54.1
12	28.7	50	37.3	88	45.8	126	54.4
13	28.9	51	37.5	89	46.0	127	54.6
14	29.2	52	37.7	90	46.3	128	54.8
15	29.4	53	37.9	91	46.5	129	55.0
16	29.6	54	38.2	92	46.7	130	55.3
17	29.8	55	38.4	93	46.9	131	55.5
18	30.1	56	38.6	94	47.2	132	55.7
19	30.3	57	38.8	95	47.4	133	55.9
20	30.5	58	39.1	96	47.6	134	56.2
21	30.7	59	39.3	97	47.8	135	56.4
22	31.0	60	39.5	98	48.1	136	56.6
23	31.2	61	39.7	99	48.3	137	56.8
24	31.4	62	40.0	100	48.5	138	57.1
25	31.6	63	40.2	101	48.7	139	57.3
26	31.9	64	40.4	102	49.0	140	57.5
27	32.1	65	40.6	103	49.2	141	57.7
28	32.3	66	40.9	104	49.4	142	58.0
29	32.5	67	41.1	105	49.6	143	58.2
30	32.8	68	41.3	106	49.9	144	58.4
31	33.0	69	41.5	107	50.1	145	58.6
32	33.2	70	41.8	108	50.3	146	58.9
33	33.4	71	42.0	109	50.5	147	59.1
34	33.7	72	42.2	110	50.8	148	59.3
35	33.9	73	42.4	111	51.0	149	59.5
36	34.1	74	42.7	112	51.2	150	59.8
37	34.3	75	42.9	113	51.4	151	60.0
38	34.6	76	43.1	114	51.7	152	60.2
39	34.8	77	43.3	115	51.9	153	60.4
40	35.0	78	43.6	116	52.1	154	60.7
41	35.2	79	43.8	117	52.3	155	60.9
42	35.5	80	44.0	118	52.6	156	61.1
43	35.7	81	44.2	119	52.8	157	61.3
44	35.9	82	44.5	120	53.0		
45	36.1	83	44.7	121	53.2		

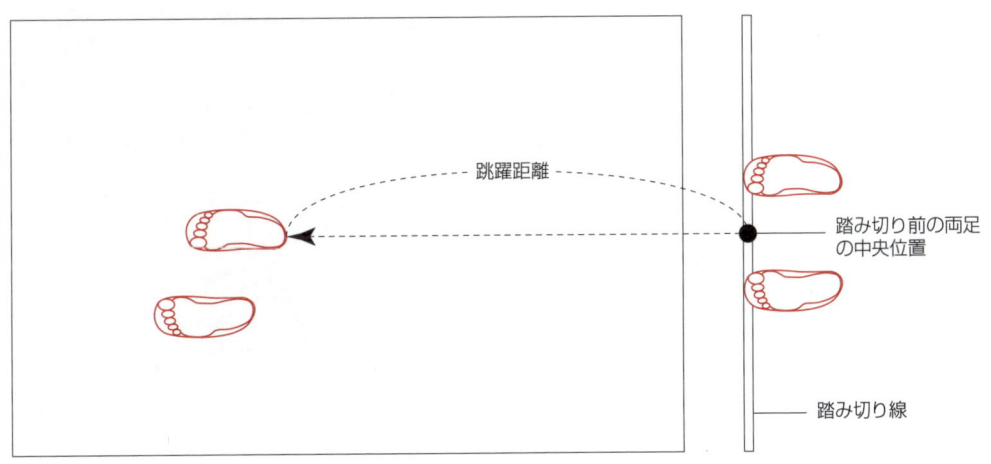

図3.4 立ち幅とび

行と，長い時間歩き続けられる能力を測る **6 分間歩行** の二つの側面から，健康関連体力に大きく関わる **歩行能力** をとらえる．

● 「20 m シャトルラン」実施上の注意
・20 m 間隔の 2 本の平行線を引き，ポール 4 本を平行線の両端に立てる．
・健康状態に十分注意し，疾病・傷害の有無を確かめて実施する．
・実施前のウォーミングアップでは足首，アキレス腱，膝などの柔軟運動を十分に行う．
・電子音の鳴るときには，必ずどちらかの線上にいるようにする．
・テスト後はすぐに運動を停止せず，クーリングダウンをする．

（4）平衡性

内耳の前庭器で受容される身体の傾きや全身の加速度運動に対する感覚と，視界からの視覚情報，そして関節，筋，腱の深部感覚や皮膚などからの体性感覚によって，からだの向きや傾き，動きを知覚し調整する能力（**平衡性**）を評価する．新体力テストでは高齢者を対象に，**開眼片足立ち** を最長 120 秒として片足での立位保持時間を計測し，静的並行性を評価する．

新体力テスト以外でも，動的平衡性のテストとして，動きながら両手を前方に伸ばす，高齢者を対象とした **ファンクショナルリーチテスト** が用いられることがある（12 章参照）．

● 「片足立ち」実施上の注意（図 3.5）
・素足で行う．
・両手を腰にあて，実施しやすい足を支持脚にする．

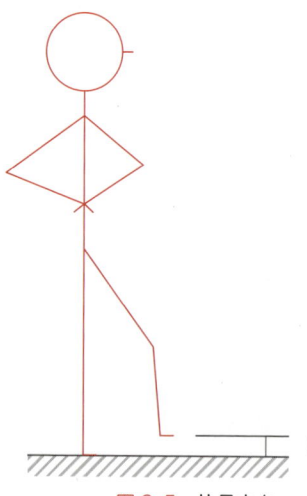

クーリングダウン
クールダウン，整理運動と同じ意味．運動のあとに，ストレッチやジョギングなどの軽度の運動を行うことにより，筋肉中の乳酸の除去，酸素負債消却の促進，過換気の防止，めまい・吐き気・失神などの防止，遅発性筋痛の予防などの効果が期待される．

知っておくと役に立つ！

平衡性を測る，その他のテスト
視覚情報を遮断した「閉眼片足立ち」は，開眼片足立ちと同様に 120 秒を最長として測定する．転倒時の危険に配慮せねばならない．

図 3.5 片足立ち（5cm 程度）

- あらかじめ，練習しておくとよい．
- 最長 120 秒で打ち切る．
- 被測定者がバランスを崩したとき，怪我のないように配慮する．

（5）敏捷性

敏捷性体力は身体を素早く方向転換する能力である．この素早い反応のためには，神経伝達および筋収縮が速やかに行われなければならない．体力テストでは古くから**反復横とび**を用いて全身の方向転換の素早さを評価しているが，筋力，平衡性，柔軟性など複合的に体力要素が関連しあっているため行動調整能力の評価ともいえる．

● 「反復横とび」実施上の注意（図 3.6）
- 実施前に足首，アキレス腱，膝などのウォーミングアップを十分に行う．
- 中央ラインをまたいで立ち，20 秒間で左右のラインを越す，または踏むまでサイドステップを繰り返す（右，中央，左，中央で 4 点となる）．
- 安全で滑りにくい場所で実施する．

（6）柔軟性

柔軟性は，関節可動域のすべての範囲に渡って動かせる能力のことである．関節の柔軟性を高めることは，競技パフォーマンスの向上のみならず日常生活での潤滑な動き，さらには怪我の予防にもなる．

過去の体力テスト項目としては，**伏臥上体そらし**や**立位体前屈**がこの体力評価に用いられていた．新体力テストの項目で該当する長座体前屈

> **知っておくと役に立つ！**
> 敏捷性を測る，その他のテスト
> 「全身反応時間」や「ジグザク走」がある．

> **知っておくと役に立つ！**
> 柔軟性を測る，その他のテスト
> 「伏臥上体そらし」，「立位体前屈」．

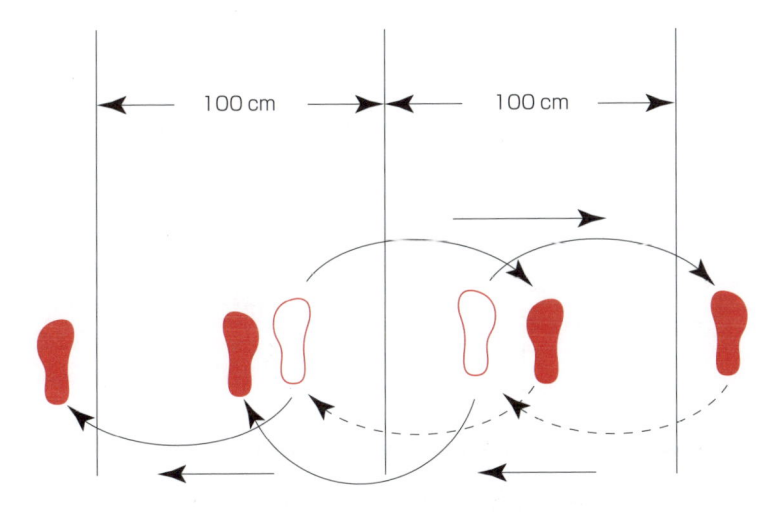

図 3.6　反復横とび

は「握力」,「上体起こし」と同様に,すべての年齢を対象に実施される.

長座体前屈は,一般に臀部関節(屈曲)の柔軟性を評価するのに用いられる.健康関連体力からみれば,腰から背中にかけての柔軟性は,大腿二頭筋の柔軟性が大きく影響し,実際に腰痛発症にも関連があると考えられる.

測定にあたっては十分なウォームアップを施す.筋弾性や腱・靭帯の硬さなども関連することに留意する必要がある.

● 「長座体前屈」実施上の注意(図3.7)

・初期姿勢では,被測定者は両脚を箱の間に入れ,長座姿勢をとる.このとき,壁に背・尻をぴったりとつける.手のひらは下に向け,肩幅の広さで箱の手前端に手のひらがかかるように置く.
・箱から手を離さないようにして,できるだけ遠くまで滑らせる.
・膝が曲がらないように注意する.
・足首が固定されてしまうため,靴を脱いで実施する.

(7) 基本的運動能力

基本的運動能力「走」「投」「跳」「泳」のうち,体力テストでは **50 m 走**で走能力を,**ソフトボール投げ**または**ハンドボール投げ**によって投能力を評価できる.これらでは,学童・生徒の神経系の発達や骨格,筋肉の発達が,敏捷かつ滑らかな動きとして反映される.またこれらの能力には,幼児期・児童期における多様な運動遊び経験の有無が影響する.

● 「ハンドボール投げ」実施上の注意(図3.8)

・ハンドボール2号球(外周54〜56 cm,重さ325〜400 g)を使用する.
・直径2 mの円を平坦な地面上に描き,円の中心から中心角度30°の同

> **知っておくと役に立つ!**
> 巧緻性を測る,その他のテスト
> 「ジグザグドリブル」,「連続逆上がり」などがある.

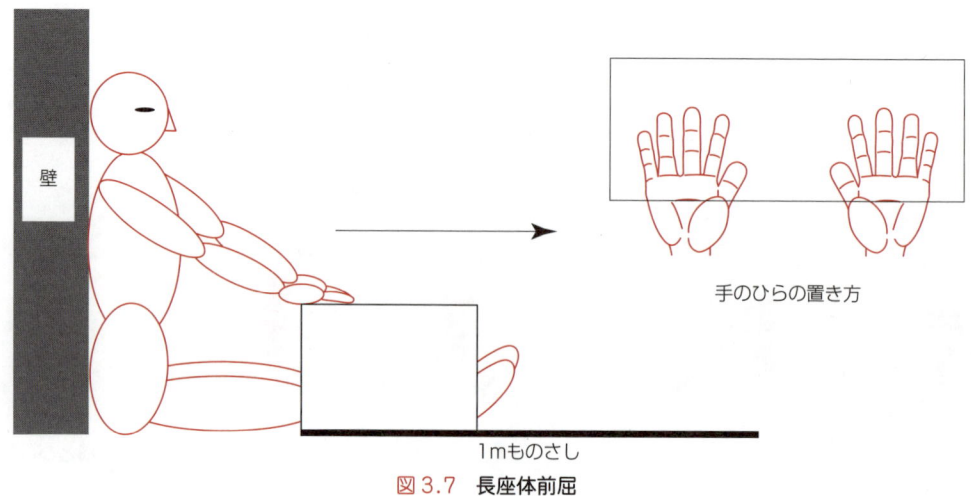

図3.7 長座体前屈

心円弧内に投球する．
- 投球中，投球後には，円を踏んだり，円外に出たりしてはならない．
- 投球フォームは自由である．
- できるだけ「下手投げ」をしないほうがよい．また，ステップして投げたほうがよい．

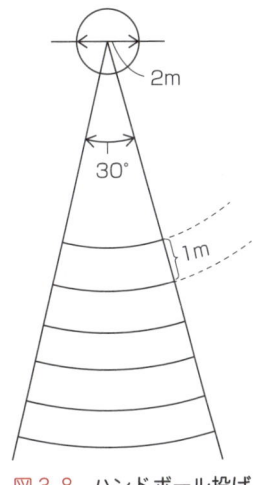

図3.8　ハンドボール投げ

5　体力テストを実施しよう

　体力テストを行う前に，テスト実施者は被測定者の安全性や快適性を確実なものにするため，適切に準備をする必要がある．測定値の記録用紙や各テストに必要な物品をあらかじめ用意して，実施前に試験的に行っておく．握力計，ストップウォッチは，正確に測定できているか調整し，および器具間の測定値にずれがないかどうかについても確認する．

　テスト実施に際しては，評価する体力要素の特性を考え，適切に実施順序を調整する．つまり，安静時心拍数や血圧など運動の影響を除かねばならない項目，疲労の影響を除いたほうがよい項目，実施に時間がかかる項目などを考慮し，限られた体力テスト実施時間を有効利用できるように実施する．順番を決めるなど，速やかに進行できるような工夫が大切である．全身持久力テストは，できるだけ最後に実施することが望ましい．それぞれのテスト実施前，とくに低学年の児童に対しては，テスト内容について事前に十分に説明をし，練習させておく必要がある．

　被測定者に対しては，テスト参加前の健康スクリーニングを実施するなどして，被測定者の健康状態を十分把握し，事故防止に万全の注意を

払う．医師から運動を禁止・制限されている者や，当日身体の異常を訴える者に対して体力テストは行わないように指導することも大切である．

体力テスト記録表（表 3.6），項目別得点表および総合評価基準表（表 3.7 ①②）を示す．各項目の得点を合計し，総合評価基準表で総合評価をする．

復習トレーニング

次の文章のカッコの部分に適切な言葉を入れなさい．

❶ 1964（昭和 39）年開発の文部科学省「体力・運動能力調査」は，学童から（　　　）歳を対象として実施されてきた．

❷ 1999 年（平成 11），文部科学省は 9 種目で構成された「新体力テスト」を導入した．このテストは，（　　　）化するわが国の実態に合わせて，（　　　）歳までをその対象を拡大した．

❸ 「新体力テスト」では，児童から高齢者に至るまで，（　　　），（　　　），（　　　）を共通テスト項目としたことで，幅広い年齢の体力を観察できるようになった．

❹ 体格指数（　　　）は，体重（kg）÷身長（m）×身長（m）で求める．

❺ 体格指数の数値は（　　　）のときに，疫学的に疾病が最も少ないため，最も望ましい値であるされている．

表3.6 新体力テスト記録表

	実施日		年　月　日			年　月　日			年　月　日		
	テスト項目		1回目	2回目	得点	1回目	2回目	得点	1回目	2回目	得点
形態	身長（cm）										
	体重（kg）										
12～64歳共通	1	握　力　右（kg）									
		握　力　左（kg）									
		左右交互に2回, kg単位で測定する．kg未満は切り捨てる．左右おのおののよい方の記録を平均し，kg未満は四捨五入．	平均：			平均：			平均：		
	2	上体起こし（回）									
	3	長座体前屈（cm） cm未満切り捨て．2回実施してよい方の記録をとる．									
	4	反復横とび（点） 2回実施してよい方の記録をとる．									
	5	立ち幅とび（cm） cm未満切り捨て．2回実施してよい方の記録をとる．									
	6	持久走または急歩 男子1500 m，女子1000 m．秒未満は切り上げ．	分　　秒			分　　秒			分　　秒		
		20 mシャトルラン 電子音についていけなくなった直前の折り返し総回数を記録する． （最大酸素摂取量）	折り返し数： 　　　　回 （　ml/kg・分）			折り返し数： 　　　　回 （　ml/kg・分）			折り返し数： 　　　　回 （　ml/kg・分）		
12～19歳	7	50 m走（秒） 記録は1/10秒単位とし，1/10秒未満は切り捨て．									
	8	ハンドボール投げ（m） 記録はm単位とし，m未満は切り捨て．2回実施してよい方の記録をとる．									

表3.7① 12歳～19歳の項目別得点表および総合評価基準表

項目別得点表

男子

得点	握力	上体起こし	長座体前屈	反復横とび	持久走	20mシャトルラン	50m走	立ち幅とび	ハンドボール投げ
10	56 kg 以上	35 回以上	64 cm 以上	63 点以上	4'59″以下	125 回以上	6.6 秒以下	265 cm 以上	37 m 以上
9	51～55	33～34	58～63	60～62	5'00″～5'16″	113～124	6.7～6.8	254～264	34～36
8	47～50	30～32	53～57	56～59	5'17″～5'33″	102～112	6.9～7.0	242～253	31～33
7	43～46	27～29	49～52	53～55	5'34″～5'55″	90～101	7.1～7.2	230～241	28～30
6	38～42	25～26	44～48	49～52	5'56″～6'22″	76～89	7.3～7.5	218～229	25～27
5	33～37	22～24	39～43	45～48	6'23″～6'50″	63～75	7.6～7.9	203～217	22～24
4	28～32	19～21	33～38	41～44	6'51″～7'30″	51～62	8.0～8.4	188～202	19～21
3	23～27	16～18	28～32	37～40	7'31″～8'19″	37～50	8.5～9.0	170～187	16～18
2	18～22	13～15	21～27	30～36	8'20″～9'20″	26～36	9.1～9.7	150～169	13～15
1	17 kg 以下	12 回以下	20 cm 以下	29 点以下	9'21″以上	25 回以下	9.8 秒以上	149 cm 以下	12 m 以下

女子

得点	握力	上体起こし	長座体前屈	反復横とび	持久走	20mシャトルラン	50m走	立ち幅とび	ハンドボール投げ
10	36 kg 以上	29 回以上	63 cm 以上	53 点以上	3'49″以下	88 回以上	7.7 秒以下	210 cm 以上	23 m 以上
9	33～35	26～28	58～62	50～52	3'50″～4'02″	76～87	7.8～8.0	200～209	20～22
8	30～32	23～25	54～57	48～49	4'03″～4'19″	64～75	8.1～8.3	190～199	18～19
7	28～29	20～22	50～53	45～47	4'20″～4'37″	54～63	8.4～8.6	179～189	16～17
6	25～27	18～19	45～49	42～44	4'38″～4'56″	44～53	8.7～8.9	168～178	14～15
5	23～24	15～17	40～44	39～41	4'57″～5'18″	35～43	9.0～9.3	157～167	12～13
4	20～22	13～14	35～39	36～38	5'19″～5'42″	27～34	9.4～9.8	145～156	11
3	17～19	11～12	30～34	32～35	5'43″～6'14″	21～26	9.9～10.3	132～144	10
2	14～16	8～10	23～29	27～31	6'15″～6'57″	15～20	10.4～11.2	118～131	8～9
1	13 kg 以下	7 回以下	22 cm 以下	26 点以下	6'58″以上	14 回以下	11.3 秒以上	117 cm 以下	7 m 以下

総合評価基準表

段階	12歳	13歳	14歳	15歳	16歳	17歳	18歳	19歳
A	51 以上	57 以上	60 以上	61 以上	63 以上	65 以上	65 以上	65 以上
B	41～50	47～56	51～59	52～60	53～62	54～64	54～64	54～64
C	32～40	37～46	41～50	41～51	42～52	43～53	43～53	43～53
D	22～31	27～36	31～40	31～40	31～41	31～42	31～42	31～42
E	21 以下	26 以下	30 以下	30 以下	30 以下	30 以下	30 以下	30 以下

表3.7② 20歳〜64歳の項目別得点表および総合評価基準表・体力年齢評価表

項目別得点表

男子

得点	握力	上体起こし	長座体前屈	反復横とび	急歩	20mシャトルラン	立ち幅とび
10	62 kg 以上	33 回以上	61 cm 以上	60 点以上	8'47″以下	95 回以上	260 cm 以上
9	58〜61	30〜32	56〜60	57〜59	8'48″〜9'41″	81〜94	248〜259
8	54〜57	27〜29	51〜55	53〜56	9'42″〜10'33″	67〜80	236〜247
7	50〜53	24〜26	47〜50	49〜52	10'34″〜11'23″	54〜66	223〜235
6	47〜49	21〜23	43〜46	45〜48	11'24″〜12'11″	43〜53	210〜222
5	44〜46	18〜20	38〜42	41〜44	12'12″〜12'56″	32〜42	195〜209
4	41〜43	15〜17	33〜37	36〜40	12'57″〜13'40″	24〜31	180〜194
3	37〜40	12〜14	27〜32	31〜35	13'41″〜14'29″	18〜23	162〜179
2	32〜36	9〜11	21〜26	24〜30	14'30″〜15'27″	12〜17	143〜161
1	31 kg 以下	8 回以下	20 cm 以下	23 点以下	15'28″以上	11 回以下	142 cm 以下

女子

得点	握力	上体起こし	長座体前屈	反復横とび	急歩	20mシャトルラン	立ち幅とび
10	39 kg 以上	25 回以上	60 cm 以上	52 点以上	7'14″以下	62 回以上	202 cm 以上
9	36〜38	23〜24	56〜59	49〜51	7'15″〜7'40″	50〜61	191〜201
8	34〜35	20〜22	52〜55	46〜48	7'41″〜8'06″	41〜49	180〜190
7	31〜33	18〜19	48〜51	43〜45	8'07″〜8'32″	32〜40	170〜179
6	29〜30	15〜17	44〜47	40〜42	8'33″〜8'59″	25〜31	158〜169
5	26〜28	12〜14	40〜43	36〜39	9'00″〜9'27″	19〜24	143〜157
4	24〜25	9〜11	36〜39	32〜35	9'28″〜9'59″	14〜18	128〜142
3	21〜23	5〜8	31〜35	27〜31	10'00″〜10'33″	10〜13	113〜127
2	19〜20	1〜4	25〜30	20〜26	10'34″〜11'37″	8〜9	98〜112
1	18 kg 以下	0 回	24 cm 以下	19 点以下	11'38″以上	7 回以下	97 cm 以下

総合評価基準法

段階	20歳〜24歳	25歳〜29歳	30歳〜34歳	35歳〜39歳	40歳〜44歳	45歳〜49歳	50歳〜54歳	55歳〜59歳	60歳〜64歳
A	50 以上	49 以上	49 以上	48 以上	46 以上	43 以上	40 以上	37 以上	33 以上
B	44〜49	43〜48	42〜48	41〜47	39〜45	37〜42	33〜39	30〜36	26〜32
C	37〜43	36〜42	35〜41	35〜40	33〜38	30〜36	27〜32	24〜29	20〜25
D	30〜36	29〜35	28〜34	28〜34	26〜32	23〜29	21〜26	18〜23	15〜19
E	29 以下	28 以下	27 以下	27 以下	25 以下	22 以下	20 以下	17 以下	14 以下

体力年齢	得点	体力年齢	得点
20歳〜24歳	46 以上	50歳〜54歳	30〜32
25歳〜29歳	43〜45	55歳〜59歳	27〜29
30歳〜34歳	40〜42	60歳〜64歳	25〜26
35歳〜39歳	38〜39	65歳〜69歳	22〜24
40歳〜44歳	36〜37	70歳〜74歳	20〜21
45歳〜49歳	33〜35	75歳〜79歳	19 以下

4章 体力をどう評価するか

4章のポイント

◆ 体力を測定して，それを数量化する過程について考える．また，量的に表した数値（データ）に客観性をもたせて一般化するための統計について，基本的な知識を学ぶ．
◆ 実際の体力テストのデータを用いて相対的評価の方法や表し方を学ぶ．

4章 体力をどう評価するか

　体力評価は19世紀半ばからアメリカで発達した．当初は身長や体重などの形態の測定が中心で，性差や発育について盛んに検討されていたが，しだいに体力全般やスポーツに重点をおいた運動能力を評価するようになった．学問大系としての**「体力学」「測定学」**，そしてこれらの結果から基準値を算出し，個々の成績を評価する**「測定評価」**が発展してきた．

　日本では，1938年（昭和13）に国民の健康を主管とする官庁として新たに厚生省が設置され，これに伴い**「体力章検定」**〔1939年（昭和14）〕が制定された．欧米諸国に比べて体格や体力が劣るとされた日本人の基礎的体力の向上を目的として，15～25歳までの男子を対象に，全国的規模で走，跳，投，運搬，懸垂などの項目を測定し，体力の3段階評価（初級，中級，上級）を行っていた．女子はこれに遅れること4年，1942年（昭和17）から施行された．この背景として，国民を人的資源としてとらえる軍事主義思想の影響があったと考えられる．

　その後，東京オリンピックの開催〔1964年（昭和39）〕を契機として，国民の体力・スポーツへの関心が高まりをみせる．同じ年に始まった文部省の体力テストは，体力・運動能力調査が1998年（平成10）まで実施され，毎年その結果が公表された．1999年（平成11）以降は，測定時の安全性の重視や測定の妥当性，測定の簡略化を検討して，改訂された新体力テストが引き続いて実施されている．

　このような貴重なデータの積み重ねによって，横断的，縦断的，あるいはコホート的な研究視点から，わが国の子どもの体力推移を客観的にみられるようになった．近年では子どもの体力低下や体力の二極化などが浮き彫りになり，警鐘を鳴らすことにもつながっている．これらのデ

横断的研究
短期間に異なる被験者群を観察・測定して，群間を比較する研究．

縦断的研究
同一被験者群を長期にわたって継続的に観察・測定し，個別的，経年的な変化を探る研究．

コホート的研究
人生の一定の時期に，ある特徴的な出来事を体験した集団を追跡研究するなど，ある共通した特性をもつ集団について継続的に追跡調査を行う研究．

長座体前屈

ータは時代を反映する貴重なデータともなるため，新体力テストの実施環境，実施の時間帯，測定項目の順番，測定時の教示の整合性などについて十分配慮され，測定条件の均一化を図って実施されている．

1 体力測定と体力評価としての統計

　体力測定と体力評価とは，そもそもどういう過程なのか考えてみよう．自然科学の分野では，測定して，それを**数量化**（quantification）し，統計処理する過程の**統計**がある．

　測定とは，ある個体の特性について数字や符号を割り当てる過程のことである．たとえば，測定の対象がある被験者の運動に関わる能力だとすると，その被験者を一定の規則で測定し，尺度上に位置づけることである．こうすることにより，身長，体重などの形態に関わる項目や**体力テスト**などの行動体力に関わる項目など，さまざまな個人特性を数値（データ）によって具体的に数量化して表すことができる．

　この数量化のための**測定尺度**には，4つの尺度〔ⅰ）比率尺度（ratio scale），ⅱ）間隔尺度（interval scale），ⅲ）順序尺度（ordinal scale），ⅳ）名義尺度（nominal scale）〕がある．これらは測定値の性質によって，定量変数と定性変数に大別できる．

　定量変数は連続変数とも呼ばれ，対象を量的に連続的実数で表す．表された数値が原点 0（ゼロ）をもつか否かで，**比率尺度**（たとえば身長，年齢など）と**間隔尺度**（たとえば，温度，偏差値など）に分けられる．

　一方，**定性変数**（離散変数）は，対象の質的な特性（属性）に区分す

るために，符号や数値を用いて，**順序尺度**（たとえば，大会での記録や成績による順位，主観的運動強度など）と**名義尺度**（たとえば，性別，ID 番号，部活動の分類など）で表される．

これらの数量化されたデータに客観性をもたせ，ある特定の実験や調査で得られた結果から一般的に母集団について推測し，広く一般化することが統計の目的である．統計は，数量で表された事象に対して，偶然なのか，意味のある事象なのかといった価値判断を行うための手がかりを提供する．この手がかりを頼りに，何らかの価値判断をする過程を**評価**という．評価を的確なものにするためにも，データは科学的検証に耐えられるものでなければならず，厳密に測定される必要がある．

文部科学省が継続して調査している体力テストなど，全体の性質を推定する方法をとる場合には，母集団から標本（サンプル）を抽出してデータ収集を行い，母集団の特徴や傾向を把握する**記述統計**を行うことが必要になる．**標本**（サンプル）の抽出法には有意抽出法と無作為抽出法がある．**無作為抽出法**は，調査実施者の主観など作為的な影響を排除する方法で，全国の児童や生徒・学生を対象として各年代の一般的な体力評価を行う際には，この抽出法が使用される．

2　平均値と標準偏差

前述したように，大量の事実を調べ，数量化して整理する統計を**記述統計学**という．たとえば，国税調査や人口統計がある．しかし，何かを調べるときに，常に大量のデータを収集できるわけではない．

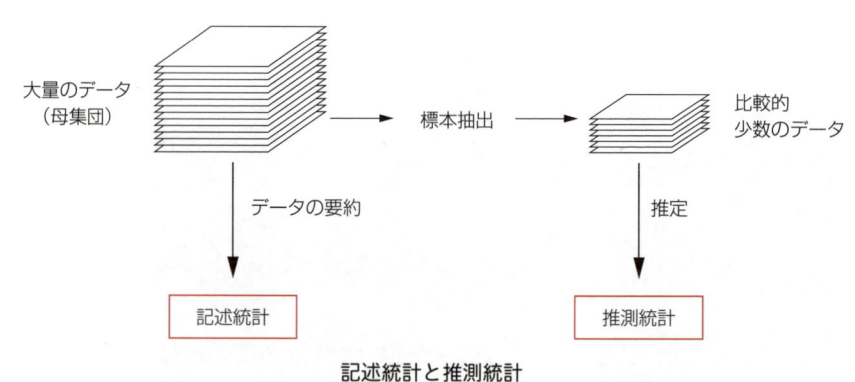

記述統計と推測統計

また比較的少数のデータから，全体の傾向を調べたいときもある．この場合，いくつかの少数の標本を取り出して，全体の性質を推定する方法をとる．この方法を**推測統計学**（推計学）という．

個々のデータの意味するものを読み取るためにも，母集団から標本を抽出してデータ収集を行う際にも，母集団の特徴や傾向を把握する記述統計は大切になる．

（1）代表値

ある現象を数値で表現するときに，どのような数値でその現象を代表させるかについて考えてみる．標本を代表する値として**平均値**（$\overline{X}$）の算出方法がよく知られている．たとえば体力テストの場合，テストを受けた学生全員の握力を合計し，その学生数で割ると求められる．代表値の表し方には，平均値のほかに中央値，最頻値がある．

①平均値（mean）

代表値としては平均値がよく用いられる．データの分布は正規型もしくはそれに近いことが条件となる．

【平均値の求め方】

$$\overline{X} = \frac{\sum_{i=1}^{n} X_i}{n}$$

②中央値（median）

測定値を大きさの順に並べたときにちょうど中央にくる値で，メジアン，中間値ともいわれる．分布が対称でないような極端な値があるとき

> **母集団**
> その変数に関わるすべての標本のこと．「20歳代の日本人男性の身長」とは，20歳代の日本人男性すべての身長をデータとした場合を意味する．

> **平均値**
> ある集団 X の平均値は $\overline{X}$ と表し，「エックスバー」と読む．
>
> **平均値の Excel 関数**
> = average（データ範囲）
>
> **合計の Excel 関数**
> = sum（データ範囲）
>
> **中央値の Excel 関数**
> = median（データ範囲）

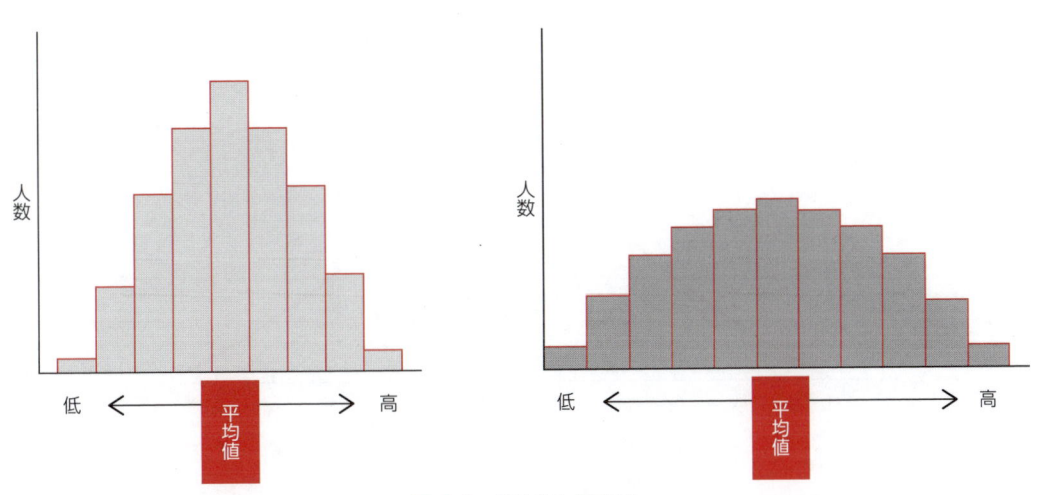

図 4.1　平均値と散布度
平均値が同じである上の2つのデータの違いを適切に表現するには〔平均値＋バラツキの大きさ（散布度）〕で表す．つまり，平均値とともに「分布の状態」もとらえなければならない．

に用いる．とくに順序尺度に用いられる．間隔尺度の場合でも，分布が左右に大きく傾いているときの代表値として適切である．

たとえば，国民所得の代表値を調べる場合には，平均値よりも中央値のほうがよい．所得の分布は少ないほうに偏っているからである．測定値の数が偶数のときは，便宜上中央の2つの値の平均をとる．

③**最頻値（mode）**

最頻値の Excel 関数
= mode（データ範囲）

分布のなかで最も度数が多い値で，モード，並数，流行値ともいわれる．最頻値の分布が対称でなく偏っている場合や，ある値で急に度数が多い場合，分布の山が2つあるいはそれ以上の場合に用いる．

【例】ある測定値の集まりが，3，3，4，4，4，4，5，5，6，6，7，8，9，9，のとき，最頻値は［4］．

（2）標準偏差

標準偏差の Excel 関数
= stdev（データ範囲）

平方根の Excel 関数
= sqrt（データ範囲）

また標本には個体差があるため，データにはバラツキが生じるが，平均値だけではそのバラツキがわからない．データの分布特性を表すためには，その代表値と散布度が必要である．図4.1のように，同じ平均値であっても散布度が異なると，分布の状態はまったく異なる．

データの散布度を具体的に表すためには，**標準偏差**（standard deviation, **SD**）が用いられる．データのバラツキ具合をみるには，基準（平均値）からどれだけ離れているかを測る．すなわち，**偏差**（個々のデータと平均値との距離）を求めることにより，データの分布特性が明らかとなる（図4.2）．実際の標本のバラツキは，分布の平方根である標準偏差で表す．

●個々のデータと平均値との距離を示す

偏差＝個々のデータ－平均
$= X_i - \bar{X}$

●データのバラツキを示す

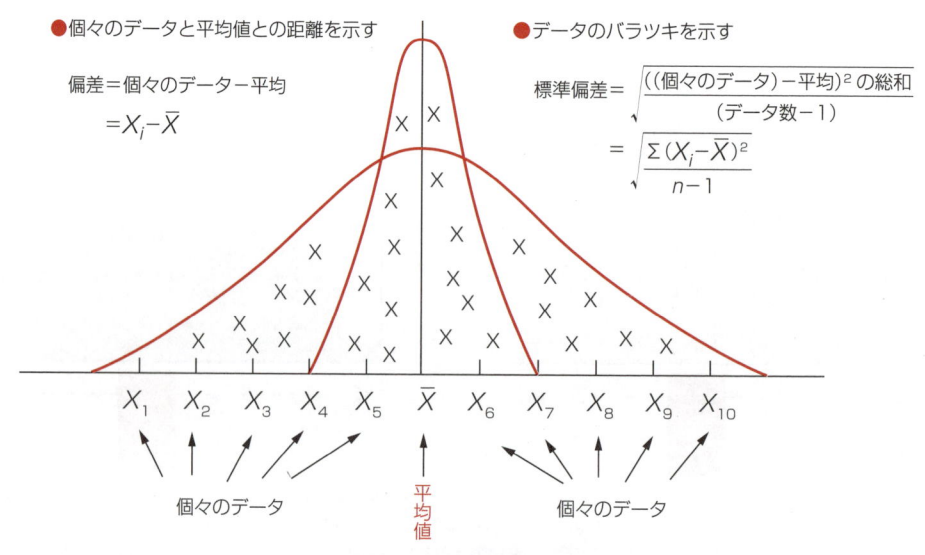

$$標準偏差 = \sqrt{\frac{((個々のデータ)-平均)^2 \text{の総和}}{(データ数)-1}}$$

$$= \sqrt{\frac{\Sigma(X_i - \bar{X})^2}{n-1}}$$

図4.2 偏差と標準偏差

3　正規分布と不正規分布

　前述したとおり，集団を代表する値として平均値（$\bar{X}$）がよく用いられるが，これは標本としたデータの分布が中央で最も高く，それより左右対称に低くなっていく**正規分布**（図4.3）に近いときに，標本の中心的傾向として示すことができる．

　正規分布は自然現象や社会現象の多くの分布にみられ，世の中の広範囲の測定事象について確実に現れる分布である．一方，標本の分布が正規分布していない**不正規分布**の場合もある（図4.4）．

4　境界点と段階評価

　平均値と標準偏差がわかれば，その標本のデータがどの範囲にどのような割合でばらついているのかが，ある程度わかる．データが平均値を中心に左右対称である正規分布をしていると考えられる場合，平均値±標準偏差の範囲に約68％，平均±2標準偏差の範囲に約95％が分布している（図4.3参照）．

　測定データの評価は，学生や生徒，選手などの被験者や，教師，監督など関係者にフィードバックすることが大切である．その際，得られたデータを理解しやすいように処理する方法として，あらかじめ作成しておいた評価表による段階評価がある．

　段階評価とは，一定範囲の測定値に同じ得点を与える方法，つまり複

> **正規分布**
> 平均値付近の度数が最も多く，平均から離れるにつれて左右対称に度数が減少している分布．

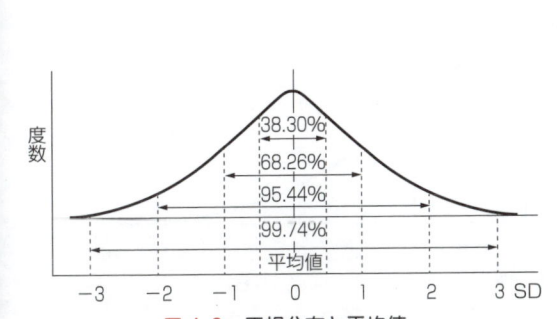

図4.3　正規分布と平均値
平均値を求めるときの条件とは，分布の形による．数値は曲線下の面積を示している．
出村慎一，『［例解］健康・スポーツ科学のための統計学』，大修館書店（2004），図6-4より改変．

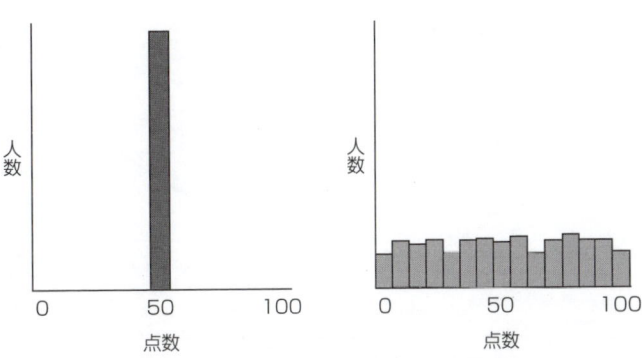

図4.4　正規分布していない標本の分布の例
同じ平均値でも，分布のないもの（左）と分布が一様であるもの（右）があり，平均値のもつ意味も異なってくることがわかる．

数の測定値に対して同じ得点を与える方法のことをいう．3点法（劣る，普通，優れる）や5点法（劣る，やや劣る，普通，やや優れる，優れる）が一般的に利用される段階評価得点である．また，「非常に劣る」「非常に優れる」を加えた7点法もある．

得点の**境界点**（A）は，[A＝平均値（$\overline{X}$）±k×標準偏差（SD）]で求めることができる．3点法の場合は，$k = 1$ を，5点法の場合は $k = 0.5$ および 1.5 を代入して境界点を算出する（図4.5）．

5 図表の活用

記述統計は，標本の特徴や傾向を効率よく把握するために，数値や図表に集約するとわかりやすい．データを図表に表すことで，データ全体の散布度やおもな傾向を視覚的に受け止めることができ，データがもつ特性や関係性について，より理解しやすくなる．データを返却する場合や，レポートを作成するなど読み手にわかりやすく伝える場合にも，質のよい図表は大きな役割を果たすので，有効に利用することが望ましい．

解析データの提示すべき内容を的確に表現するために，図の種類と特徴を知っておこう．データの数値を図面化した線図，写真や実測データを表示した実写図，実験解析に使用した装置や実験手順を示した解説図に大別できる．線図の代表的なグラフを表4.1に紹介する．

Z得点
測定値が標準偏差の何倍，平均値から離れているかを求める．
Z得点＝$(X - \overline{X})/\text{SD}$

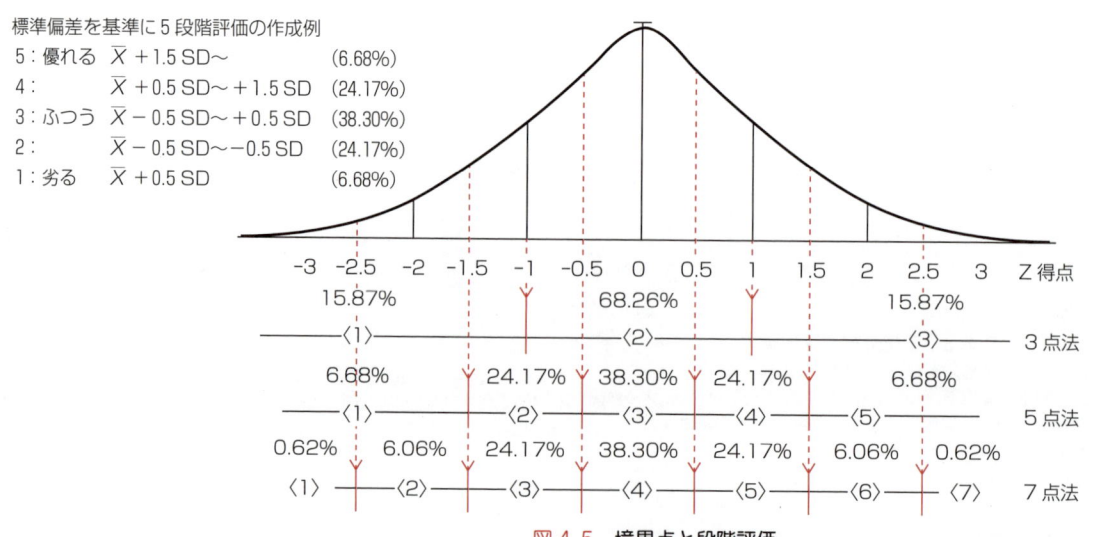

標準偏差を基準に5段階評価の作成例
5：優れる　$\overline{X} + 1.5\,\text{SD}\sim$　　(6.68%)
4：　　　　$\overline{X} + 0.5\,\text{SD}\sim +1.5\,\text{SD}$　(24.17%)
3：ふつう　$\overline{X} - 0.5\,\text{SD}\sim +0.5\,\text{SD}$　(38.30%)
2：　　　　$\overline{X} - 0.5\,\text{SD}\sim -0.5\,\text{SD}$　(24.17%)
1：劣る　　$\overline{X} + 0.5\,\text{SD}$　　(6.68%)

図4.5　境界点と段階評価
出村慎一，『［例解］健康・スポーツ科学のための統計学』，大修館書店（2004），図7-3より改変．

表 4.1 線図の段表的なグラフ

棒グラフ	棒の高さで度数分布や量の多少を比較する
折れ線グラフ	量が増えているか，減っているか，変化の方向を示す
曲線図	折れ線グラフで示した縦軸データのバラツキが小さい場合に示す．曲線でデータをつなぐことにより，折れ線グラフで示すよりもデータが連続して変化している様子を明らかにする
円グラフ	全体の中での構成比（相対度数：%）を示す．12時の位置から割合の多い順に並べる
帯グラフ	全体の中での構成比を示す．一般に左から割合の多い順に並べる
ヒストグラム	異なる階級のデータについて，データの散らばりの程度を示す
レーダーチャート	大きく全体の傾向を把握するため，複数の指標をひとつのグラフに示す．中心から放射状に軸を引き，それぞれの軸上にデータを記す．外側に行くほどよくなるように表す
散布図	2種類のデータの関係で，2つのデータ間に関係があるかどうかということを示す．因果関係を示すものではない

6　T得点を求めよう

最後に，自分の体力測定データを，比較したい集団の平均値・標準偏差を用いて，T得点（偏差値）に換算して，表 4.2（p.53 参照）に記入してみよう．

【T得点の求め方】

T得点 $= 50 + 10 \times$ Z得点 $= 50 + 10 (X - \bar{X})/\text{SD}$

　　X：比較したい測定値（自分の体力測定データ）

　　$\bar{X}$：もとになる集団の平均値（比較したい集団の平均値）

　　SD：もとになる集団の標準偏差（比較したい集団の標準偏差）

[例題]

全国平均値とその標準偏差を用いて，新体力テスト各項目について，自分自身のT得点を求めてみよう．

T得点 = 50 + 10（自分の測定値 − 全国平均値）/全国平均のSD
　　　= 50 + 10（☐ − ☐）/ ☐

ただし，50m走のように測定値が小さいほど優れている項目は，下記のように絶対値を求めてT得点を算出する．

T得点 = 50 + |10（自分の測定値 − 全国平均値）/全国平均のSD|

なお，参考に令和元年度の体力・運動能力調査（新体力テスト）の全国平均値（表4.3, p.54参照）を掲載する．スポーツ庁の「体力・運動能力調査結果の概要及び報告書について」から「統計数値表（政府統計の総合窓口ウェブサイト e-Stat）」で調べることができる．

6 T得点を求めよう

表4.2 全国平均値から自分の体力測定データのT得点を算出してみよう

項目	自分の記録	全国平均(または, もとになる集団の平均値)	その母集団の標準偏差	T得点
握力				
上体起こし				
長座体前屈				
反復横とび				
20 m シャトルラン(急歩)				
50 m 走				
立ち幅とび				
ボール投げ				

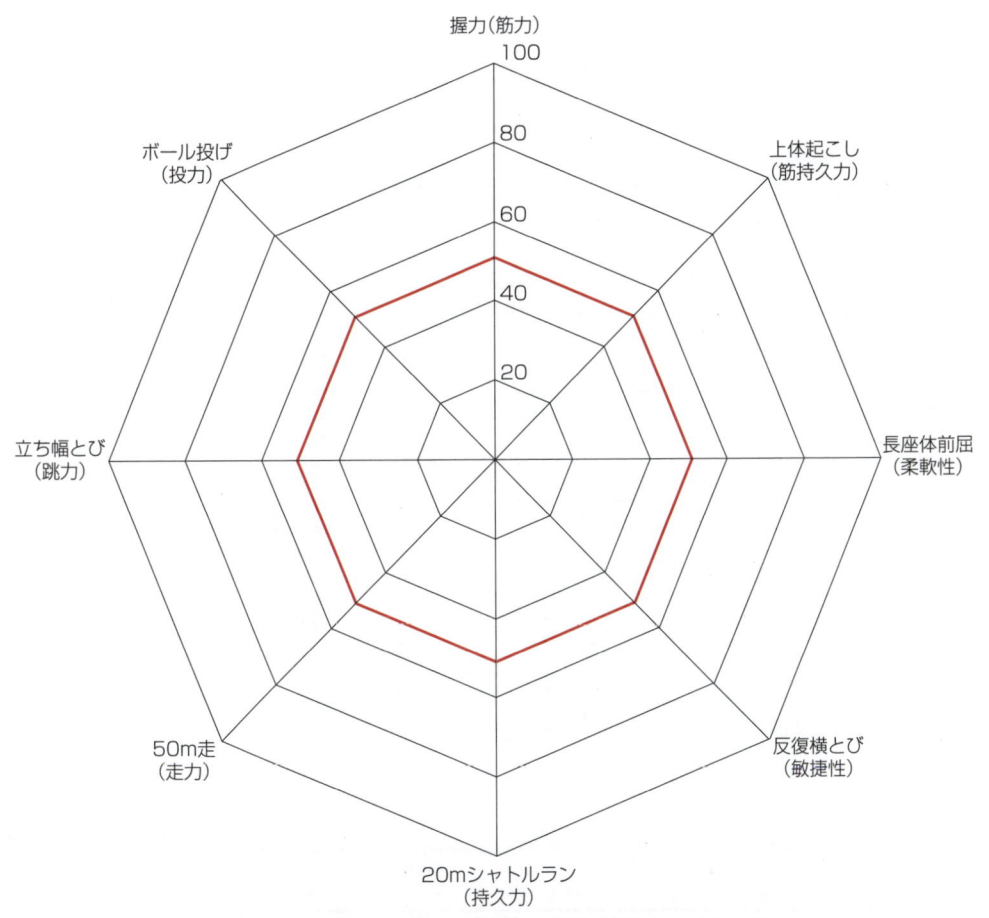

自分の体力測定のT得点を書き入れて線で結んでみましょう

表4.3 体力・運動能力調査（令和5年度，スポーツ庁）

1. 年齢別テストの平均値

年齢	握力(kg)		上体起こし(回)		長座体前屈(cm)		反復横とび(点)		20mシャトルラン(折り返し数)		持久走・急歩(秒)		50m走(秒)		立ち幅とび(cm)		ソフトボール投げ・ハンドボール投げ(m)	
	男子	女子	男子	女子	男子	女子	男子	女子	男子	女子	男子	女子	男子	女子	男子	女子	男子	女子
6	9.17	8.56	11.47	11.07	26.70	28.87	27.65	26.92	18.97	15.70	…	…	11.43	11.79	117.36	108.49	8.44	5.77
7	10.83	10.16	14.40	13.69	28.14	30.78	31.12	30.07	28.01	20.93	…	…	10.65	10.99	127.40	117.82	11.80	7.59
8	12.51	11.89	15.82	15.24	29.36	32.51	34.51	33.19	35.44	27.43	…	…	10.12	10.48	135.68	127.78	14.89	9.43
9	14.43	14.02	17.91	17.32	31.55	35.23	38.47	36.76	43.91	33.12	…	…	9.70	9.97	144.48	137.53	18.47	11.83
10	16.72	16.56	19.95	18.89	33.63	38.40	42.13	40.37	50.40	40.24	…	…	9.34	9.56	154.62	147.39	21.87	13.78
11	19.88	19.36	22.07	19.89	36.20	40.92	45.55	42.66	59.46	44.43	…	…	8.85	9.21	166.70	155.26	25.80	15.76
12	24.30	21.93	23.48	20.76	41.68	44.04	49.80	45.77	68.91	48.37	426.39	304.56	8.42	9.02	184.99	167.52	18.34	11.66
13	30.24	23.90	26.42	22.18	45.16	46.51	53.02	47.12	82.63	53.74	388.55	292.56	7.82	8.78	203.14	172.45	21.41	13.22
14	34.77	25.20	29.00	23.46	49.40	48.63	55.88	48.35	90.43	53.82	379.35	289.14	7.46	8.73	216.86	174.37	24.23	14.12
15	36.83	25.04	27.81	21.79	47.04	47.37	55.38	47.12	77.71	44.82	388.55	308.74	7.47	8.95	217.85	169.67	23.53	13.37
16	39.31	26.08	29.27	23.01	49.76	48.78	56.91	47.95	85.53	46.80	368.79	300.55	7.31	8.89	223.55	171.40	24.79	13.83
17	40.53	26.52	30.14	23.62	51.49	49.56	57.46	48.00	83.74	46.09	371.40	296.36	7.24	8.89	227.09	171.99	25.83	14.24
18	39.31	25.86	29.18	22.63	48.78	47.44	57.26	47.75	74.05	40.00	402.03	324.54	7.43	9.13	226.54	167.77	24.28	13.35
19	40.15	26.14	29.78	22.92	50.05	47.84	56.44	46.72	74.31	39.42	409.33	323.37	7.39	9.14	225.78	167.39	24.91	13.76
20–24	44.11	26.84	28.37	21.18	44.57	45.21	55.03	46.51	69.23	37.73	690.10	520.93	…	…	224.57	167.28	…	…
25–29	45.60	27.66	28.05	20.14	43.97	44.05	54.50	44.96	66.70	34.28	685.09	534.61	…	…	221.83	163.16	…	…
30–34	45.67	27.78	26.87	18.39	42.93	43.32	52.51	43.55	57.93	30.21	686.16	532.28	…	…	215.43	158.16	…	…
35–39	46.28	28.13	25.75	17.02	41.73	42.93	50.55	41.70	56.89	26.10	699.53	536.62	…	…	211.59	153.80	…	…
40–44	45.78	28.16	23.77	16.08	40.12	40.88	48.21	40.62	50.85	24.51	724.38	541.50	…	…	202.66	149.02	…	…
45–49	45.30	27.84	22.46	15.33	38.54	41.55	46.86	40.38	46.16	24.24	733.78	544.02	…	…	196.02	146.62	…	…
50–54	44.31	27.05	21.85	14.04	38.06	40.73	45.36	39.30	40.30	22.16	746.35	542.22	…	…	190.63	139.68	…	…
55–59	43.41	26.78	20.54	13.64	37.12	41.47	44.08	38.26	35.12	20.85	741.63	547.32	…	…	183.46	135.71	…	…
60–64	41.94	26.08	19.12	12.59	36.75	41.25	42.07	37.12	29.89	17.11	773.10	555.65	…	…	174.85	129.95	…	…
65–69	39.36	25.08	16.18	10.44	35.27	40.67	…	…	…	…	…	…	…	…	…	…	…	…
70–74	37.50	23.75	14.45	8.72	33.86	39.52	…	…	…	…	…	…	…	…	…	…	…	…
75–79	35.07	22.80	12.30	7.93	33.34	38.32	…	…	…	…	…	…	…	…	…	…	…	…

（注）12〜19歳は20mシャトルランまたは持久走を，20〜64歳は20mシャトルランまたは急歩を選択実施
6〜11歳はソフトボール投げ，12〜19歳はハンドボール投げ

年齢	開眼片足立ち(秒)		10m障害物歩行(秒)		6分間歩行(m)	
	男子	女子	男子	女子	男子	女子
65–69	82.72	89.46	6.03	6.73	620.19	586.42
70–74	74.77	76.28	6.29	7.10	609.73	571.10
75–79	58.56	61.79	6.67	7.42	580.12	544.74

2. 年齢別体格測定の平均値

年齢	身長(cm)		体重(kg)	
	男子	女子	男子	女子
6	117.01	116.14	21.34	20.91
7	122.94	121.85	23.95	23.53
8	128.64	127.82	27.10	26.57
9	133.82	134.74	30.57	30.60
10	139.79	141.63	34.36	34.92
11	146.24	147.86	38.96	39.77
12	154.35	152.59	44.57	43.86
13	161.94	155.54	50.00	47.15
14	166.25	156.64	53.98	49.06
15	168.36	156.93	57.41	50.18
16	169.69	157.32	59.13	50.98
17	170.25	157.69	60.80	51.52
18	170.58	157.72	60.98	51.03
19	171.45	157.97	62.32	50.95
20–24	171.54	158.12	65.37	50.71
25–29	171.96	158.56	67.78	51.52
30–34	171.81	158.78	68.80	52.08
35–39	172.16	158.63	68.92	52.39
40–44	172.07	158.81	69.38	52.75
45–49	171.68	158.80	69.95	53.35
50–54	171.24	158.45	69.70	53.25
55–59	170.85	157.89	68.70	53.40
60–64	169.43	156.63	67.20	52.83
65–69	167.99	155.04	66.10	52.32
70–74	166.40	153.32	63.59	51.19
75–79	164.75	151.59	62.37	50.32

（注）「座高」は2016年度より測定項目から廃止

復習トレーニング

次の文章のカッコの部分に適切な言葉を入れなさい．

❶ 体力測定と体力評価としての統計とは，（　　　　）し，それを（　　　　）し，それを（　　　　）処理することである．

❷ 数量化には4つの尺度がある．定量変数のうち，身長や体重など数値の原点があるものは（　　　　）尺度，温度や偏差値，T得点など原点のないものは（　　　　）尺度，また，定性変数のうち，クラスやクラブのような質的な特性・属性を表す（　　　　）尺度，大会成績による順位などの（　　　　）尺度に分けられる．

❸ 母集団の特徴や傾向を把握するためには，代表値や分布，標準偏差などを求める（　　　　）が有効である．代表値は，（　　　　）を用いることが多く，このほかに，中央値，最頻値で表すことができる．

❹ 測定した結果を理解しやすくする方法として，一定範囲の測定値に同じ得点を与える（　　　　）がある．

❺ 個人の測定値が比較したい集団のどの位置に占めるかを調べるためには，平均値と標準偏差を用いて算出した（　　　　）で表すことができる．

5章 体力の発育発達

5章のポイント

- ◆ 身長発育が最も盛んな年齢は,身長発育速度ピーク年齢(PHV年齢)と呼ばれる.
- ◆ スキャモンは,身体のいろいろな組織や器官の発育の様子を4つの型に分類し,出生時から20歳までの発育の様子を4本の曲線(スキャモンの発育曲線)で表した.
- ◆ 筋活動や運動による直接的な骨への刺激により,骨の硬さと弾力性が高まる.
- ◆ 幼児期から小学校中学年にかけての年齢では,感覚の発達や,神経・筋コントロール能力の向上が著しい.
- ◆ PHV年齢以後の急激な筋力増加は,速筋線維が急速に発達するためである.

5章 体力の発育発達

子どものからだは，思春期を挟み大きく変化する．発育の様子は身長に最もよく現れるが，骨の成長や筋，内臓などの発達の様子について知っておく必要がある．また，子どもの神経系の発達は顕著で，脳と神経系の関係についても理解を深めておく必要がある．

1 身長の発育

身長の年間発育量は乳児期で最も多いが，幼児期後半や小学校低・中学年の時期では，比較的安定した成長がみられる．思春期における身長発育が最も盛んな時期の年間発育量は，平均で男子約8cm，女子で約7cmであるが，個人差も大きい．身長発育が最も盛んとなる年齢は，**身長発育速度ピーク年齢（PHV年齢）**と呼ばれる（図5.1, 5.2）．PHV年齢は，女子では男子より約2年早く生じており，平均的には女子10.6歳，男子12.8歳付近といわれる．

PHV年齢を基準に，からだの発達の様子が大きく変化する．PHV年齢における身長は，成人になったときの終末身長と関連が深く，このときに身長が大きい人では最終身長が大きく，小さな人では最終身長も小さい傾向にある．

なお，子どものからだの各身体部位の発育にはそれぞれ特徴があり，必ずしも一様に大きくならない．出生後は頭部が大きいが，加齢に伴い全身に対する頭部の占める割合（比率）は小さくなる（図5.3）．したがって幼児の場合，重心が高く転倒しやすいので，運動を行う際は十分注意する必要がある．

> **知っておくと役に立つ！**
>
> **重力と筋力**
>
> 地上では24時間，重力という負荷がからだにかかっている．そのため，からだを動かすときは，無意識ではあるが常にこの重力負荷に逆らって運動をしている．しかし，宇宙には重力がないか，あっても微少である．そのため，宇宙では重力から解放され，トレーニング機会を失うことになる．実際，スペースシャトルの宇宙飛行士では帰還後に非常に大きな筋萎縮がみられる．

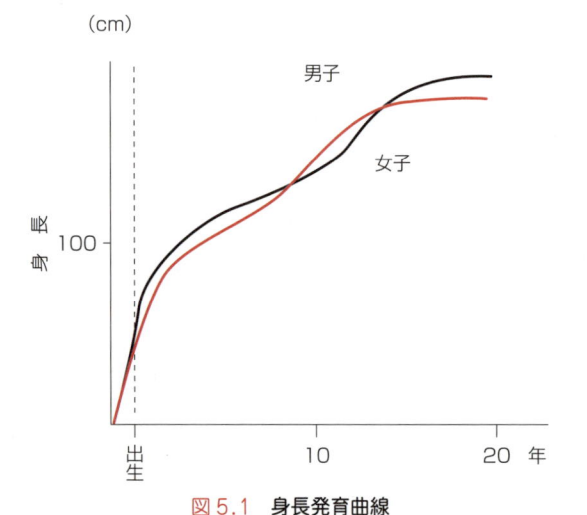

図5.1 身長発育曲線

図5.2 身長発育速度ピーク年齢（PHV年齢）

| 2 | 骨格の発育 |

　身長の大きさは骨の成長に関係する．骨の成長に影響を与える後天的要因として栄養や生活様式のほか，運動，睡眠があげられる．運動をすることで骨は丈夫になる．運動を行わない人の骨は弱く，関節軟骨も薄いままであるが，筋活動や運動による骨への直接的な刺激によって，骨への栄養補給が盛んになり，骨の硬さと弾力性が高まる．また，適切なトレーニングを行うことで関節軟骨や靭帯などに血管がはりめぐらされ，血液が供給されやすくなる．骨を損傷した場合，トレーニング経験者のほうが治りも早いといわれるのは，そのためである．

　からだの発達には，適度な運動刺激が必要である．しかし，過度の運動負荷は子どもの発達途中の軟らかな骨にとっては，使いすぎが原因の障害を生じさせる可能性が高い．とくに，身長が伸びる時期の骨には**成長軟骨層**という弱い部分があり，ここに繰り返し激しい力が加えられると障害が発生しやすい．そのため，重負荷を用いた筋力トレーニングを思春期に行う場合は注意が必要である．

| 3 | 骨の成長と身長の伸び |

　手足の長い骨は，骨幹と両端の膨らんだ部分である骨端からなる．幼少年期の骨をX線（レントゲン）撮影すると，骨端にすき間がみえる．成長の止まった大人にはこのような線はなく全体的に白っぽく写る．こ

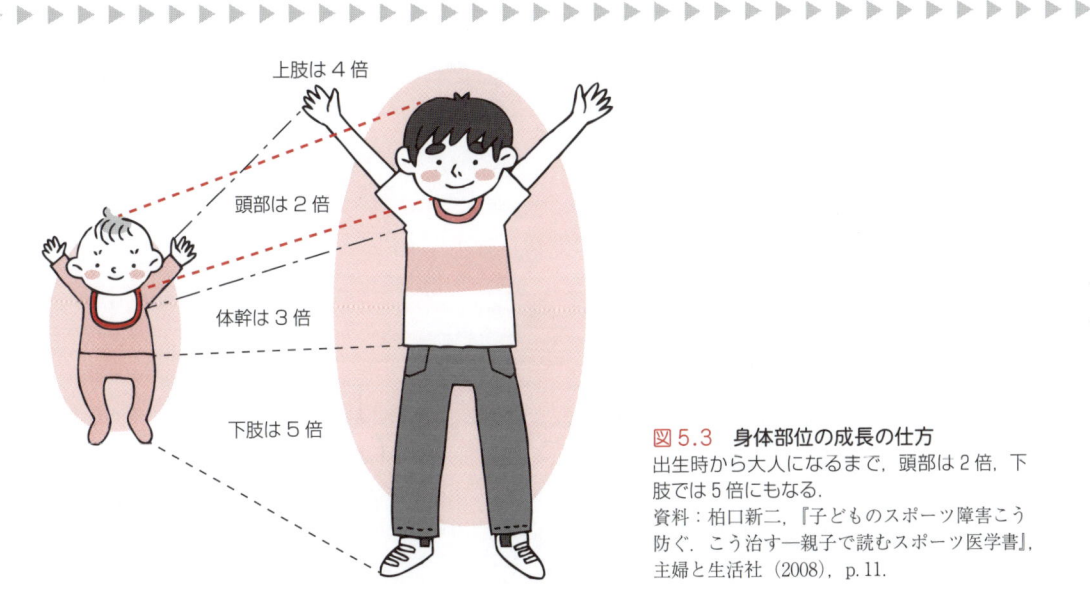

上肢は4倍
頭部は2倍
体幹は3倍
下肢は5倍

図5.3　**身体部位の成長の仕方**
出生時から大人になるまで，頭部は2倍，下肢では5倍にもなる．
資料：柏口新二，『子どものスポーツ障害こう防ぐ．こう治す―親子で読むスポーツ医学書』，主婦と生活社（2008），p.11.

の黒く映る線は，端のほうにあるため**骨端線**といわれる．この骨端線は非常に重要で，成長軟骨層とも呼ばれる．この箇所にカルシウムが蓄えられ徐々に硬い骨に変化して（**骨化**），骨が成長する．骨化が進み，成長が止まると，骨端線は徐々にみえなくなり，骨の伸びる可能性，つまり身長の伸びる可能性が低くなる（図 5.4）．

また，PHV 年齢の頃は骨格の急激な成長により，身体の支点・力点・作用点に狂いが生じ，スポーツなどで新たな技術を習得するには不利になり，今までできていた技術が一時的にできなくなることもある．しかし同時に，男女とも男性ホルモンの分泌が著しくなるため速筋線推の発達を促し，身についた技術をより速く，より強く発揮できることもある．

4　体重の発育

体重も身長と似た発育パターンを示し，思春期発育スパート期に入って急激な増加がみられる．体重発育速度がピークとなる年齢は，男子では PHV 年齢とほぼ一致しているが，女子では PHV 年齢より約 1 年後となる傾向がある．

筋や骨の発達には，**性ホルモン**の働きが強い影響をもつ．性ホルモンのうち，副腎由来の男性ホルモンと女性ホルモンは男女ともに分泌されており，10 歳くらいまでは男女とも分泌の割合がほぼ同程度である．分泌量は年次的に増加するが，思春期では男女とも男性ホルモンの分泌が多くなり，男子ではその増加が著しい．

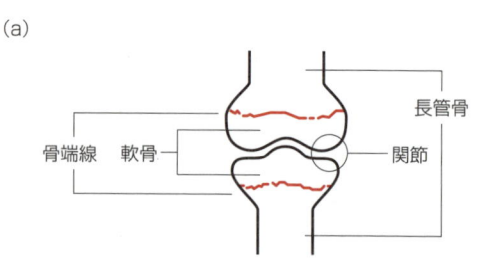

図 5.4　子どもの骨（a）と大人の骨（b）
（a）子どもの骨は長管骨と関節をつなぐ部分が軟骨になっている．軟骨の部分が伸びることで，骨は成長する．
（b）軟骨部分が完全に硬い骨になると成長が止まる．レントゲン写真で撮影すると黒い骨端線は消えて白くなる．

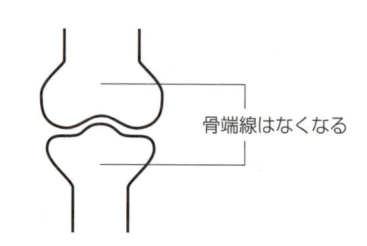

睾丸や副腎皮質から分泌される男性ホルモン（**アンドロゲン**）は，強いタンパク質同化作用をもっており，筋や骨のタンパク質の合成を促進して，筋肉質な男らしいからだをつくり出す．思春期発育のスパートにより筋の発達が盛んとなり，運動遂行能力も向上するが，その発達には，男女とも男性ホルモンの働きが大きく関係する．

5　スキャモンの発育曲線

スキャモンは，身体のいろいろな組織や器官の発育の様子を，一般型，リンパ系型，神経型，生殖型の4つの型に分類し，20歳のときの値を100％として，出生時から20歳までの発育の様子を4本の曲線で表した．これを**スキャモンの発育曲線**と呼ぶ（図 5.5）．この発達模式図は1930年代に示されたものであるが，今日でも発育のアウトラインを理解するうえで有効である．

一般型は，体重の発育曲線を基本とするが，骨格，筋，胸腔，内臓などの発育を示す型である．4歳頃まで急激に発育し，その後10歳頃まで緩やかに発育するが，以後再び急激に発育し，全体としてS字状の曲線を示す．

頭囲の発育曲線が**神経型**の典型で，脳や目・耳の感覚器などの発育を示す型でもある．頭囲は生後数年で80〜90％に達し，10歳で約96％，14歳頃には成人と同じ大きさに達する．4つの型のなかでは，神経型が最も速い発育を示す．このことは幼児期に知的な事柄をどんどん受け入れる下地ができることを示している．

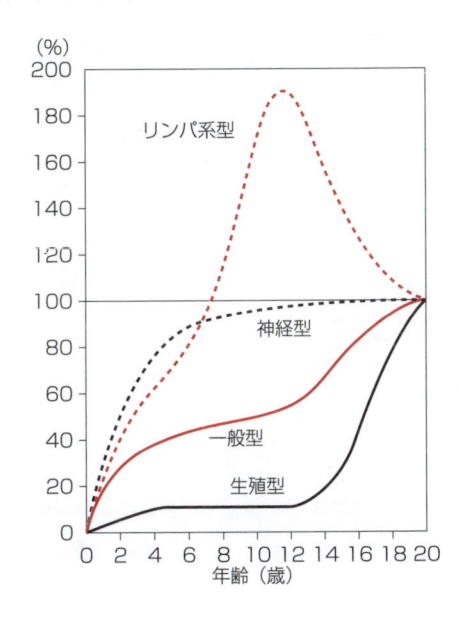

一般型	身長などの全身的形態，呼吸器，消化器，腎臓，血管系，骨格系，血液量
リンパ系型	胸腺，リンパ節，扁桃，腸管リンパ組織
神経型	脳，脊髄，眼球，上部顔面，頭蓋の上部
生殖型	男子：睾丸，精嚢，前立腺，陰茎 女子：卵巣，卵管，子宮，膣

図 5.5　スキャモンの発育曲線

リンパ系型は，胸腺・扁桃腺などのリンパ組織の発育型で，思春期のピーク時で成人の約2倍近い発育を示し，その後縮小して成人の状態にもどる．これは抵抗力の弱い幼少時に，外界からの細菌の侵襲などに備えるためと考えられる．

生殖型は，睾丸や卵巣などの性腺をはじめとした，生殖器の発育にみられる型で，11～12歳頃までは成人の約10％程度しか発育せず，その後急激に発育する．4つの型のなかでは最も遅い発育を示す．

このように，身体的発育において，各器官が成長の時期によってそれぞれ異なる発育の状態を示すことから，幼少年期には幼少年期に適した運動（運動遊び）が必要であることがわかる（図5.6）．すなわち，神経系の発達が最も早くみられることから，幼少年期における運動遊びでも多様な遊びを繰り返すことが必要と考えられる．特定の同じ型の運動遊びだけでなく，多種多様な動作を含む遊びが，幼少年期の中枢神経や末梢神経を発達させる刺激となる．一方，大きな負荷を与え，とくに筋力や心肺機能を鍛えることは，発達の状態からみて適切でないことも理解できるだろう．

6 第二次性徴とは

性によって異なる特徴，性的特徴を略称して**性徴**という．男女それぞれに特有な形態的・機能的特徴があり，第一次性徴と第二次性徴に大別される．第一次性徴は性腺および性器に認められる性の形質をさす．女性においては，卵巣とそれに付属する性器である卵管，子宮，膣，外陰

図5.6 運動遊び（マット運動）の様子
幼少年期にはさまざまな運動遊びを経験することが重要．

などが含まれ，男性においては，精巣（睾丸）とそれに付属する性器である副睾丸（精巣上体），精管，精嚢，前立腺，陰茎などが含まれる．

第二次性徴は性腺および性器以外の身体に認められる性の形質をさす．乳房，体毛，筋骨格系，皮膚，頭髪，音声および心理や行動などが含まれる．第二次性徴はおもに生殖腺から分泌される性ホルモンの作用によって生ずるもので，思春期になって顕著に出現し，性成熟の進行度を示すものでもある．たとえば，声変わりは男子に目立ち，声の高さが8度も下がる．女子では3度くらいまでで，下がらない者もいる．乳房の発達がとくに女子で著しい．男子では肩幅や筋の発達が，女子では骨盤や皮下脂肪の発達が目立つ．

7　神経・筋コントロール能力の発達

幼児期から小学校低・中学年にかけての年齢では，感覚の発達や神経・筋コントロール能力の向上が著しい．感覚には，視覚，聴覚，味覚，臭覚（嗅覚），皮膚感覚といった五感のほかに，平衡感覚，身体の位置感覚，運動感覚に関する深部感覚などがあり，10歳まで急速に発達して，12〜13歳までにほぼ成人の水準に近くなる．

運動は目や耳，皮膚などの感覚受容器から伝わってきた情報を脳で判断・統合し，脳や中枢神経から出されたインパルス（活動電位）が，腱や筋，関節などの運動器を動かすことである．どんなに身体が発達しても，目や耳，皮膚などの五感が鋭く，そして指令を出す脳の神経ネットワークが運動に適したように構築されなければ，そのあとに，いくらト

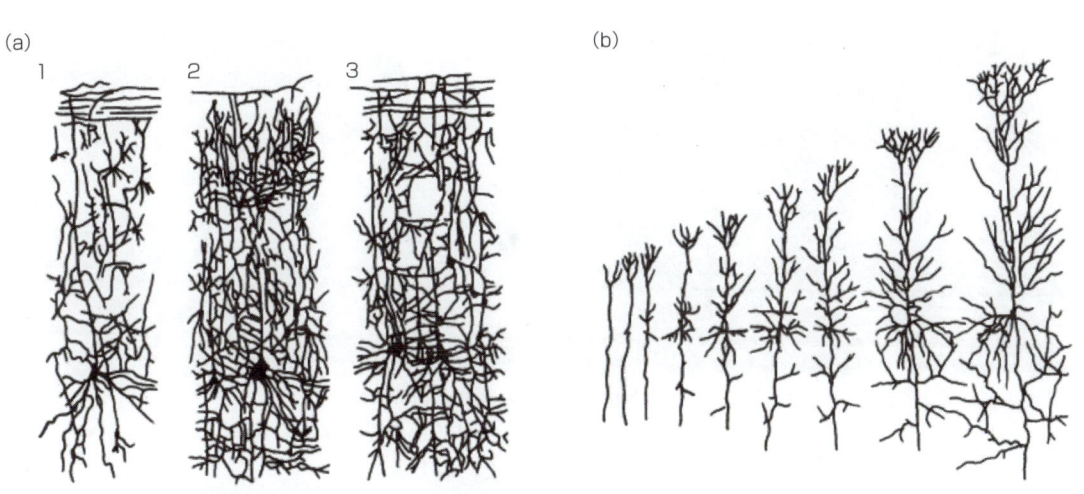

図5.7　人間の手の運動野にある細胞のからみ合いの発達（a），人間の運動野にある錐体細胞の樹状突起の発達（b）
1：生まれたとき，2：生後3カ月，3：生後15カ月．
時美利彦，『脳の話』〈岩波新書461〉，岩波書店（1971），p.33．（a）：J. L. Conel，（b）：S. A. Sarkisov．

レーニングを積んでも，優れたパフォーマンス（運動成果）を発揮することはできない．

図 5.7 は，大脳皮質からの運動指令出力ニューロンである錐体細胞の成長に伴う変化を示したものである．樹状突起が急激に成長している様子がわかる．成長に伴う脳の重量変化はおもに神経細胞（ニューロン）数の増加ではなく，細胞体から出ている樹状突起や軸索の分枝の増加であると考えられる．したがって，スキルを要する巧みな動作の練習は，脳の発達する時期に合わせて，できるだけ早い時期に始めるほうがよい．そして，できる限り多様な運動を経験し，できるだけ多数のシナプスの伝達効率をよくしておくことが，成人以降の運動の巧拙を左右するといえる．

これはスポーツのみならず，芸術に関しても同じである．世界水準のピアニストに育てるには，幼児の頃から質の高い音楽を聞かせ，3，4歳頃から正しい練習を続けなければならないといわれている．

8　筋と筋力の発達

運動をひき起こす骨格筋を構成している筋線維には，**速筋線維（FT線維，タイプⅡ線維）**と**遅筋線維（ST線維，タイプⅠ線維）**の2種類がある（図 5.8）．速筋線維は収縮速度が速く（ST線維の2倍），発揮する力が強いが（断面積あたり ST 線維の 1.2〜1.3 倍），持久性に乏しいという特徴がある．遅筋線維は有酸素性代謝に優れているために持久力が高く，酸素を運搬するミオグロビンという赤いタンパク質が多いの

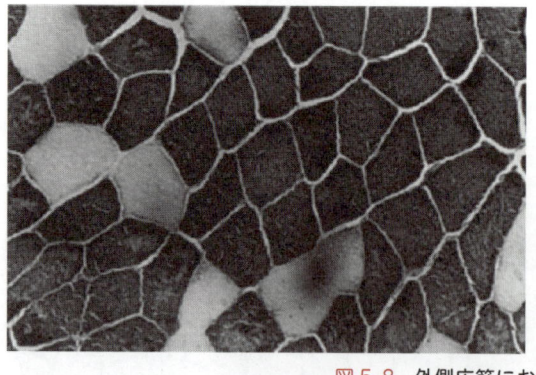

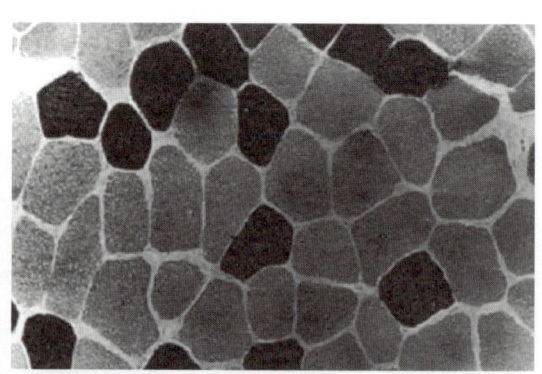

図 5.8　外側広筋における筋線維染色の標本
左：陸上短距離選手，右：マラソン選手．濃染しているのが速筋線維で，淡染色しているのが遅筋線維である．
写真提供：国立スポーツ科学センター・高橋英幸先生．

で，赤っぽい色をしている．

　からだの発達に伴う筋力の発達をみると，速筋線維と遅筋線維では発達の時期が異なる．筋力の発達は主として筋量の増加によるが，筋線維の数が出生以後あまり変わらないため，1本1本の筋線維が長くなること，および肥大することの2つの要因によって，発育に伴い筋力が発達する．

　筋力の増加は，幼児期や小学生期には緩やかであるが，中学・高校生期になると増加の割合が急激となる．思春期スパート以前の時期（PHV年齢以前）には速筋線維には目立った発達がみられず，幼児期や小学生期の緩やかな筋力の増加は，主として遅筋線維の発達による．中学・高校生期（PHV年齢以後）に急激な筋力の増加がみられるのは，遅筋線推の発達に加えて，速筋線維の発達が急速に生じてきたためである（図5.9）．速筋線維の発達に伴って，素早い動きや瞬発力を必要とする運動の能力は著しい向上を示すようになる．

9　発達における遺伝と環境

　速筋線維と遅筋線維の構成割合は，普通は半々であるが，偏りのある人もいる．持久性に優れるマラソン選手の大腿部の筋では，遅筋線維が80％以上あることが報告されている．対照的に，瞬発力に優れた短距離選手の大腿には遅筋線維は40％しか存在せず，速筋線維が60％を占めている．

　このように筋線維タイプの構成割合に違いが生じるのは，遺伝的要因

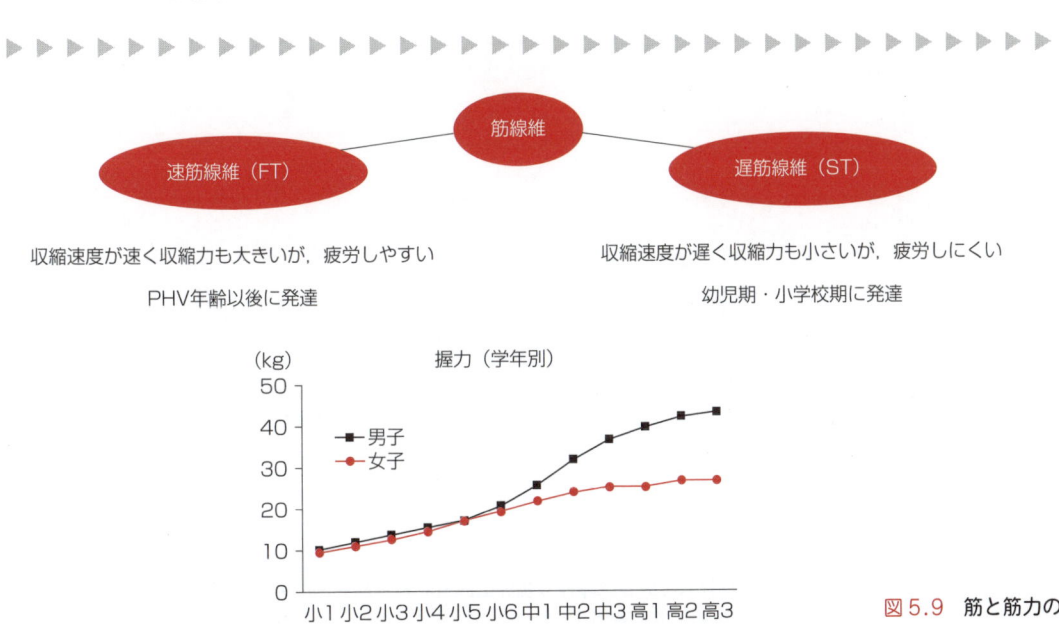

筋線維
速筋線維（FT）　　　遅筋線維（ST）

収縮速度が速く収縮力も大きいが，疲労しやすい
PHV年齢以後に発達

収縮速度が遅く収縮力も小さいが，疲労しにくい
幼児期・小学校期に発達

図5.9　筋と筋力の発達

が強く働いていることが，双生児研究から明らかにされている．たとえば，一卵性双生児のA児の速筋線維の割合が40％であれば，B児は42％とほとんど同じであるのに対し，二卵性双生児の場合，A児の速筋線維の割合が40％であっても，B児は60％というように大きな違いがみられることがある（図5.10）．また，競走馬のサラブレッドの脚の筋線維は85％が速筋線維であることが報告されている．およそ200年かけ，走るのが速い馬を交配し続けてきた結果，今のサラブレッドは速く走るのに適した筋線維，すなわち速筋線維の割合が大きくなっている．このことからも，筋線維の構成割合は遺伝的要因によって決められていると推論できる．

ただし，この遺伝的要因はトップアスリートとしてパフォーマンスを発揮する場合に大きく関係するが，普通にスポーツを楽しんだり，中学レベルで活躍したりするぐらいではほとんど影響しないといわれている．

10 暦年齢と生理的年齢

年齢は，出生あるいは受精を起点に，ある生物が任意のある特定の時期まで生きてきた時間を指す．ヒトの年齢は，誕生日を起点とした物理学的時間で，生存の期間を年月日で示す．これを**暦年齢**と呼ぶ．一方，生物はそれぞれ特有の生物学的時間をもち，ヒトも生物学的時間に従って発育発達や成熟が進行すると考えられる．発育発達や成熟は加齢現象のひとつで，通常暦年齢を基準にすることが多い．

しかし，生命現象と暦年齢が必ずしも密接に関係しているわけではな

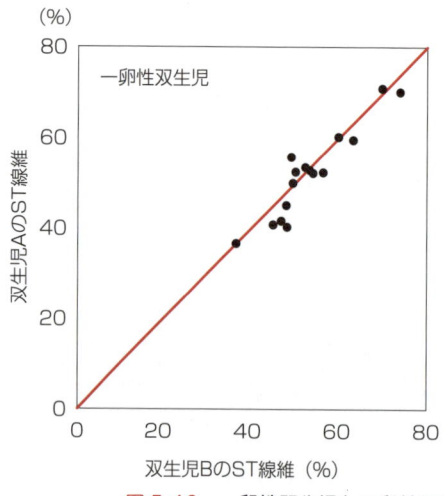

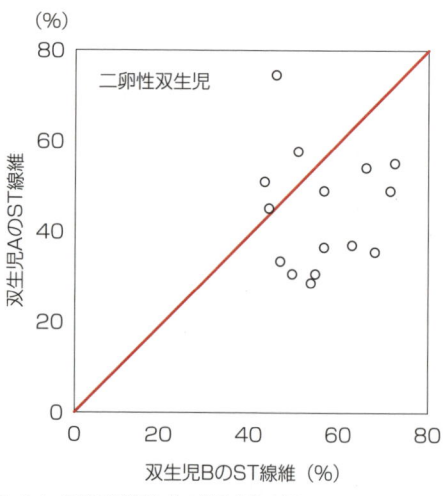

図5.10 一卵性双生児と二卵性双生児にみられる筋線維組成の類似性の違い
P. V. Komi, J. H. T. Viitasalo, M. Havu et al., *Acta. Physiol. Scand.*, **100**, 385 (1977).

い．たとえば同じ暦年齢であっても，生物的成熟度が異なるとき，暦年齢より生物学的時間を基準にした年齢で示したほうが，よりその生物的特性を表すと考えられる．これが**生理的年齢**といわれるもので，**骨年齢**，歯牙年齢，第二次性徴年齢（思春期年齢）などがあるが，骨年齢が生理的年齢として最も信頼されている（図 5.11）．ヒトの発育発達をとらえるには，まず暦年齢を基礎とし，各形質の年齢変化（加齢）をグラフにする．これが**発育曲線**で，発育発達を知るうえで重要な手がかりとなる．

11 性差について

　成長期の発育発達は，女子では男子よりも若干早く始まる傾向にある．PHV 年齢（生後の 1 年間は除いて）は女子ではほぼ 11 歳であり，男子ではだいたい 13 歳といわれている．

　成長期にある女子では，成長ホルモンの分泌が 10 歳前後より後退し，それに替わって女性ホルモンの分泌が活発となり，女性特有の体型へと変化していく．また，この女性ホルモンの分泌によって，一般には 12 歳前後で初潮を迎えることとなる．

　とくに成長期にある女子については，この女性ホルモンの特性である骨にカルシウムを蓄積するという重要な働きを見逃してはならない．この初潮前後に激しいトレーニングや，過剰なダイエットを行うと無月経となるおそれがある．ひいては女性ホルモンの分泌が大きく低下することになり，骨の形成を妨げることになる．

　男女の筋力の発達を比較すると，幼児期や小学生期には年齢に伴う筋

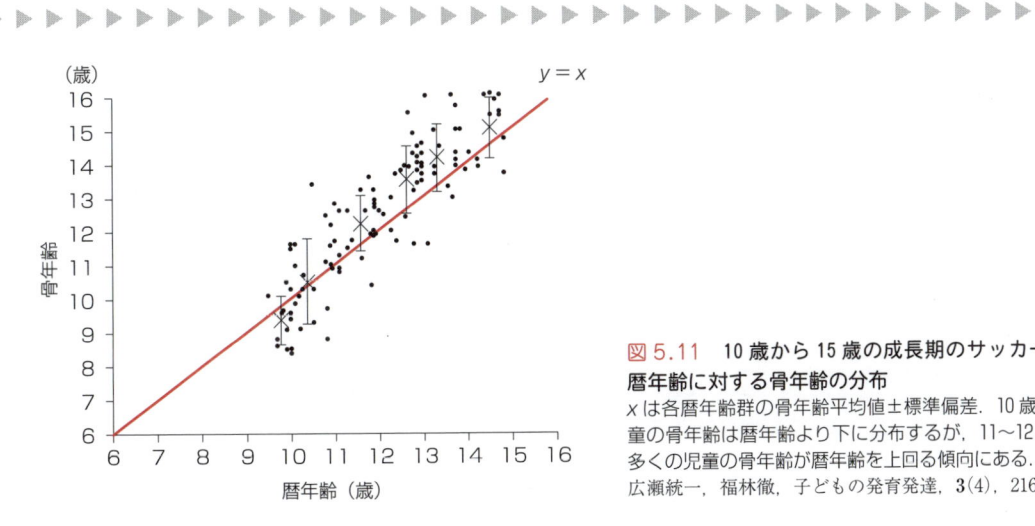

図 5.11 10 歳から 15 歳の成長期のサッカー児童の暦年齢に対する骨年齢の分布
x は各暦年齢群の骨年齢平均値±標準偏差．10 歳以下の児童の骨年齢は暦年齢より下に分布するが，11〜12 歳頃から多くの児童の骨年齢が暦年齢を上回る傾向にある．
広瀬統一，福林徹，子どもの発育発達，**3**(4)，216（2006）．

力の発達の様子に目立った性差はみられないが，高校生期になると女子には明らかな発達の頭打ちがみられる．これは，女性ホルモンの分泌が盛んになることによって，筋力の発達が抑制されるようになるためである．女性ホルモンが分泌されることによって発達が抑制されるのは，主として速筋線維であると考えられる（図5.12）．

12　早熟と晩熟

早熟とは成熟が普通より早いこと，すなわち，発育発達の到達点に，同年齢の者のなかで，多くの者より早くに達することをいう．ヒトのからだについての場合，身長のような形態的外観で発育の到達点を判断するのではなく，内部の生理的変化および機能において到達点をみるほうが重要である．つまり身長に代表される体格の大小よりも，体格を形づくる骨格の骨の発育の進行度合いにより**成熟度**（骨成熟）を知り，その進行が進んでいれば早熟と判定する．また同年齢でも，性成熟が進んでいれば，身長の大小に関わらず早熟とされ，遅れていれば晩熟である（図5.13）．

とくに教育の場において，早熟児・晩熟児への配慮は大切である．その子どもがどのような発育段階にあるかをみることで，今後の発育の経過や最終的に到達する身長などを予測することができる．その方法は，
 i ）骨年齢の評価に基づくもの．
 ii ）発育曲線や発育速度曲線を利用するもの．
の2通りがある．このうちi ）の骨年齢から生理学的年齢を求めて予測

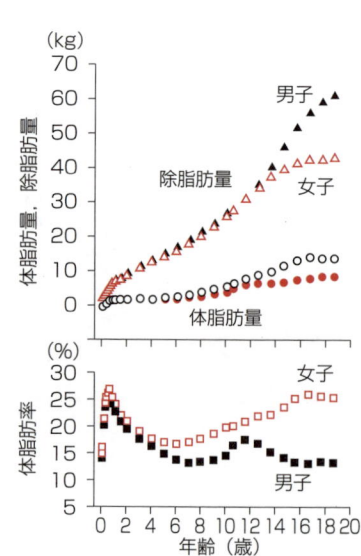

図5.12　出生より成人までの体組成変化
発育スパートや身体組成の変化にみられる男女差は，成長ホルモンや性ホルモンなどの内分泌因子により調節されている．

する方法がより正確と考えられているが，ⅱ)の方法も身体計測を年に3，4回行えば正確さを増し，手軽に行えるという利点もある．第二次性徴の発現や初潮年齢の予測がつくことから，学校保健においては重要な意義があると考えられている．

復習トレーニング

次の文章のカッコの部分に適切な言葉を入れなさい．

❶ 成長期の発育発達では，女子が男子よりも若干早く始まる傾向にある．PHV年齢（生後の1年間は除いて）は，女子は約（　　　）歳であり，男子は（　　　）歳といわれている．

❷ スキャモンは，身体のいろいろな組織や器官の発育の様子を，（　　　）型，リンパ系型，神経型，（　　　）型の4つの型に分類し，（　　　）歳のときの値を100％として，出生時から20歳までの発育の様子を4本の曲線で表している．

❸ 中学・高校生期（PHV年齢以後）に急激な筋力の増加がみられるのは，（　　　）線維の発達に加えて，（　　　）線維の発達が急速に生じるからである．

❹ （　　　）とは成熟が普通より早いこと，すなわち，発育発達の到達点に，同年齢の者のなかで，多くの者より早くに達することをいう．また同年齢でも，性成熟が進んでいれば，身長の大小に関わらず早熟とされ，遅れていれば（　　　）である．

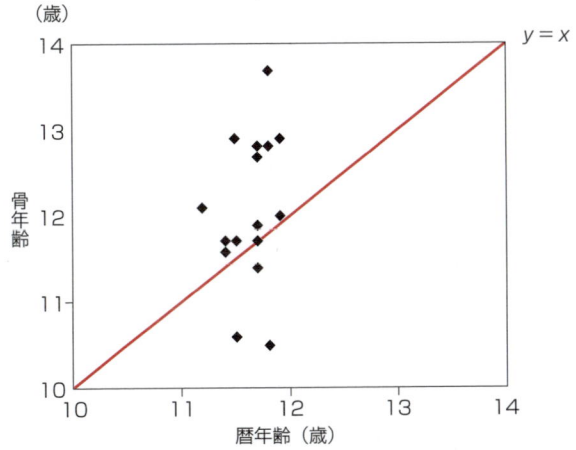

図5.13　某Jリーグ下部組織に所属する小学校6年生の暦年齢に対する骨年齢の分布
$y = x$の斜線は暦年齢と骨年齢が等しいことを意味し，斜線より上に分布するものは骨年齢が暦年齢を上回り（早熟傾向），斜線の下に分布するものは骨年齢が暦年齢を下回る（晩熟傾向）ものを示す．
N. Hirose, A. Hirano, T. Fukubayashi, *Res. Sports Med.*, **12**, 45（2004）．

6章
子どもに必要な運動刺激

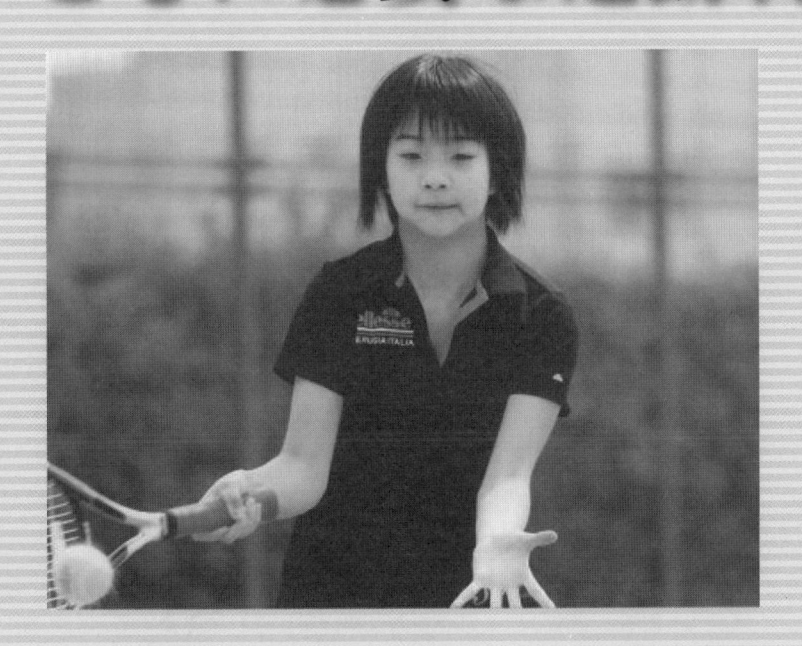

6章のポイント

- ◆ 少年期に神経系のトレーニングを優先させるのは，神経系がよく発達する時期だからというだけでなく，この時期にしか発達しないからである．
- ◆ 10歳前後の少年期は「ゴールデンエイジ」と呼ばれる．これは「即座の習得」ができる時期だからである．
- ◆ 少年期は，①運動神経（巧緻性）の強化，②適度な筋トレ，③ストレッチ，の3つを重点的に行う．
- ◆ 日本の有名アスリートの多くは，幼少期からそのスポーツだけを続けていたわけではなく，複数のスポーツを経験している．
- ◆ 晩熟タイプには，将来的な可能性を含んだ子どもたちが数多くいる．

6章 子どもに必要な運動刺激

幼少年期の子どもの運動指導を行う際，発育発達段階を考慮して運動プログラムを作成しなければならない．また，成長の仕方には個人差（早熟や晩熟）や性差もあるので，プログラム内容には系統性をもたせておくことが重要である．

1 スキャモンの発育曲線から

スキャモンの発育曲線
5章参照．

スキャモンの発育曲線をみるとリンパ系型と神経型の成長が早く，一般型と生殖型はそれよりかなり遅れて成長することがわかる．とくに注目したいのは，神経型が10～12歳ぐらいでほぼ大人と同レベルに達する点である．

図6.1は子どもの能力別の発達の程度を示したものである．5～18歳のどの年代でどのような能力が伸びるのかが示されている．Aの曲線は反応時間の年間発達量の変化を示す．光刺激，あるいは音刺激に反応してからだを（反射的に）動かす時間の早さであり，スキャモンの発育曲線では**神経型**に該当する（図6.2，図6.3）．Bの肺活量は心肺機能の一部，Cの握力は筋力の一部なので，両方とも**一般型**に分類される．同じ一般型であるが，詳細に分析すると，心肺機能の発達のほうが筋力の発達よりも先に始まることがわかる．

これら3つの能力の発達量を年齢に合わせてみると，10歳頃の少年期に反応時間がかなり発達し，12歳頃から心肺機能が発達して持久力が高まることがわかる．そして，17歳頃から筋力の発達が本格的に始まる．つまり持久力や筋力は神経系に遅れて発達するといえる．これら

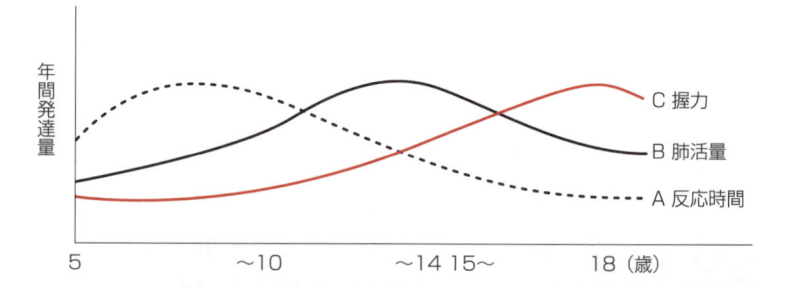

図6.1 年齢による能力の発達量の変化

図6.2 反応時間の測定の様子
光刺激を確認後，両手を離す．

神経系，持久力，筋力の3つはいずれも体力トレーニングで強化できるが，発達時期の差を考慮すると，少年期は神経系のトレーニングを優先すべきで，持久力や筋力の発達を期待してもあまり効果がないといえる．

少年期に神経系のトレーニングを優先させるのは，神経系がよく発達する時期だからというだけでなく，この時期にしか発達しないためでもある．スキャモンの発育曲線をみると，神経系の発達は10歳前後にほぼ100％に達し，あとは伸びていない．つまり，大人になって取りもどそうとしても遅いことがわかるであろう．ドイツのことわざに「子どものハンスが学ばなかったことを，大人のハンスはとても覚えられない」というのがあるが，スポーツに関係する動きを覚えるのに最適なこの時期を逃すと，その後のスポーツ活動に大きく影響することになる．

2　運動神経がよいとは

体内には中枢神経系と末梢神経系からなる神経網が張り巡らされている．よく，「あの子は運動神経がよい」という場合があるが，その子のどんな能力を評価しているのだろうか．

運動神経のよさは，少年期に発達する神経系と直結する能力のことである．それには反応時間の速さなどいろいろな要素が含まれるが，最も重要なのは**巧緻性**とか**操作力**と呼ばれる，頭のなかで考えたとおりにからだを自由に動かせる能力のことである．すなわち，「運動神経がよい」とは「巧緻性に優れている」ことであり，その巧緻性のよさは，よく発達した神経系によって高められる（図6.4）．

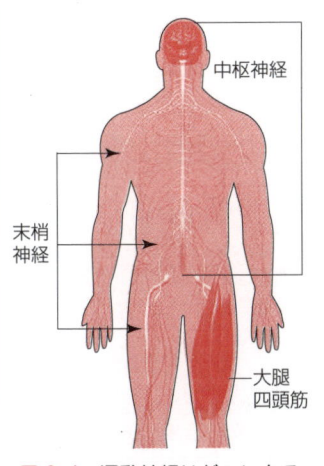

図6.4　運動神経はどこにあるのか？
脳，脊髄からなる中枢神経から出た信号は，末梢神経を通って筋（図では大腿四頭筋）を動かす．この信号の通り道が運動神経である．

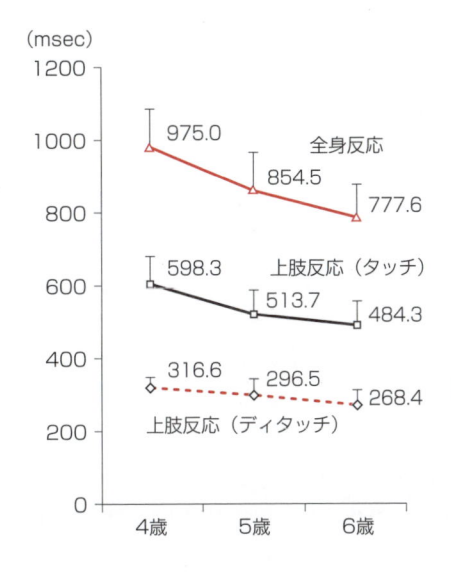

図6.3　加齢による各反応時間の推移（幼児）
加齢に伴い，いずれの反応時間も短縮しており，とくに全身反応時間の短縮は顕著だった．
K. Miyaguchi, S. Demura, H. Sugiura, M. Uchiyama, M. Noda, *J. Strength Cond. Res.*, Oct; 27(10), 2791 (2013).

神経系は筋力や呼吸器・循環器系と異なり，トレーニングや運動経験によって一度神経経路（パターン）がつくられると，その後ほとんどトレーニングを行わなくても消失しにくいとされている．たとえば，自転車，鉄棒（逆上がりなど），スキーやスノーボードのように，一度覚えると，久しぶりに行ってもすぐにできるのは，神経経路ができているからである．よって，早い時期から運動やスポーツに関わる基礎的な動作やスキルを獲得しておくことは非常に重要といえる．図6.5に，著者が保育園児を対象に，好む遊び別に全身反応時間を調べた結果を示す．動的な遊び（鬼ごっこ，縄とび，サッカーなど）を，多種目好む園児ほど反応時間も速かった．

3　ゴールデンエイジの特徴

10歳前後の少年期は**ゴールデンエイジ**と呼ばれる（図6.6）．これは**即座の習得**ができる時期だからである．「即座の習得」とは，難しいからだの動きをたった1回みただけで模倣できる能力をいう．

たとえば，大人だとかなり苦労して覚えなければいけない，もしくは乗りこなせない一輪車走行を，小さな子どもでも短時間にできるようになるのは，この即座の習得能力が優れているからである．神経系の発達が完成に近づき，体力もある程度備わってくる少年期の2～3年間だけに得られる能力であるため，この年代を特別にゴールデンエイジと呼ぶ．種目によって異なるが，ゴールデンエイジにおいて，かなり専門的で高度なテクニックまで習得することが可能だと考えられる．よって，大人

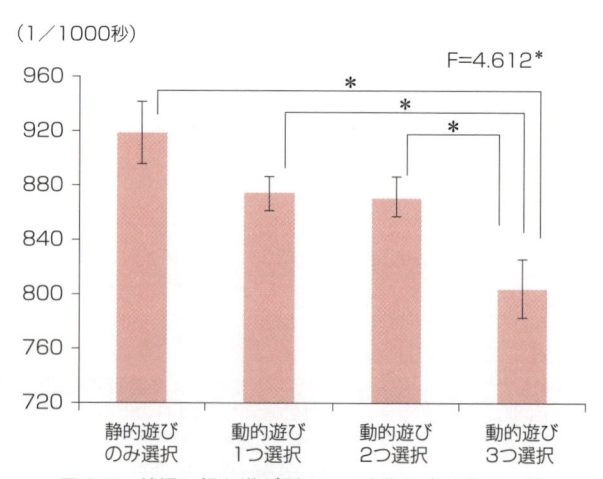

図6.5 幼児の好む遊び別でみた全身反応時間の比較
10種類の遊び（動的遊び5つ，静的遊び5つ）の中から3つ選択させ，グループ間で比較した結果，動的遊びの選択数が多い園児ほど反応時間が速かった．
K. Miyaguchi, S. Demura, H. Sugiura, M. Uchiyama, M. Noda, *J. Strength Cond. Res.*, Oct; 27(10), 2791 (2013).

と同じ技術を子どもたちにチャレンジさせる指導者もいるほどである．実際，大人顔負けのサッカーのリフティングができる少年もいる．

ただし，ゴールデンエイジを迎えたすべての子どもに「即座の習得」が身につくかというとそうでもない．その前の段階，つまり幼児期から小学校低学年までの期間（**プレ・ゴールデンエイジ**と呼ばれる）をどう過ごしたかによって，結果は大きく変わる．近年，英才教育が注目され，かなり高度な運動課題を行わせている幼稚園もあるが，基本的にはいろいろな方法でからだを動かす（遊ぶ）ことだけで十分である．

4 少年期にやるべきこと

オーバートレーニングが障害につながるのはどの年代でも同じだが，とくに骨の成長が未完成の子どもでは注意が必要である．成長中の骨には**成長軟骨**（骨端軟骨）と呼ばれる軟らかい部分がある．この成長軟骨が徐々に硬くなり，その外側にさらに新しい成長軟骨ができてまた硬くなるということを繰り返し，大人の骨格に近づく．

注意しなければならないのは成長軟骨に筋が付着している点である．運動すれば当然，成長軟骨は筋に引っ張られる．しかし骨がまだ軟らかいために，引っ張る力が強すぎたり，あるいは引っ張る回数が多すぎたりすると，軟骨がはがれるなどのトラブルが発生する（図6.7）．これを防ぐには，過剰なトレーニングを避けることである．大人と同様の重量負荷（バーベルなど）を用いた筋力トレーニングはもちろん，走りすぎ，とびすぎなどは，同じ部分へ繰り返し負荷をかけるのでよくない．

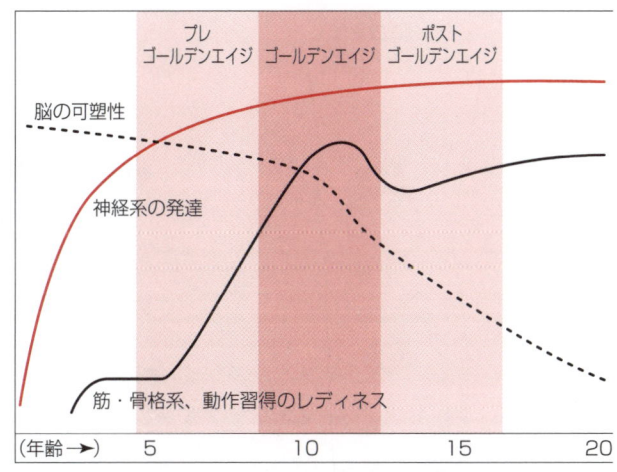

図6.6 ゴールデンエイジの概念
9〜12歳頃の年代は，神経系の発達がほぼ完成に近づいているだけでなく，脳の可塑性（柔軟な性質）が残っている時期でもあり，かつ筋や骨格の発達も進み，いろいろな動作を習得する準備が整ってくる時期でもある．

ハードトレーニングはすべて禁物である．

　ただし，20〜30回は行える軽い負荷で行う筋力トレーニングは，子どもでも骨の成長を促すと同時に基礎体力を高めることができる．また，筋を伸ばして柔軟にするストレッチにも，軟骨にかかる負担を和らげる効果がある．したがって少年期には，①運動神経（巧緻性）の強化，②適度な筋トレ，③ストレッチ，の3つを重点的に行う必要がある．

　トレーニング同様，競技スケジュールについても，少年期には配慮が必要である．1日に複数の試合を組む，試合後に居残り練習をするといった方法は慎むべきである．少年野球のピッチャーを例にとれば，1日の全力投球数は50球程度まで，登板回数なら4イニングくらいが許容量といわれている（表6.1）．

表6.1　少年の野球障害対策（日本臨床スポーツ医学会提言）

	小学生	中学生	高校生
練習日数時間	3日/週 2時間/日	6日/週 休養日1日以上/週	6日/週 休養日1日以上/週
全力投球数	50球/日 200球/週	70球/日 350球/週	100球/日 500球/週

「スポーツの安全管理ガイドライン：安全なスポーツ実施に当たって」，日本臨床スポーツ医学会誌，**13**, Suppl.（2005）より作成．

5　一人3種目を目指し，いろいろなスポーツに挑戦する

　サッカー大国ブラジルは，かつて小学生の全国大会を行っていたが，クリエイティブなよい選手が育たなかったという理由で廃止した．また，

①分裂膝蓋骨
通常は1枚の膝蓋骨が割れたように2個以上に分裂する疾患．3つのなかで発症年齢が最も早い（7〜10歳頃）．

②ラルセン病
膝蓋骨の下端に炎症や石灰化，部分的な剥離骨折などを生じた障害．10歳前後で発症する．

③オスグッド病
骨の長軸方向の成長に対して筋・腱の成長が後追いし，付着部の骨端が牽引され骨端線の部分が引き離されて起こると考えられている．10〜15歳に多い．

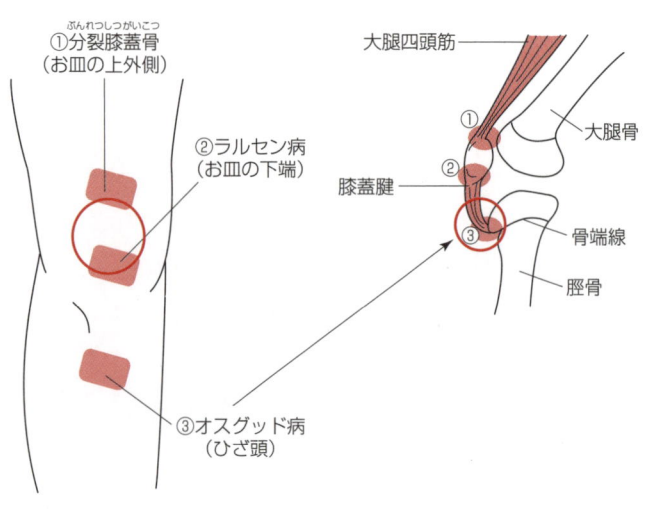

図6.7　学童期にみられる膝伸展機構障害

アメリカのいくつかの州では，小学生以下の全国大会を禁止し，また3つ以上のスポーツ種目を行わせないクラブ（日本のスポーツ少年団やクラブに相当する）は，クラブとして認めないそうである．

　野球やサッカー，ラグビーなど多くのスポーツ種目で，日本の中学生，高校生は世界のトップレベルにある．ところが，大学生や社会人，プロの選手になってくるとその立場は逆転してしまう．理由は明らかで，日本の選手が小学生の頃から1種目に限定し，練習に取り組んでいるのに対して，外国はそうでないケースが多いからである．幼少年期から徹底的にトレーニングを行えばジュニア世代では確かに強くなるだろう．一方，外国の少年は各種スポーツを並行して行っているため，一競技としては上達が遅いが，いろいろな種目をやることで巧緻性が高まり，体格が完成してからの伸びが大きく，大人になった段階で日本の選手を逆転するケースが多い．

　現在，国内外で活躍している日本の有名アスリートの多くは，幼少期からそのスポーツだけを続けていたわけではない．子どもの頃は複数のスポーツを経験し，いろいろな身のこなしや動きを身につけ，最終的に自分が本当にやりたいスポーツに絞り込み，素晴らしい成果を上げている．たとえば，テニスの錦織圭選手は12歳でテニスに専念するが，それまでは3歳で水泳を始め，5歳からはサッカー，7歳からは野球も始めている．また，ゴルフの石川遼選手も小学生時代は水泳とサッカーを経験していたし，中学時代は陸上競技部であった．いずれのトップアスリートも他の活動を活発に楽しく行っている点に注目したい．

　少年期にはさまざまなスポーツに興味をもってほしいが，スポーツが好きになるきっかけもさまざまである．一流プレーを観戦させるのは有

知っておくと役に立つ！

少年期からのスポーツ事情（アメリカ）

少年期に他種目を経験させると巧緻性が高まるという考えが浸透しているアメリカでは，春から夏は野球と水泳を，秋から冬はフットボールとバスケットボールというように，小学生は4種類以上のスポーツを行うのが普通である．それが中学段階で3つになり，高校で2つ，大学で2つかひとつというように徐々に種目を絞っていく．プロ野球とプロフットボールの両方を並行して行う選手がいるのも，そのような背景があるからである．

図6.8　スポーツ観戦を楽しもう
テレビゲームでは味わえない生の迫力は子どもの心に強い影響を与える．

効な方法である．プロ野球やJリーグの試合観戦に連れて行くことで，テレビでは決して味わえない生の迫力が味わえ，子どもの心に少なからず影響を与えるはずである（図6.8）．

6 少年期にさまざまな動きのトレーニングが有効な理由

からだを思うように動かせる能力を高めるには，さまざまな動きを経験させるのが有効といわれる．たとえば，正確に10 kgの力で壁を押せるようになるためには，10 kgの力で繰り返し押す練習をするよりも，5 kg・10 kg・15 kgの力を取り混ぜて押す練習をしたほうが，練習直後にみる結果では劣るが，のちのちまで練習の効果が維持されるといわれている．このような練習を**変動練習**と呼ぶ．

また手・足・頭の3か所それぞれで正確に10 kgの力で壁を押せるようになるためには，手で練習して，その後，足そして頭と練習するブロック練習よりも，3か所の力発揮を取り混ぜて練習するランダム練習のほうが，やはり効果がより維持されるといわれる．この現象を**文脈干渉効果**と呼ぶ．

このように，練習中に刺激の変化があったほうが小脳での記憶が効率的に進むことが知られている．練習中に刺激が変わる，換言すれば，新鮮な刺激を受けることが神経系機能には重要である．

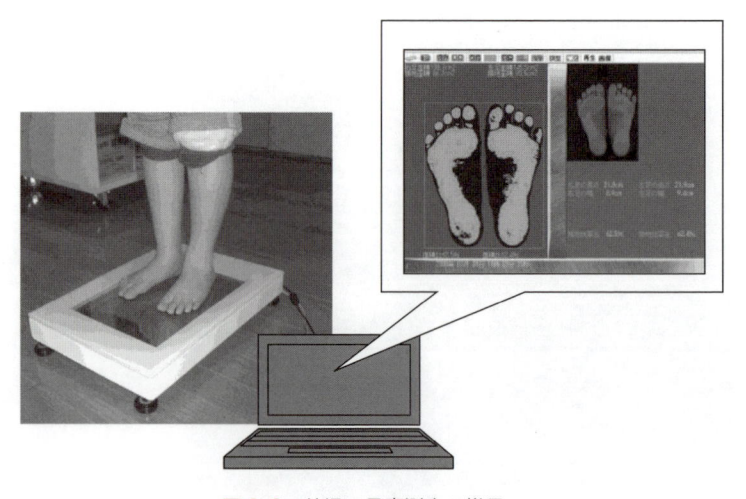

図6.9　幼児の足裏測定の様子
足裏バランス測定装置を用いて足裏データをパソコンに取り込み，解析を行った．

7　足裏に注目しよう

　最近，扁平足や浮き趾の子どもが増えている．足裏の土踏まずは，足裏の筋を鍛錬することによって形成される．著者らは，子どもたちの足裏を計測し（図6.9），土踏まず形成および浮き趾の有無（図6.10）と運動能力（20 m 走，立ち幅とび，ボール投げ）の関係について調べている．裸足保育を実践している8保育園の年長児（計242名）を対象に調査した結果，約17％の子どもで土踏まず形成が十分でない扁平足を示し，約45％の園児が浮き趾を示した．上履きを導入している園では，おそらくこれ以上の割合で扁平足や浮き趾が観察されるだろう．

　運動能力との関係については，扁平足の園児は立ち幅とびおよびボール投げが劣る傾向がみられた．踏ん張って何か運動を行う際，どうしても不利になるのだろう．「転んだときに手が出ず顔面から落ちてしまう」と最近よくいわれるが，保育園に行くと，実際に顔面の擦り傷や切り傷が多いことに驚かされる．通常，転びそうになると，足指でしっかり踏ん張りながら体勢を整え，手や膝を着き，顔をぶつけないように防御するはずである．これは，**保護伸展反応**（姿勢反射）ともいわれ，反射的に起きる身体の防衛反応で，ほぼ幼児期までに備わる身体機能である．

　昔は，裸足で木に登ったり，草履をはいてデコボコな地面を走り回ったり，小高いところを登ったり降りたり，自然のなかでおおいに遊んでいた．そして，これらの経験を通して，自然に身のこなしや脚力が備わっていった．しかし，現代では自然環境も少なくなり，また親の怪我への恐怖心から，危ない遊びを避けることが多い．「歩かない」「思いっきり

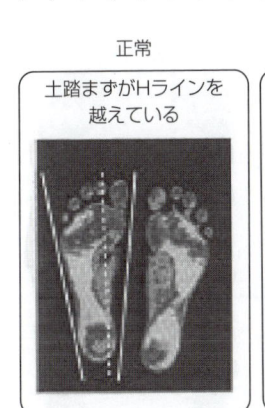

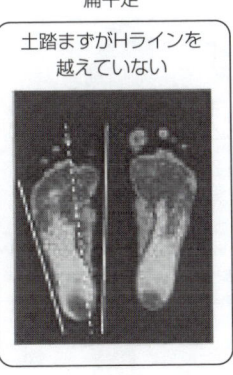

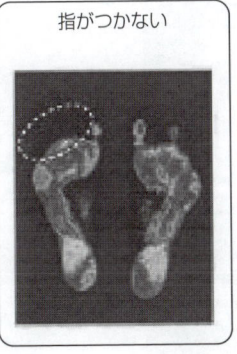

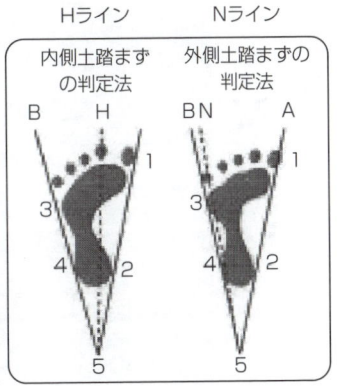

図6.10　こどもの足裏パターン（著者撮影）

- 正常：土踏まずがHラインを越えている
- 扁平足：土踏まずがHラインを越えていない
- 浮き趾：指がつかない
- Hライン：内側土踏まずの判定法
- Nライン：外側土踏まずの判定法

身体を動かして遊ばない」，そんな生活を送る子どもたちは，自己防衛機能を低下させ，転んでも手さえ着けなくさせてしまっている．子どもの健全な成長を願い，裸足で思いっきり遊ばせる体験が必要ではないだろうか．

　一方，20 m 走についてはむしろ浮き趾の園児が速かった．今の子どもたちが走れる場所はほとんどが硬いアスファルトかフローリングされた場所である．昔のように，土の上を走るなら指先で地面を蹴って推進力を得る必要があるが，自然と指を使わないで速く走れるようになっているのかもしれない．シューズの進化も関係あるだろう．ただし浮き趾の場合，指も含めた足裏全体で身体を支えられないため，踏ん張りが効かず転びやすく，子どもの運動能力にマイナスの影響を及ぼすと一般に考えられている．この点は，今後調査していく必要があるだろう．

　上履きあるいは登下校の履物として，草履やビーチサンダルなど鼻緒付きの履物を素足に履かせる「裸足教育」に絡めた健康教育を行っている学校がある．鼻緒がある履物は，これを趾で一歩ごとに挟まないと歩けない．この趾の使用がさまざまな効果をもたらすと考えられている．

　著者らも，実際に保育園で草履式鼻緒サンダル（図 6.11）を導入し，幼児の土踏まず形成および足圧中心位置にどのような影響を及ぼすか検証している．サンダル導入園（4 か月後）では非導入園に比べ，土踏まず形成が促進され，重心が前寄りの良い姿勢になる傾向がみられた（図 6.12）．ともに裸足保育実践園であったが，草履式鼻緒サンダルを活用することで，その効果もさらに高まることがわかった．とくに最近では，流行およびファッション性から，合成樹脂製のスリッパ式サンダルを子どもに履かせる親も多い．しかし，足趾の動きが制限される履物の着用

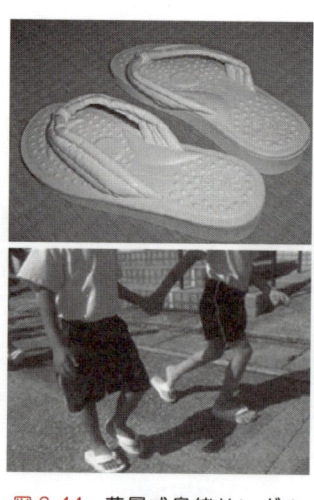

図 6.11　草履式鼻緒サンダルと着用のようす

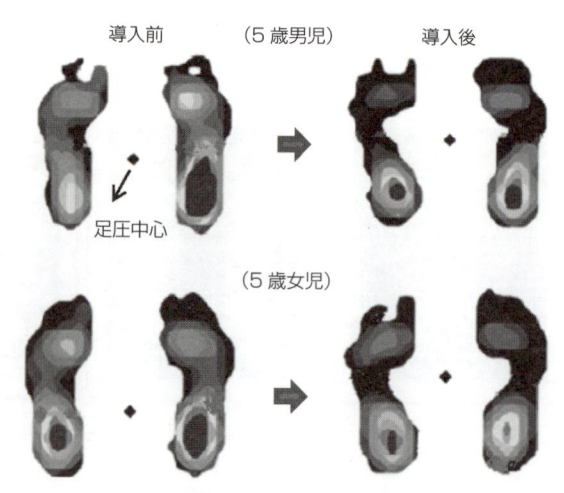

図 6.12　足裏接地面の変化（代表例：サンダル導入 4 か月後）
宮口和義，出村慎一，発育発達研究，第 61 号，5，(2013)．

は，成長著しい幼少年期には弊害が多いことも知っておく必要があろう．

8　早熟，晩熟などを考慮したトレーニングを

　暦年齢と生物学的年齢といわれる身体の発達に関しては，8～15歳ぐらいにかけての子どもたちを比較した場合に±3歳の年齢差が生じるといわれている．たとえば10歳の子どもでも，発達段階は7歳くらいであったり，13歳くらいであったりする．このなかで早期に発育発達をしてしまう子どもは体力があるため課題運動を達成するなど，動きが習得されてしまうことが多い．しかし，その後成長したときには動きがワンパターン化され，動きを修正することが難しくなり，その後のパフォーマンス向上に大きく影響を及ぼすことがある．

　一方，身体的な発達レベルが遅れる子どもの場合，あまり性急な課題を要求せずに，じっくりと対応することが重要である．このような晩熟的な傾向をもった子どもたちによくみられるのは，目の前の結果にとらわれてスポーツが嫌いになることであり，十分な配慮が必要である．とくに中学生期においては，身体的な発達が遅れていた子どもが一気にスパートすることで，その前の段階でスター選手であった子どもたちを，一気に抜き去ることがある．とくに，この晩熟タイプに，将来的な可能性（スポーツでのタレント性の高い）を含んだ子どもたちが数多くいることを知っておく必要がある（図6.13）．

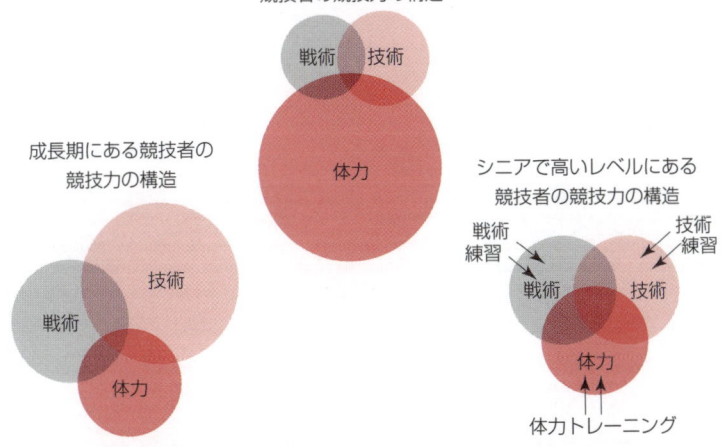

図6.13　発育状態に応じたトレーニング

復習トレーニング

次の文章のカッコの部分に適切な言葉を入れなさい．

❶ 神経系，持久力，筋力の3つはいずれも体力トレーニングで強化できるが，発達時期の差を考慮すると，少年期は（　　　）のトレーニングを優先すべきである．

❷ 10歳前後の少年期は「ゴールデンエイジ」と呼ばれる．これは「（　　　）の習得」ができる時期だからである．「（　　　）の習得」とは，難しいからだの動きをたった1回みただけで模倣できる能力をいう．

❸ オーバートレーニングが故障につながるのはどの年代も同じだが，とくに（　　　）の成長が未完成の子どもでは注意が必要である．

❹ 最近，扁平足や浮き趾の子どもが増えている．足裏の（　　　）は，足裏の筋を鍛錬することによって形成される．

❺ 暦年齢と生物学的年齢といわれる身体の発達に関しては，8〜15歳くらいにかけての子どもたちを比較した場合，±（　　　）歳の年齢差が生じるといわれている．

7章 幼少年期に必要な運動

7章のポイント

- ◆ 最近の子どもは，転んだ瞬間に手が着けないなど，転び方が下手になっている．
- ◆ 測定時に腰を痛めるという理由で，背筋力測定が体力測定項目から外された．
- ◆ 神経系の発育が著しい乳幼児期では，運動を調整する能力が顕著に発達する．よって，自己の身体をコントロールする能力を高めることが大切になる．
- ◆ スポーツの語源は，「disport（古フランス語）」という「気晴らし」「楽しむ」から始まっている．とくに子どもにとっては，「遊ぶこと」がスポーツそのものである．

子どもの好ましい発育発達には，適切な栄養摂取とともに，発育発達を促す刺激として運動の影響が大きい．運動不足は子どもの健全な発育発達を損なうだけでなく，体力低下や成長過程における心理的発達にも悪影響を与える．したがって，幼少年期に適切な身体活動を行うことは，健全な発育発達のためだけでなく，大人になってからの健康増進にも結びつく．

1　運動遊びの意義

（1）現代社会と運動遊びの状況

　かつては自然のなかや路地裏で，大きな子も小さな子も一緒に遊んでいた．異年齢集団で遊び，年上の子はリーダーシップや責任感を，年下の子は大きい子に従いながらさまざまなことを習い，役割分担しながら協力して遊ぶことを身につけていた．ガキ大将が声をかければ，大勢の遊び仲間が路地裏や空地に集まったが，今ではその遊ぶ場所も仲間も姿を消し，ガキ大将もみかけなくなった．

　昔の子どもは環境に応じていろいろな遊びを展開できた．異年齢集団のなかで年上の子から学ぶという過程を経て，遊びをたくさん学習してきたからである．しかし，現代では，子どもたちの運動遊びもしだいに縮小され，年上の子が年下の子に伝えた地方の伝統的な遊びも引き継がれなくなり，子どもの遊び文化に断絶や変化が起きている．

　図7.1 は著者が監督を務めるジュニアアスレチッククラブの活動の様子である．リレー，鬼ごっこ，ドッジボール，昔ながらのゴロベースを

図7.1　著者が指導するスポーツクラブ
ここでは，さまざまな遊び，スポーツを低学年から高学年まで一緒になって楽しんでいる．写真は縦割チームによるリレーの様子．

楽しんでいる．ときにはけんかもするが，年上の子がなだめ，また年下の子も競争では上級生に負けないよう頑張っている．このクラブでは，著者がガキ大将役を演じられればと考えている．

（2）運動不足による子どものからだのゆがみ

最近の保育所および幼稚園の負傷部位別の発生割合は，挫傷・打撲が最も多く，次に挫創，骨折，脱臼，切創，その他の順である．さらに負傷部位として頭部と顔部が上肢および下肢を上回っている（図7.2）．これらの報告は最近の子どもたちが転んだ瞬間に手が着けないなど，転び方が下手になっていることを裏づけている．

転び方が下手になっている原因として，生活様式や生活環境の変化，からだを動かす機会や運動・スポーツをする場面の極端な減少が考えられる．かつて子どもは，よちよち歩きのときから転び続け，転びながら歩くこと，また走ることを覚えてきた（図7.3）．しかし，現代では転ぶような遊びをあまり経験しておらず，「手先の不器用さ」と同様，動作を支配する中枢神経系が正常に発達していないと考えられる．

（3）背筋力の低下

子どもたちの**背筋力の低下**も指摘されている（図7.4）．子どもの背筋力は，体力測定開始〔1964年（昭和39）〕以来低下しており，1998年（平成10）からは「測定時に腰を痛めるおそれがある」という理由で，測定項目から外されている（筋力測定については握力測定のみ継続）．測定できないほど，低下してしまったということである．

著者の大学では毎年，新入生を対象に体力測定を実施し，その測定項

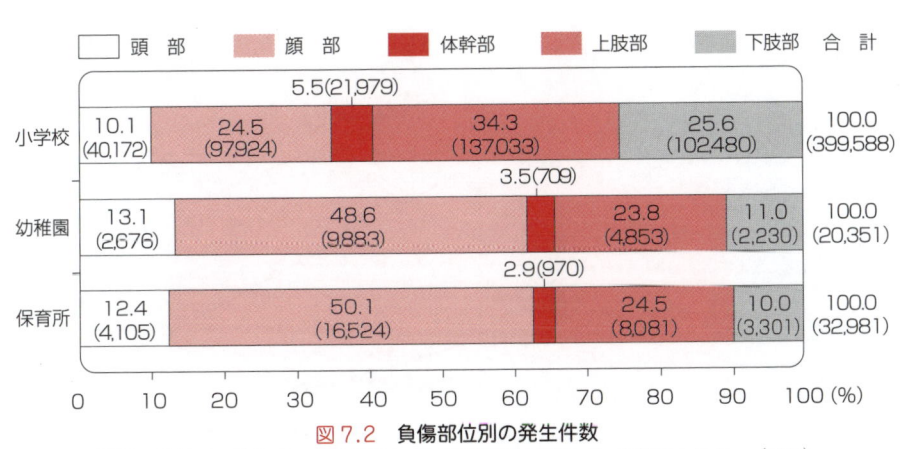

	頭部	顔部	体幹部	上肢部	下肢部	合計
小学校	10.1 (40,172)	24.5 (97,924)	5.5 (21,979)	34.3 (137,033)	25.6 (102,480)	100.0 (399,588)
幼稚園	13.1 (2,676)	48.6 (9,883)	3.5 (709)	23.8 (4,853)	11.0 (2,230)	100.0 (20,351)
保育所	12.4 (4,105)	50.1 (16,524)	2.9 (970)	24.5 (8,081)	10.0 (3,301)	100.0 (32,981)

図7.2 負傷部位別の発生件数
「学校の管理下の災害-23：基本統計」，独立行政法人日本スポーツ振興センター（2011）．

図7.3 昔遊んだミニスキー
坂道や裏山で友だちと転がりながら練習した．

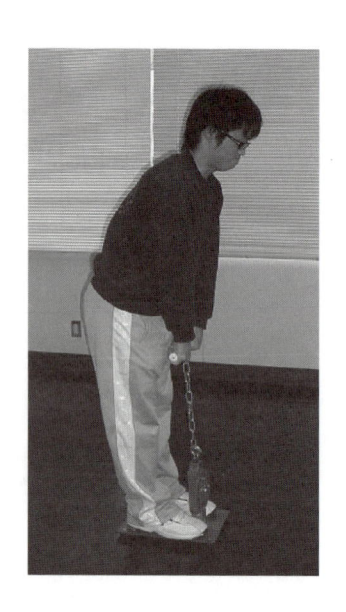

図7.4 体力測定項目からはずされた背筋力測定

目のひとつに背筋力測定を行う．背筋力を体重で除した値を**背筋力指数**と呼ぶが，育児に必要な指数は「1.5」，親の介護に必要な指数は「2.0」といわれている（図7.5）．半数近くの女子学生は1.5未満であった．また，男子学生についても2.0に満たない者が数多くいる．

（4）防衛体力への影響

体力は活動の基礎となる部分の行動体力と，生存の基礎となる部分の防衛体力の2つに大きく分類される．**防衛体力**とは正常な生体の機能を維持するため，外部から与えられる環境，細菌の感染などの刺激に抵抗する力をいう．とくに防衛体力というのは**行動体力**（たとえば，筋力，

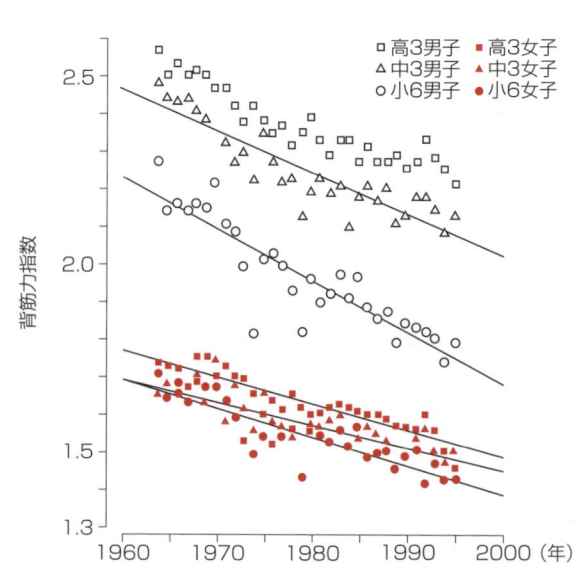

図7.5 背筋力指数の推移
重力に抗して直立姿勢を保つ筋力の指標である．

持久力，柔軟性など）のように，状況が数値やみた目でわからないため目立たないが，運動不足はこの防衛体力にも影響を及ぼす．

　花粉症に代表されるように，近年アレルギー症状をかかえている大人が急増している．アレルギーとは，体内に異物が入ると，からだが反応してその異物を排除しようと頑張ることで，これを**免疫反応**と呼ぶ．この免疫反応のなかで，自分のからだにも害を生み出してしまう異常な反応を**アレルギー**と呼ぶ．**ぜんそく**は代表的なアレルギー疾患だが，小学生では20年前に比べて約6倍に増加している（図7.6）．

（5）運動による効果とは

　神経系の発育が著しい乳幼児期では，運動を調整する能力（平衡性，敏捷性，巧緻性，協応性など）が顕著に発達する．したがって，この乳幼児期に自己の身体をコントロールする能力である調整力を高めることが大切である．そのためにはさまざまな運動遊びを体験させ，幅広い動作に対応する能力を獲得するよう心がける．さまざまな運動を経験することで，自己の身体をコントロールする能力を発達させるとともに，この時期に必要な筋持久力系の体力も結果的に養われる．それらの能力が日常生活や将来の生活においても，「怪我を予防する動きづくり」につながるといえる．

　最近，子どもたちの大脳（とくに前頭葉）の働きが弱くなっていることも指摘されている．**前頭前野**は，額のすぐ後ろ，脳の前のほうにあり，記憶や感情のコントロールなどの高度な精神活動を担う．鬼ごっこやドッジボール，缶蹴りなどで必死に逃げ，作戦を立てて攻撃するなど，頭を使って遊ぶ機会が減ったことが理由のひとつといえる．つまり，これま

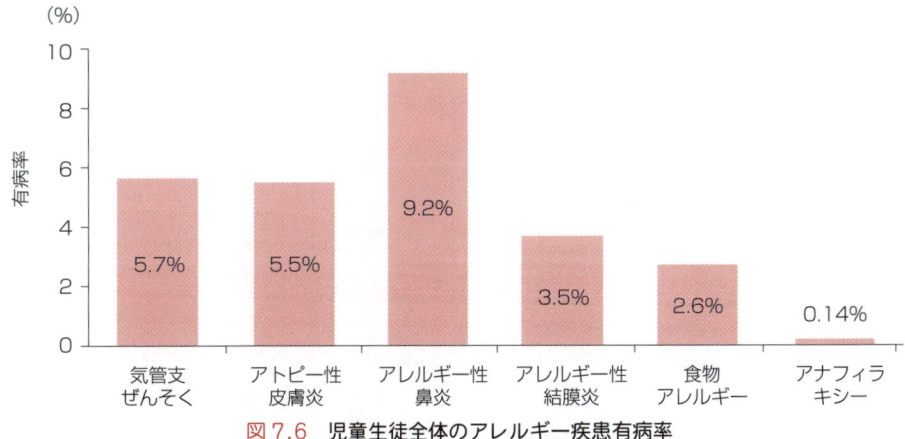

図7.6　児童生徒全体のアレルギー疾患有病率

疾患	有病率
気管支ぜんそく	5.7%
アトピー性皮膚炎	5.5%
アレルギー性鼻炎	9.2%
アレルギー性結膜炎	3.5%
食物アレルギー	2.6%
アナフィラキシー	0.14%

アレルギー疾患に関する調査研究報告書．文部科学省，アレルギー疾患に関する調査研究委員会（平成19年）．

で遊びのなかの架空の緊急事態が子どもたちの交感神経の働きを高め，大脳の働きを活発にしていたが，その機会がどんどん減っているためと考えられる．

前頭前野のなかでも，**運動前野**はひとつひとつの筋を目的どおりに動かせるよう，運動を行うための設計図をつくる場所と考えられる．運動をするときには，この運動前野での設計図づくりが欠かせない．たとえば，単にジョギングするよりも，いろいろスピードや走り方を変えながら行うと，前頭前野の活動レベルがより活性化される（図7.7）．アリストテレスやプラトンといった古代ギリシャの哲学者は歩きながら講義をしたといわれるが，歩くことで脳に刺激を送りながら考える，という理にかなった方法を取り入れていたともいえる．

（6）スポーツの語源は"遊び"

「私はスポーツが苦手だから……」とスポーツから疎遠になる人も多いが，スポーツの語源を知っているだろうか？　もともとは「disport（古フランス語）」の意味する「気晴らし」「楽しむ」「遊ぶ」から始まっている．とくに子どもにとっては，「遊ぶこと」がスポーツそのものだといえる．

しかし，最近では大人のスポーツをミニチュア化したような本格的なスポーツを幼少年期から行わせる風潮がみられる．指導者や親が，子どもを口実に「勝つこと」にのめり込んでいないだろうか．短期間にどれだけ上達するかを求めるような「促成栽培」的スポーツ指導を行っていないだろうか．現代の子どもたちのスポーツ現場では，健全なイメージとは裏腹に心とからだのストレス，すなわち心理的損傷とスポーツ障害

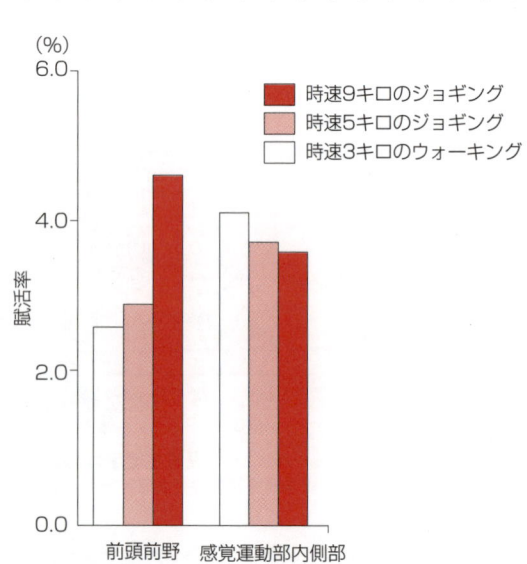

図7.7　ジョギングおよびウォーキングのスピードと前頭前野の活性化
スピードを変えると前頭前野はいっそう活性化する．
M. Suzuki, I. Miyai et al., *Neuroimage*, **23**, 1020 (2004).

というマイナスの現象を生み出していることも知っておく必要がある．

2　幼児期に有効な運動とは

　幼児期において，運動遊びなどの身体を動かす活動を積極的に実践することは非常に大切である．その実践が，将来スポーツ場面に限らず，日常生活のなかの危険な場面でわが身を守るための安全能力の育成につながる．ここでは著者が推奨する運動遊びを紹介しておく．

（1）ラダーを使ったケンパ遊び

　幼児期の調整力を高めるには，大脳皮質における運動のための神経回路をつくることが重要で，そのためにはさまざまな神経・筋の協応能力を高める多様な運動学習（運動遊び）が必要といえる．

　著者は，これまで幼児に**ラダー運動**を推奨してきた（図7.8）．これは縄梯子状の運動用具を地面に敷き，そのマスに一歩ずつ足を踏み入れステップすることで，身体の調整力を養うものである．競技選手用に考案されたものであるが，集中力の持続が難しく，飽きやすい幼児に対して，次々と異なるステップを体感させるこのラダー運動は，成功体験を積ませるとともに，運動することの楽しさ（**運動有能感**）を身につけさせることができる有効な運動と考えられる．

　また，ラダーは携行・設置が簡単で，園内の廊下など，狭いスペースでも利用できる．とくに，一定のリズム・パターンに合わせる能力が4歳から5歳にかけて著しく発達することを考慮すると，幼児期での導

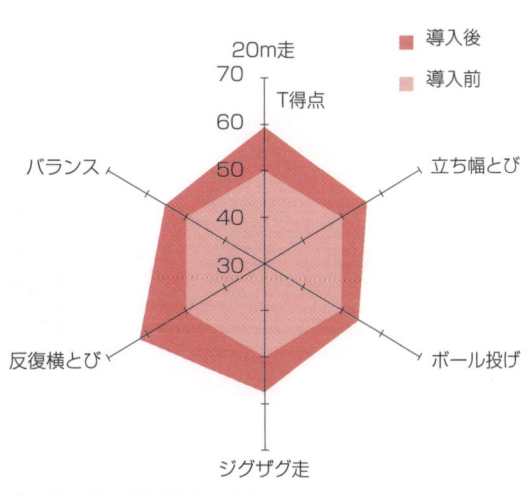

図7.8　ラダー運動とラダー導入後の運動能力の変化
宮口和義ら，体育測定評価研究，10，11（2010）．

入は非常に有効であるといえる．

基礎運動能力（走・跳・投など）とラダー運動の関係について検討した結果，とくに両足開閉ジャンプが基礎運動能力に及ぼす影響が大きいことがわかった．近年，ケンパや石蹴りを行う姿はほとんどみかけなくなったが，左右への素早い重心移動を繰り返しながら前進する運動は基礎運動能力の獲得にとって重要である．

スキップやギャロップ，ホップなどは全身を用いたリズミカルな運動で，歩き，走り，跳躍などの生得的に備わっている動作とともに，基本的な移動運動に分類される．ラダー運動を通して，これらのホップ系リズム動作を学習する機会を確保すべきである．

（2）紙ボールを使ったサッカー遊び

子どもにとって，ボールは親しみやすい"遊具"である．男児の多くはボールを投げたり，蹴ったりを中心活動とするが，女児は操作性の高い，まりつきに興味を示すようになる．このように活動内容に性差もあるが，幼児期において，もっとボールを使った活動内容を共通に体験させることにより，身体活動の楽しさや，仲間で遊ぶ楽しさを知ってもらう必要がある．

男児（とくに年長児）の好む活動に「蹴る」という動きがあるが，この動きの発展として「サッカー遊び」が考えられる．この場合，ゴムや皮製のボールを使用すると，男児の蹴る力やボールを追いかける迫力に圧倒され，女児が十分に参加できなくなる．

また，通常のサッカーボールでは転がりすぎて，蹴る楽しさを味わうことはできない．そこで，「紙（新聞紙）ボール」を使うことを提案す

図7.9　紙ボールサッカーの様子
女児でも積極的に楽しめる．

る．紙ボールは多少デコボコしており，あまり転がらないので蹴ることを多く体験できる．また蹴ったり，当てられたりしても痛さがないため女児でも積極的に参加できる（図7.9）．

このサッカー遊びは裸足になって遊戯室で行うが，著者が指導している保育所では，味方の色のゴールに向かって蹴らせている．つまり，青ビブスを着けたチームなら青色ゴールを目指すというものである．ただし，ゴールは通常の籠型ゴールではなかなか得点が入らないので，体操マット（青色・赤色）を敷き，横からゴールできないよう両端に同色の積木を並べている．ゲームは各チームより3人ずつ出場させ，3対3の2分間ゲームを楽しむ．アイスホッケーのように壁までがコートで，後方からのゴールも認めている．

ゲーム中は蹴る動作を多用するが，一方の脚でからだを支え，もう一方の脚を大きく動かすことが求められる．そのため，全身をバランスよく使う必要がある．プレーに集中するあまり，足が引っかかり，思わず転ぶ場面もよく発生する．幼児期の子どもの調整力が最も発達する瞬間は，転んだときだともいわれている．転んではじめて，痛くないように転ぶにはどうすればいいのか学習していく．このサッカー遊びを通じて下半身のねばりとバランス能力が強化されていくことを期待している．

> ビブス
> チームの区別をつけるために着用する．ベスト状のもの．

3　児童期に挑戦してほしい運動

近年，コーディネーショントレーニングが注目されている．身体のいろいろな器官をうまく働かせ，思うようにからだやボールをコントロー

図7.10　カスケードの練習の様子
習得の速さには個人差があるが，できることで達成感と充実感を得られる．

ルする能力を**コーディネーション能力**といい，これを高める目的で行う運動を**コーディネーショントレーニング**と呼ぶ．

ここでは児童期に導入してほしい，ジャグリングとダブルダッチを紹介する．これは大学生にとっても有効な運動で，脳の働きを活性化させるともいわれている．とくに，ジャグリングほど上達していく自分を感じられる種目はない．自分ができないと思っていたものができるようになる喜びは，何物にも代えがたいといえる．達成感と充実感を体感し，それがさらに向上心を生み，自信にもつながっていく．近年，サークル活動としても盛んに行われるようになったが，大学生にもぜひ挑戦してほしい種目である．

（1）ボールジャグリング：まずはカスケードから

ジャグリングという言葉には「器用に操る」という意味がある．つまり，広い意味でジャグリングとはさまざまな物体を巧みに操ることである．鉛筆やボールペンを手の中でクルクルと器用に回す，あるいはバスケットボールを回転させて指の上に乗せるなど，日常のちょっとした芸当はすべてジャグリングである．ここでは，トスジャグリングの技の一つである**カスケード**（3balls）を勧めたい（図7.10）．右手は常に左手に，左手は常に右手に交互に投げる．すべてのボールが同一の左右対称な8の字型の軌道を描くパターンである．基本的にボールはからだの外側でキャッチして，内側で投げる（図7.11）．

日本では知名度の低いジャグリングであるが，実は昔から伝わるお手玉やけん玉もジャグリングの一種であり，昔は遊びのなかでこれらの能力が鍛えられていた．欧米ではジャグリングを教育の一環として取り入

> **知っておくと役に立つ！**
>
> **ジャグリングとコーディネーション能力**
>
> ジャグリングが上手くなるかは重要ではなく，ジャグリングをする，というプロセスが大事である．これにより，脳と視覚，手・頭・からだの動きなどのコーディネートを改善しようと脳の情報伝達経路・思考回路がよくなる．1日に30分ジャグリングを行うのがよく，1回行うと，その後数日たっても，脳の思考回路改善の効果が残るといわれている．

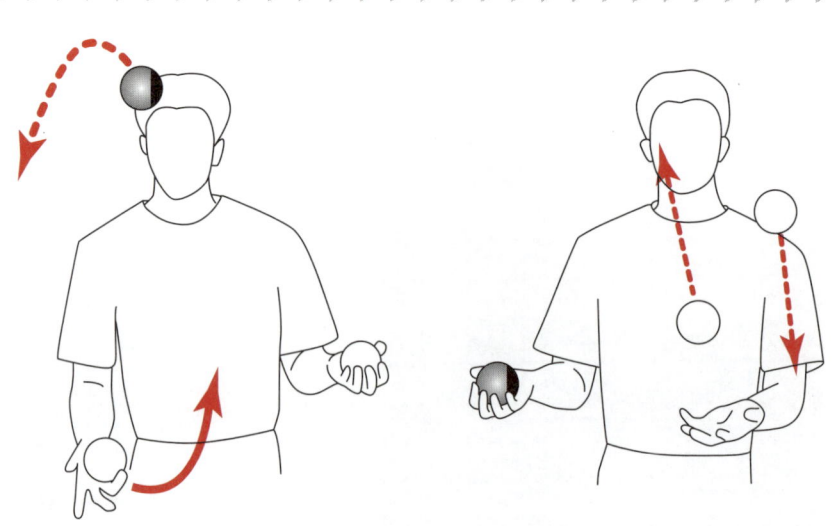

図7.11　カスケードの回し方
右手は常に左手に，左手は常に右手に交互に投げる．

れている学校もある．

　ジャグリングを3カ月間練習すると，大脳皮質の視覚を司る部分が一時的に強化されることが報告されている．3つのボールを1分以上ジャグリングできるように練習し，高性能MRI（磁気共鳴画像診断装置）で観察すると，3カ月前に比べ，大脳皮質の視覚野を処理する部分の働きが活発になっている．また，ジャグリングの練習で脳の神経組織の**白質**に変化が生じることを，英オックスフォード大の研究チームが発表している．正確に腕や手を動かす，動きの速い物体をつかむ，あるいは視野の周辺部で物の動きを追う能力が高まることが報告されている．

　著者の大学では体育実技の必修課題として，テニスボールを用いてカスケードを行わせている．ジャグリングのカウントは「ボールを取った数」でカウントし，その単位を「キャッチ」と呼ぶ．入門者の最初の目標は20キャッチである．

（2）仲間とダブルダッチに挑戦！

　ダブルダッチとは，2本のロープを使ってとぶ縄とびのことである．3人以上で行うが，向かい合った2人のターナー（回し手）が，右手のロープと左手のロープを半周ずらせて内側に回すなかを，ジャンパー（とび手）がいろいろな技を交えてとぶというものである（図7.12，7.13）．チームプレイによる**協調性**を養うのに優れたスポーツとして，近年教育機関でもダブルダッチによる心身の育成の効果が注目されている．ニューヨークの公立高校では2009年（平成21）からダブルダッチが体育の正式科目とされた．今後，日本においても教育機関を中心として発展していくことが予想される．

図7.12　ダブルダッチの練習の様子
「協調性」を養うのに最適である．

みた目は難しそうであるが，縄の回旋のコツとタイミングさえつかめば，誰でも簡単にすぐにとぶことができる．まずロープに入る前のポジションだが，ジャンパーはターナー（回し手）の真横に立つ．左右どちらでも構わないが，ターナーと肩を並べるような位置に立つ．そして回転する手前のロープが上がった瞬間に，ロープの中央に向かって走り込む．ロープが床を叩いたタイミングで動き出すと，スムーズに入れる．最初は恐怖心があって，なかなか上手く入れないかもしれないが，そのときはターナーにロープをゆっくり回してもらう．ロープから出るのは，ロープに入るよりも難しい．

また偶数回とんだか奇数回とんだかで，ロープから出る方向が変わってくる．出るときには，大きく斜めにジャンプして出る側のロープをとび越えて，向かい合うターナーの真横に着地する．

復習トレーニング

次の文章のカッコの部分に適切な言葉を入れなさい．

❶ スポーツの語源は，もともとは「disport（古フランス語）」という「（　　　）」「楽しむ」「遊ぶ」という意味から始まっている．

❷ 「花粉症」に代表されるように，近年（　　　）症状をかかえている大人が急増している．「ぜんそく」も代表的な（　　　）疾患だが，小学生では，20年前に比べて約6倍の増加をみせている．

❸ 子どもの（　　　）は，体力測定開始（1964年）以来低下しており，1998年（平成10）からは「測定時に腰を痛めるおそれがある」という理由で，測定項目から外されている．

❹ 背筋力を体重で除した値を背筋力指数と呼ぶが，育児に必要な指数は

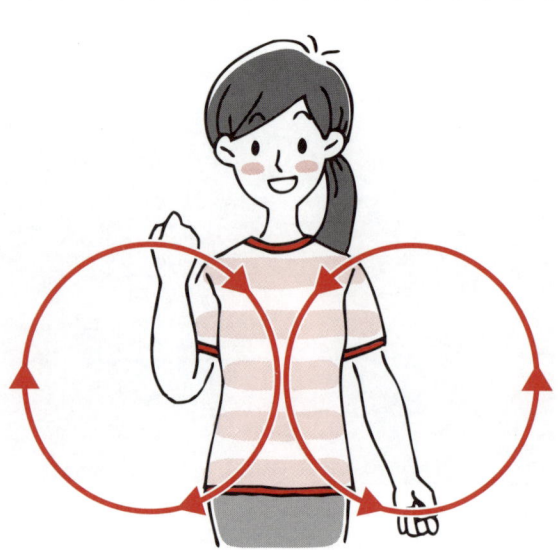

図7.13　ターナーの腕の回し方
ひじを軸にして，からだの正面で円を描くようにロープを内側に回す．左右の腕は，半周ずつずらしながら回す．

「1.5」，親の介護に必要な指数は「（　　　）」といわれている．
❺ 身体のいろいろな器官をうまく働かせ，思ったようにからだやボールをコントロールする能力を「（　　　）能力」という．
❻ 幼少年期にさまざまな運動を経験することで，自己の身体をコントロールする能力を発達させるとともに，日常生活や将来の生活においても，「（　　　）を予防する動きづくり」につながる．

8章 競技者の体力の特徴

8章のポイント

- ◆ 競技者における体力のとらえ方を理解し,自分の専門とする競技種目の特性について整理してみよう.
- ◆ ラボラトリーテストおよびフィールドテストなどを用いて,自らのスポーツ適性を診断してみよう.

1　競技者における体力とは

（1）新体力テストの成績からみた一般人と競技者の違い

体力の総括的なとらえ方として，**行動体力**と**防衛体力（生命体力）**があげられる（1章参照）．競技者は，パフォーマンス発揮のなかでエネルギーを出す能力（エネルギー系の体力）およびそれを効果的に出す・使う能力（調整力，柔軟性）などが大きく求められることから，相対的に，行動体力が防衛体力と比較して重視される傾向にある．

表8.1に，**新体力テスト**項目における一般人および競技者の成績を示した．競技者の成績を一般人と比較した結果，以下のことがわかった．

ⅰ）男子の場合，身長および長座体前屈に差はなかったが，その他の項目において大きな差が示された．とくに20 mシャトルランにおいて，その傾向が顕著であった．

ⅱ）女子の場合，長座体前屈に差はなかったが，その他の項目において大きな差が示された．とくに握力，上体起こし，20 mシャトルランおよび反復横とびにおいて，その傾向が顕著であった．

これらのことは，競技者は一般人と比較して，行動体力の各種能力が大きく高められていることを示している．一方，上述の結果からは，競技者の防衛体力のレベルを判断することはできないが，競技生活を健康に，永く維持するために，相応の防衛体力を備えている可能性は十分にあると考えられる．

表8.1　一般人および競技者の新体力テストの成績

		身長 [cm]	体重 [kg]	握力 [kg]	立ち幅とび [cm]	上体起こし [回]	20 m シャトルラン [回]	反復横とび [cm]	長座体前屈 [cm]
男子	一般人 （20〜24歳）	172.0	65.9	48.1	227.5	28.2	67.8	52.9	45.7
	競技者 （おもに20歳代）	176.2	74.7	57.2	260.2	34.9	107.1	61.4	45.1
女子	一般人 （20〜24歳）	158.7	50.6	28.9	167.4	20.0	35.9	44.2	45.7
	競技者 （おもに20歳代）	163.8	58.5	39.2	207.2	33.2	81.6	57.2	50.2

一般人データ：平成20年度体力・運動能力調査結果
　　　　　　（文部科学省HP，http://www.mext.go.jp/b_menu/houdou/21/10/attach/1285568.htm）
競技者データ：国立スポーツ科学センター所有データ

（2）競技者における体力の位置づけ

一般人と比較して，優れた身体的特徴を有する競技者だが，**競技パフォーマンス**は，これらの体力要因のみで決まるものではない．一般に，精神（こころ），技術・戦術（技），体力（からだ）の3つの要因が統合された形として，競技パフォーマンスは決定されるといわれている．

8章では，競技者の体力に関して，その競技特性の違いやスポーツ競技の適性診断法などについて述べていくが，**体力**は，あくまでも上述した「こころ・技・からだ」の一要因にすぎないことを十分に認識しておく必要がある．すなわち，とても優れた体力をもつ競技者が，必ずしも優れた競技パフォーマンスを発揮するとはいえないのである．これらの点を踏まえたうえで，8章の内容を理解していこう．

2　日本人一流競技者の形態および体力

（1）競技者における体力のとらえ方

表8.2に，競技者における体力のとらえ方を示した．基本的に競技者における体力は，表8.2に示した5つの観点（a～e）から，その特性を把握することができる．スポーツにはさまざまな競技種目が存在する．各競技種目において運動時間や動作などが異なることから，自ずと各競技種目で求められる体力も異なり，それが**競技特性**として示される．各競技種目において効果的な体力トレーニングを実施するためには，そのような体力からみた競技特性を十分に理解しておくことが重要となる．

表8.2　競技者における体力のとらえ方

a）どれくらいの運動時間のなかで発揮される体力が必要か
　　どのエネルギー供給機構によって発揮される体力が必要か
　　　約10秒以内……… ATP-PCr系
　　　約10秒～30秒…… ATP-PCr系＋LA系
　　　約30秒～90秒…… LA系＋ATP-PCr系＋O_2系
　　　約90秒～4分…… LA系＋O_2系
　　　約4分～10分…… O_2系＋LA系
　　　約10分～90分…… O_2系
　　　約90分以上……… O_2系＋エネルギー源の貯蔵・利用能力

b）どのような動き（運動）のなかで発揮される体力が必要か
　　走型，跳型，投型，泳型，打型，蹴型，登型，漕型，など

c）からだのどの部位で発揮される体力が必要か
　　頸，胸，腹，背，腰
　　上肢（肩，上腕，前腕，手）
　　下肢（臀，大腿，下腿，足）

d）どの程度の力またはスピードの大きさのなかで発揮される体力が必要か
　　スピード型
　　力型

e）どの筋収縮のなかで発揮される体力が必要か
　　アイソメトリック（等尺性）
　　コンセントリック（短縮性）
　　エキセントリック（伸張性）

LA系：解糖系，O_2系：有酸素系．

表8.2に基づくと，たとえば，陸上競技の100m走の場合では，a) ATP-PCr系のエネルギー供給系，b) 走型の運動，c) おもに下肢，部分的に上肢で発揮される運動，d) スピード型のパワー発揮，e) コンセントリック（短縮性）およびエキセントリック（伸張性）による筋収縮，などの体力に特徴づけられる．

以上のように，ここではまず，表8.2を参考にして自分の専門とする競技種目の特性について整理しておくことが重要となる．

(2) 日本人一流競技者の測定結果に基づく競技の特性

前節では，表8.2を用いて競技特性のとらえ方について説明したが，ここでは，実際の日本人一流競技者の測定結果に基づき，各競技の特性を明らかにしていく．

2001年（平成13）4月に，日本の国際競技力向上を目標として，**国立スポーツ科学センター**（Japan Institute of Sports Sciences，以下 **JISS**）が設立された．JISSでは，日本人一流競技者の体力測定を日々行っており，そこで得られた過去10年分のデータに基づいて，各競技の特性について検討していく．

巻末資料①～⑧に，日本人一流競技者の身長，体重，等速性膝伸展・屈曲運動中の体重あたりの最大トルク，垂直とび，10秒間自転車全力ペダリング中の体重あたりの最大パワー，30秒間自転車全力ペダリング中の体重あたりの平均パワー，および体重あたりの最大酸素摂取量のそれぞれの平均値を，競技種目別に示した．なお，測定項目によっては，測定を実施していない競技種目もあるため，各項目のデータ数には違いがみられる．上記項目の測定方法は，以下のとおりである．

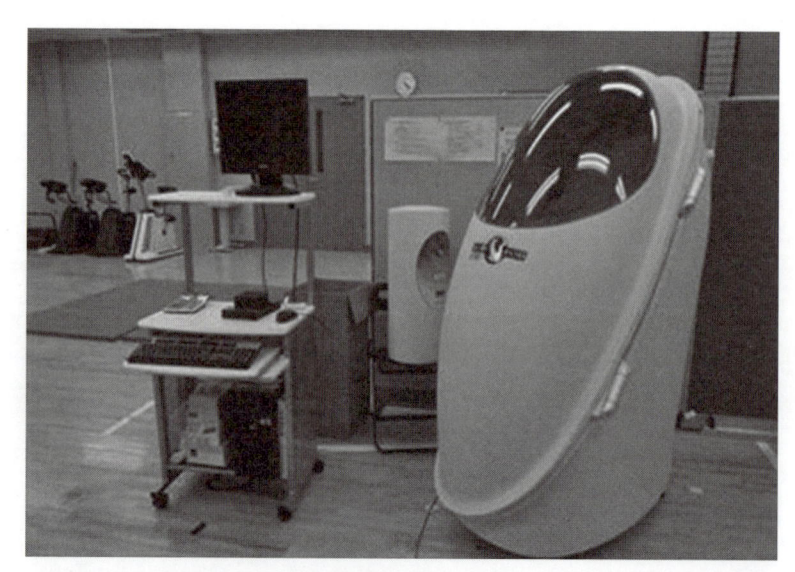

知っておくと役に立つ！

球技系種目の体力特性
サッカーなどの球技系種目では，ハイパワー発揮（ダッシュなど）を繰り返し，1試合を通して動き続ける体力が求められる．このような運動形態を「間欠的ハイパワー発揮」というが，このような運動では，ATP-PCr系と有酸素系の双方のエネルギー供給機構が求められる．試合前半における1回1回のハイパワー発揮にはATP-PCr系が，試合後半におけるパワー発揮の低下の抑制には有酸素系のエネルギー系体力が影響を及ぼす．

国立スポーツ科学センター
www.jpnsport.jp

国立スポーツ科学センター体力科学実験室
http://www.jpnsport.go.jp/jiss/shisetsu/kensyu/category/tairyoku/tabid/84/Default.aspx

①等速性膝伸展・屈曲運動中の体重あたりの最大トルク
　測定には，**多用途筋機能評価装置**（バイオデックス3）を用いた．運動の角速度は60 deg/秒とし，膝伸展・屈曲運動を連続2往復行った際の最大トルク（Nm）を体重で除した成績（Nm/kg）を代表値とした．

②**垂直とび**
　測定には，**マットスイッチ**を用いた．マットスイッチ上で跳躍を行い，その滞空時間より跳躍高（cm）を算出した（跳躍高＝$1/8 \cdot g \cdot t^2$，g：重力加速度，t：滞空時間）．

③**10秒間自転車全力ペダリング中の体重あたりの最大パワー**
　測定には，**自転車エルゴメーター**（パワーマックスVII）を用いた．エルゴメーターにプログラムされたテスト（10秒間全力ペダリング×3セット，2分間休息）を実施し，結果として示される推定最大パワーを体重で除した成績（w/kg）を代表値とした．

④**30秒間自転車全力ペダリング中の体重あたりの平均パワー**
　測定には，自転車エルゴメーター（パワーマックスVII）を用いた．エルゴメーターにプログラムされたテスト（30秒間全力ペダリング×1セット，負荷は体重の7.5%）を実施し，結果として示される平均パワーを体重で除した成績（w/kg）を代表値とした．

⑤**体重あたりの最大酸素摂取量**
　測定には，**呼気ガス分析器**（Vmaxスペクトラ）を用いた．トレッドミル，自転車エルゴメーターなどを用いてステップ負荷運動を疲労困憊まで行い，運動中の最大酸素摂取量（$\dot{V}O_2 max$）を体重で除した成績（mL/kg/分）を代表値とした．

　表8.3に，上述の測定項目の体力からみた運動特性を示した．JISS

では，これらの体力測定項目以外にもさまざまな測定を実施しているが，今回は，競技者の体力を全面的に評価することをねらいとして測定項目を限定した．とくにエネルギー系の体力に着目し，ATP-PCr系，解糖（LA）系および有酸素（O_2）系のすべての能力が評価できるように配慮した．まずは，表8.3を元に，各測定項目で体力のどのような要因を評価しているのか，十分に理解しておくことが必要となる．

表8.4に，各測定項目におけるTスコア評価表を示した．この評価表は，JISSにおける日本人一流競技者の測定結果（平均値，標準偏差）を元に作成したものであり，各項目の成績からTスコア（T得点．4章も参照）を評価できるようにしている．

ここで，各種目の競技特性を検討する方法について，手順に従って紹介する．

ⅰ）巻末資料①～⑧を参照し，検討したい競技種目の平均値を調べる．

ⅱ）調べた平均値から，表8.4を用いて各測定項目のTスコアを評価する．

ⅲ）評価したTスコアの項目間の関係性について検討する（たとえば，身長は高いが，筋力は低いなど）．その関係性から，競技特性を検討する．

ⅳ）いくつかの競技種目で上記ⅰ）～ⅲ）の検討を行い，競技種目間でどのような競技特性の違いがみられるかを比較検討する．

ⅴ）同様な測定を実施できる環境にある場合は，自らの体力も測定し，同様にTスコアを評価する．そして，自分の専門種目における一流競技者の結果と比較して，競技特性が類似しているか否かについて検討する．

表8.3 測定項目の体力からみた運動特性

測定項目	体力の要因							運動様式				からだの部位		スピードまたは力の大きさ		筋収縮の種類		
	筋力	無気的パワー（ATP/PCr系）	無気的持久力（ATP/PCr系）	無気的持久力（解糖（LA）系）	有気的持久力（有酸素（O_2）系）	柔軟性	調整力	走型	跳型	投型	その他	上半身	下半身	大きなスピード（スピード型）	大きな力（力型）	アイソメトリック（等尺性）	コンセントリック（短縮性）	エキセントリック（伸張性）
体重あたりの膝関節伸展・屈曲トルク	◎						○				◎		◎		◎		◎	
垂直とび	○	◎					○		◎			○	◎	◎				◎
10秒間自転車全力ペダリング体重あたりの最大パワー	○	◎					○				◎		◎	◎			◎	
30秒間自転車全力ペダリング体重あたりの平均パワー		○	◎				○				◎		◎				◎	
体重あたりの最大酸素摂取量				○	◎		○	◎			◎		◎	○				

表 8.4 各測定項目における T スコア評価表

項目		身長 (cm)	体重 (kg)	膝伸展 (Nm/kg)	膝屈曲 (Nm/kg)	垂直とび (cm)	10秒最大パワー (w/kg)	30秒平均パワー (w/kg)	最大酸素摂取量 (mL/kg/分)
平均値		176.2	74.7	3.3	1.8	53.0	16.0	9.1	58.7
標準偏差		7.8	12.9	0.5	0.3	8.0	2.2	0.7	9.4
男子Tスコア	90	207.5	126.3	5.1	3.0	85.0	24.9	11.7	96.4
	85	203.6	119.9	4.9	2.8	81.0	23.8	11.4	91.7
	80	199.7	113.4	4.7	2.7	77.0	22.7	11.1	87.0
	75	195.8	107.0	4.4	2.5	73.0	21.6	10.8	82.3
	70	191.9	100.5	4.2	2.4	69.0	20.5	10.4	77.6
	65	187.9	94.1	4.0	2.2	65.0	19.3	10.1	72.8
	60	184.0	87.6	3.8	2.1	61.0	18.2	9.8	68.1
	55	180.1	81.2	3.5	1.9	57.0	17.1	9.4	63.4
	50	176.2	74.7	3.3	1.8	53.0	16.0	9.1	58.7
	45	172.3	68.2	3.1	1.7	49.0	14.9	8.8	54.0
	40	168.4	61.8	2.9	1.5	45.0	13.7	8.4	49.3
	35	164.5	55.3	2.6	1.4	41.0	12.6	8.1	44.6
	30	160.5	48.9	2.4	1.2	37.0	11.5	7.8	39.8
	25	156.6	42.4	2.2	1.1	33.0	10.4	7.5	35.1
	20	152.7	36.0	2.0	0.9	29.0	9.3	7.1	30.4

項目		身長 (cm)	体重 (kg)	膝伸展 (Nm/kg)	膝屈曲 (Nm/kg)	垂直とび (cm)	10秒最大パワー (w/kg)	30秒平均パワー (w/kg)	最大酸素摂取量 (mL/kg/分)
平均値		163.8	58.5	2.8	1.4	39.8	13.8	7.6	50.8
標準偏差		7.2	8.9	0.4	0.2	6.4	1.8	0.8	7.2
女子Tスコア	90	192.6	94.1	4.4	2.3	65.2	21.1	10.7	79.4
	85	189.0	89.7	4.2	2.2	62.0	20.2	10.3	75.8
	80	185.4	85.2	4.0	2.1	58.9	19.3	9.9	72.3
	75	181.8	80.8	3.8	2.0	55.7	18.4	9.5	68.7
	70	178.2	76.3	3.6	1.8	52.5	17.4	9.1	65.1
	65	174.6	71.9	3.4	1.7	49.3	16.5	8.8	61.5
	60	171.0	67.4	3.2	1.6	46.2	15.6	8.4	58.0
	55	167.4	63.0	3.0	1.5	43.0	14.7	8.0	54.4
	50	163.8	58.5	2.8	1.4	39.8	13.8	7.6	50.8
	45	160.2	54.1	2.6	1.3	36.6	12.9	7.2	47.2
	40	156.6	49.6	2.4	1.1	33.5	12.0	6.8	43.7
	35	153.0	45.2	2.2	1.0	30.3	11.1	6.4	40.1
	30	149.4	40.7	2.0	0.9	27.1	10.2	6.1	36.5
	25	145.8	36.3	1.8	0.8	23.9	9.3	5.7	32.9
	20	142.2	31.8	1.6	0.7	20.8	8.3	5.3	29.4

各 T スコアは，国立スポーツ科学センター所有データに基づく．

上述の体力測定は，専門的な機材や装置を伴う実験室内で行われ，このようなテストを**ラボラトリーテスト**と呼ぶ．ラボラトリーテストは，測定データの信頼性，妥当性および客観性が高いという利点をもつが，テストを実施できる環境は少なく，競技者および指導者が簡単に取り組めないなどの問題があげられる．このような背景から，一般の競技現場では，ふだんの練習場所であるグラウンドおよび体育館などを用いて，簡便な方法による体力測定が数多く行われている．これらのテストは，一般的に**フィールドテスト**と呼ばれる．

次節では，フィールドテストによる体力測定を紹介し，得られた結果の活用法について検討を行う．体育・スポーツ科学の分野で学ぶみなさんには，実際にフィールドテストを実習されることをお勧めする．

3 フィールドテストを用いた競技種目の適性診断

（1）測定項目の選定

スポーツ競技にはさまざまな競技種目が存在するが，そのなかでも，陸上での走型運動が求められる競技種目が数多く存在する．したがってここでは，その点を考慮したフィールドテストの測定項目の選定例を紹介する．

表8.5に，フィールドテストの項目と体力からみた運動特性を示した．測定項目としては，垂直とび，50m走，50m3往復走，20mシャトルラン，50m方向変換走の5項目をあげた．エネルギー供給機構の観点からみると，垂直とびおよび50m走はATP-PCr系，50m3往復走

表8.5 フィールドテストの測定項目と体力からみた運動特性

測定項目	体力の要因（エネルギー供給機構）						運動様式				からだの部位		スピードまたは力の大きさ		筋収縮の種類		
	(ATP/PCr系)筋力	(ATP/PCr系)無気的パワー	(LA系)無気的持久力	(O₂系)有気的持久力	柔軟性	調整力	走型	跳型	投型	その他	上半身	下半身	(スピード型)大きなスピード	(力型)大きな力	(等尺性)アイソメトリック	(短縮性)コンセントリック	(伸張性)エキセントリック
垂直とび	○	◎				◎		◎			○	◎	○			◎	◎
50m走	◎	◎			○	◎	◎				○	◎	◎	○		◎	◎
50m3往復走		○	◎				◎					◎				◎	◎
20mシャトルラン			○	◎		○	◎					○					
50m方向変換走	○	◎			○	◎	◎					○	◎	○		◎	◎

(300 m 走) は解糖系，20 m シャトルランは有酸素系に分類される．運動様式，身体の部位，スピードまたは力の大きさおよび筋収縮の種類は，表 8.5 に示したとおりである．

特殊な項目である 50 m 3 往復走および 50 m 方向変換走の測定方法は，以下のとおりである．

ⅰ）50 m 3 往復走

50 m の区間を 3 往復し，そのタイムを計測する．

ⅱ）50 m 方向変換走

図 8.1 のような 8 の字のコースをつくる．8 の字のコースを 1 周すると 25 m であり，それを 2 周する．方向変換する各ポイントには 50 cm 四方の正方形をつくり，方向変換の際には各ポイントのなかを足で踏むように指示する．スタートの合図でタイム計測を開始し，ゴール時に正方形のポイントを踏んだ時点で計測を終了する．

（2）測定結果の分析

JISS の研究において，スポーツ活動を日常的に行っている男女 1,200 名（3～55 歳，おもに 10 歳代後半から 30 歳程度．日本人一流競技者を含む）を対象に，上記 5 種目からなるフィールドテストを実施した．その結果に基づいて，T スコアによる評価基準表を作成した（表 8.6）．表 8.6 を用いて，自分の体力を評価する手順は，以下のとおりである．

ⅰ）5 種目のフィールドテストを実施し，自分の成績を表 8.6 に記録する．

ⅱ）表 8.6 の T スコア評価表を用いて，自分の成績から T スコアを評価する．その際，ATP-PCr 系の体力の T スコアは，垂直とびと 50 m

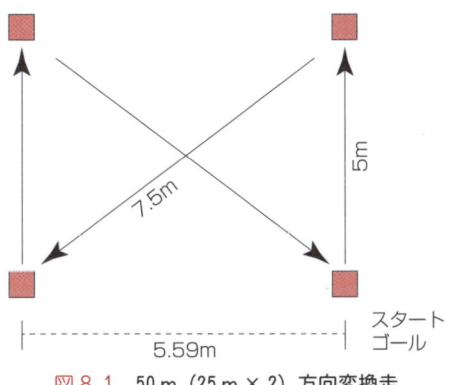

図 8.1 50 m（25 m × 2）方向変換走

8章 競技者の体力の特徴

表8.6 フィールドテストの各測定項目におけるTスコア評価表

項目		垂直とび (cm)	50 m走（秒）	50 m 3往復走（秒）	シャトルラン テスト（回）	50 m方向変換走（秒）
平均値		53.6	7.5	57.4	96.6	14.2
標準偏差		13.7	1.5	6.3	21.5	2.4
男子 Tスコア	90	108.2	1.7	32.2	182.8	4.6
	85	101.4	2.4	35.4	172.0	5.8
	80	94.6	3.2	38.5	161.2	7.0
	75	87.7	3.9	41.7	150.5	8.2
	70	80.9	4.6	44.8	139.7	9.4
	65	74.1	5.3	48.0	128.9	10.6
	60	67.2	6.1	51.1	118.2	11.8
	55	60.4	6.8	54.2	107.4	13.0
	50	53.6	7.5	57.4	96.6	14.2
	45	46.7	8.2	60.5	85.9	15.4
	40	39.9	9.0	63.7	75.1	16.6
	35	33.1	9.7	66.8	64.3	17.8
	30	26.3	10.4	70.0	53.6	19.0
	25	19.4	11.1	73.1	42.8	20.2
	20	12.6	11.9	76.3	32.1	21.4
自分の成績		cm	秒	秒	回	秒 （50 m方変÷50 m走）
自分の Tスコア		ATP-PCr系（2項目の平均値）	LA系		O₂系	調整力

項目		垂直とび (cm)	50 m走（秒）	50 m 3往復走（秒）	シャトルラン テスト（回）	50 m方向変換走（秒）
平均値		43.7	8.3	64.8	73.3	15.1
標準偏差		8.4	1.1	6.3	18.1	1.6
女子 Tスコア	90	77.4	4.1	39.7	145.5	8.9
	85	73.2	4.7	42.8	136.5	9.6
	80	69.0	5.2	46.0	127.5	10.4
	75	64.8	5.7	49.1	118.4	11.2
	70	60.6	6.2	52.2	109.4	12.0
	65	56.4	6.8	55.4	100.4	12.8
	60	52.2	7.3	58.5	91.4	13.6
	55	48.0	7.8	61.7	82.3	14.3
	50	43.7	8.3	64.8	73.3	15.1
	45	39.5	8.9	67.9	64.3	15.9
	40	35.3	9.4	71.1	55.3	16.7
	35	31.1	9.9	74.2	46.2	17.5
	30	26.9	10.4	77.4	37.2	18.3
	25	22.7	11.0	80.5	28.2	19.1
	20	18.5	11.5	83.6	19.2	19.8
自分の成績		cm	秒	秒	回	秒 （50 m方変÷50 m走）
自分の Tスコア		ATP-PCr系（2項目の平均値）	LA系		O₂系	調整力

各Tスコアは，国立スポーツ科学センター所有データに基づく．

走の双方のＴスコアの平均値を算出し，代表値とする．一方，解糖系は 50 m 3 往復走，有酸素系は 20 m シャトルランテストの成績によるＴスコアを代表値とする．

iii) 50 m 方向変換走のＴスコアも評価する．これは調整力の体力要因の代表値とする．

iv) 50 m 方向変換走のタイムを 50 m 走のタイムで除し，その相対値を算出する．この相対値は，50 m 方向変換走における切り返し動作自体の優劣を評価する値として扱うことができる．つまり，50 m 走のタイムを考慮したうえで，この相対値が小さい人ほど，切り返し能力（調整力）に優れると評価することができる．

（3）スポーツ競技の適性診断

次に，上記のフィールドテストの結果を用いたスポーツ競技の適性診断法の一例を紹介する．

図 8.2 および 8.3 に，その適性診断の手順を示した．詳細な手順は，以下のとおりである．

i) はじめに，3 種のエネルギー供給系による測定項目のうち，最もＴスコアの高かったエネルギー供給系を選択する（Step 1）．

ii) 次に，図 8.2 および 8.3 の右上表（方向変換走能力の目標値）を参照し，50 m 走のＴスコアのレベルごとに設定された切り返し能力の目標値を達成しているか否かについて評価する（Step 2）．なお，この目標値を達成している者は，調整力が優れていると評価できる．

iii) 最後に，図 8.2 および 8.3 の右下表（年齢別身長の基準値）を参照し，自分の身長のＴスコアのレベルを評価する（Step 3）．

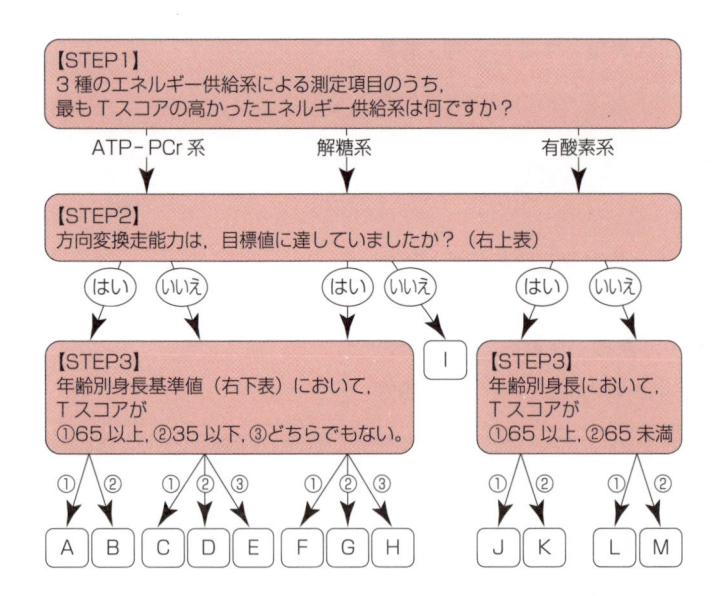

8章 競技者の体力の特徴

図8.2 フィールドテストによるスポーツ競技の適性診断法（男子）

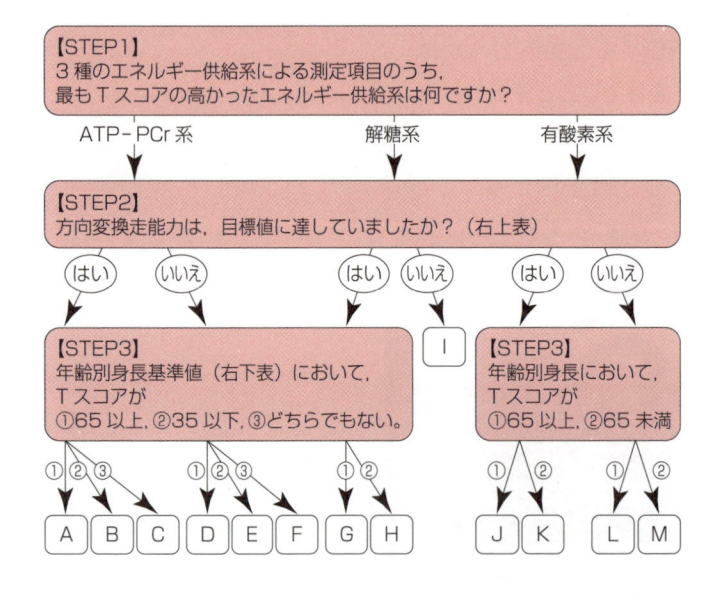

【STEP1】 3種のエネルギー供給系による測定項目のうち，最もTスコアの高かったエネルギー供給系は何ですか？
　→ ATP-PCr系 ／ 解糖系 ／ 有酸素系

【STEP2】 方向変換走能力は，目標値に達していましたか？（右上表）
　→ はい／いいえ

【STEP3】（ATP-PCr系・解糖系側）年齢別身長基準値（右下表）において，Tスコアが ①65以上，②35以下，③どちらでもない。

【STEP3】（有酸素系側）年齢別身長において，Tスコアが ①65以上，②65未満

分岐結果：A, B, C, D, E, F, G, H, I, J, K, L, M

方向変換走能力の目標値

50m走のTスコア	50m方変÷50m走の目標値
39以下 →	1.70以下
40～44 →	1.75以下
45～49 →	1.75以下
50～54 →	1.80以下
55～59 →	1.85以下
60以上 →	1.90以下

年齢別身長の基準値（男子）

年齢（歳）	平均値 (cm)	Tスコア35 (cm)	Tスコア65 (cm)
6	116.7	109.5	124.0
7	122.7	115.4	130.1
8	128.6	120.6	136.6
9	133.6	125.1	142.2
10	139.0	129.9	148.0
11	145.2	134.6	155.8
12	153.1	140.9	165.3
13	159.9	148.4	171.3
14	165.2	155.8	174.6
15	168.5	159.7	177.3
16	169.6	161.3	177.9
17	170.7	162.1	179.3
18	171.1	162.6	179.6
19	171.4	163.3	179.5
20-24	172.0	163.6	180.3

平成20年度体力・運動能力調査結果より（文部科学省HP）

図8.3 フィールドテストによるスポーツ競技の適性診断法（女子）

（フローチャート構成は図8.2と同じ）

方向変換走能力の目標値

50m走のTスコア	50m方変÷50m走の目標値
39以下 →	1.70以下
40～44 →	1.75以下
45～49 →	1.75以下
50～54 →	1.80以下
55～59 →	1.85以下
60以上 →	1.90以下

年齢別身長の基準値（女子）

年齢（歳）	平均値 (cm)	Tスコア35 (cm)	Tスコア65 (cm)
6	115.9	108.7	123.1
7	122.0	114.5	129.5
8	127.8	119.2	136.3
9	133.9	124.9	142.9
10	140.7	130.4	151.0
11	147.2	137.4	156.9
12	152.0	143.6	160.3
13	155.1	147.0	163.2
14	156.6	148.7	164.5
15	157.3	149.4	165.1
16	157.6	149.7	165.4
17	158.0	150.4	165.6
18	158.2	150.3	166.1
19	158.2	150.4	165.9
20-24	158.7	150.8	166.6

平成20年度体力・運動能力調査結果より（文部科学省HP）

iv) 以上の3つのStepで評価した結果を元に，男女ともA〜Mまでの12の競技適性タイプを特定する．そして，表8.7を用いて，その競技適性タイプに該当する競技種目を理解する．

　上述してきたスポーツ競技の適性診断法の一例は，JISSにおいて数多くの体力測定を実施してきた著者の経験と，競技現場で指導にあたるコーチの経験とを合わせた成果である．しかし一方で，現状としては，スポーツ科学に関する基礎研究および実践・事例研究の十分な知見に裏づけされた方法ではないことを指摘しておく．今後，よりよい適性診断法を確立していくためには，

ⅰ）日本人一流競技者のデータに基づく究極的な目標値（形態および体力と，それ以外の競技力に関わる要因も含めて）を明確にしておくこと．

ⅱ）さまざまな競技種目および年代の競技者を対象に体力測定を実施し，縦断的および横断的な観点からデータを蓄積・分析していくこと．

ⅲ）適性診断結果と関連づけた競技者の育成システムを構築し，それら一連の取組みを通して得られる競技者の成長課程の事例を蓄積・分析していくこと．

などが必要になると考えられる．

　8章では，「競技者の体力の特徴」をテーマに，競技者における体力の位置づけ，日本人一流競技者の体力の現状，競技特性，およびそれらの知見を元に，フィールドテストによるスポーツ競技適性診断法の一例を紹介してきた．これらの内容を理解して，各自の専門種目における競技力向上に役立てていただきたい．

表8.7 スポーツ競技の適性タイプと該当種目の例

	男子適性タイプ		女子適性タイプ
A	陸上競技ハードル	A	陸上競技ハードル
B	野球，体操，モーグル	B	体操
C	陸上競技投擲，柔道重量級，レスリング重量級	C	ソフトボール，新体操，モーグル
D	ウエイトリフティング軽量級	D	陸上競技投擲，柔道重量級，レスリング重量級
E	陸上競技短距離，ウエイトリフティング重量級，スピードスケート短距離	E	ウエイトリフティング軽量級
F	バレーボール，バスケットボール，ハンドボール，ラグビーフォワード	F	陸上競技短距離，卓球，スピードスケート短距離
G	柔道軽量級，レスリング軽量級	G	バレーボール，バスケットボール，ハンドボール
H	サッカー，テニス，ラグビーバックス，バドミントン，	H	サッカー，テニス，柔道軽量級，レスリング軽量級
I	競泳短距離，陸上競技中距離，スピードスケート中距離	I	競泳短距離，陸上競技中距離，スピードスケート中距離
J	水球	J	水球
K	フィギュアスケート	K	フィギュアスケート，シンクロナイズドスイミング
L	ボート	L	ボート
M	競泳長距離，陸上競技長距離，スピードスケート長距離，トライアスロン	M	競泳長距離，陸上長距離，スピードスケート長距離，トライアスロン

復習トレーニング

次の文書のカッコ部分に適切な言葉を入れなさい．

❶ 自分の専門競技の特性に関して，運動時間は（　　　）秒程度で，おもなエネルギー供給機構は（　　　）である．動きは（　　　）型で，からだの（　　　）部位で発揮される体力が必要である．運動の力およびスピードは（　　　）型で，筋収縮様式は（　　　）が主である．

❷ 自分の専門種目では，（　　　）の項目が優れ，（　　　）の項目が劣る．

❸ 自分のスポーツ競技の適性タイプは（　　　）である．

9章 障がい者の体力と運動能力

9章のポイント

- ◆ 身体障がい者の体力を測定するためには，個々の異なる身体的特徴を理解し，さらに運動負荷そのものに関する問題と体力の指標に関する問題を念頭に置いて考える必要がある．
- ◆ 障がい者の体力低下の原因には，障害そのものによる影響，心理的な影響，運動経験の不足，再学習の不足などがあるが，障がい者を取り巻く環境の整備や適切なアプローチによって体力は向上する可能性がある．
- ◆ 運動・スポーツは，電動車いす使用者や寝たきりなどの重度身体障がい者にも必要である．運動・スポーツへの参加によって体力およびQOLの向上が期待できる．

1 障害・障がい者について

　障害とは何かを行うときの妨げになるものであり，生活上の困難，不自由，不利益である．また，個人の精神や身体機能が恒久的に低下している状態ともいえるが，その概念は時代とともに変化している．

　障がい者とは障害をもつ者であるが，一人ひとりの障害は異なる．一般に障がい者は，身体障がい者，知的障がい者，精神障がい者に分けられるが，身体障がい者のなかで多数を占める肢体障害のほかに，視覚，聴覚および内部障害などがある．さらに肢体障害にも多様な原因疾患があり，身体のあり方もさまざまである．表9.1に身体障害の種類を分類した．

　このように，障害をもって生きる人たちは多様であるが，近年では同レベルの機能障害でも生活環境の改善によって，活動範囲の広がりやそれに伴う体力の向上が期待できるといわれている．

　2001年（平成13），WHOでは障がい者はもとより，全国民の保健・医療・福祉サービス，さらには社会システムや技術のあり方の方向性を示唆するものとして「**生活機能・障害・健康の国際分類**（ICF）」を発表した（図9.1）．ICF作成の生活機能構造モデルは，障害にプラスのイメージをもたせ，背景因子としての個人因子と環境因子を生活機能と障害に影響する因子として取り上げた．このモデルを日本の現状に踏まえて活用していくことが，障がい者のQOLの向上につながるといえる．

生活機能・障害・健康の国際分類
International Classification of Functioning, Disability and Health : ICF

表9.1　身体障害の種類

1. 肢体障害
   脳卒中・その他脳疾患・脳外傷
   脊髄損傷・その他の脊髄疾患
   リウマチを含む骨関節疾患
   脳性麻痺を含む小児疾患
   神経筋疾患
   切断
2. 視覚障害
3. 聴覚障害
4. 音声・言語・咀嚼・嚥下障害
5. 内部障害
   循環器疾患
   呼吸器疾患
   腸・腎・膀胱疾患

伊佐地隆，総合リハビリテーション医学，**31**，8号，712（2003）．

障がい者のための国際シンボルマーク

2　障がい者の体力の特徴

(1) 障がい者の体力とは何か

　体力についての研究は，スポーツ選手や一般人，いわゆる健常者を中心にして発展してきた．現在では，障がい者を対象とする研究も徐々に進んでいる．しかし，体力測定そのものが運動負荷と切り離せない関係であるため，とくに運動障害のある人たちの体力評価については，明確な基準や答えが出しにくいといわざるを得ない．

　それは，**障害**や**体力**についての基本的な共通認識が曖昧なこと，体力測定の手法である運動負荷試験についても障害との関係づけがしにくいこと，そしてとくに「**障がい者の体力**」とは何を表現したものなのかが，共通の理解として整理されていないからである．

　しかし，現段階においての「障がい者の体力」を，少しでもわかりやすく説明していく必要がある．そこで9章では，多様な側面をもつ体力を「人が生きていくために必要な身体的能力のすべてを含む総称」として考えることにする．

　これを柱に体力と障害の関連をみると，身体のどこかが低下すると，それによってからだの動きが低下し，各種の障害が身体のどこに影響を与えているのかがみえてくる．体力の立体構造は，図9.2のように示される．

　この図では，体力の指標は最終的に「からだの動き」を介して表現されるものを測定して得られたものと考えられている．

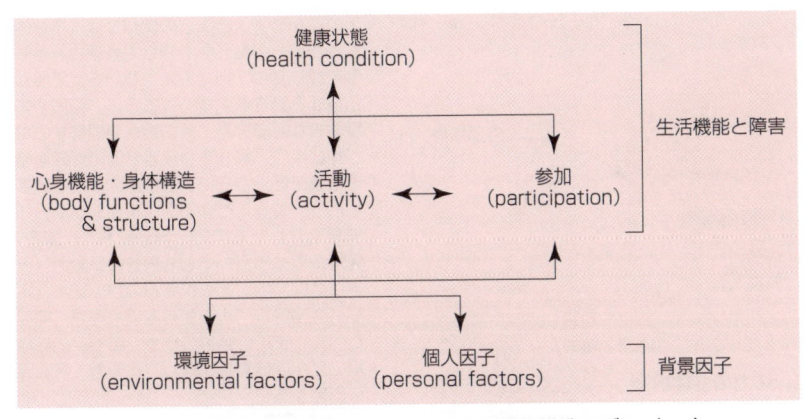

図9.1　国際生活機能分類（2001）の生活機能構造モデル（ICF）

（2）障がい者の体力測定

体力測定は運動負荷試験を用いて行うことが一般的である．障がい者対象の測定方法は，課題が残る現状のなかで，試行錯誤しながら行われている．その課題は大きく分けると以下の2つとなる．

①運動負荷そのものに関する問題

体力測定ではおもに運動負荷試験を用いるが，障害があると十分な負荷がかけられない場合が多い．障害の種類や程度には個人差があるので，負荷のかけ方や様式（方法）が同じ場合は障害が軽度の者ほど楽に遂行できてしまう．つまり，同じ負荷であっても異なった負荷になる可能性が高いのである．

そこで障害による影響度を小さくするためには，負荷方法を個人の障害に合わせて変える必要がある．たとえば，歩行障害のある者（上肢障害はないと仮定する）の場合，軽度の場合はトレッドミル歩行が可能であるが，下肢機能が全廃している場合は，**上肢エルゴメーター**や**車いすトレッドミル**（図9.3）などを使用する．

さまざまな障害があるなかで，視覚および聴覚障害などで，他の障害を合併していない場合は負荷方法の違いに関わらず，ほぼ障害のない人たちと同じであると考えられる．また運動障害があっても，障害のない部分を使って運動できる場合も同様である．

一方，全身に障害が及ぶような脳性麻痺などは負荷方法を工夫してもどこかに障害による影響を受けてしまう．このような場合，結果が低くなるのは当然である．つまり，障害が重いと体力を評価するというよりもむしろ障害を評価することになってしまうといえる．障がい者の運動

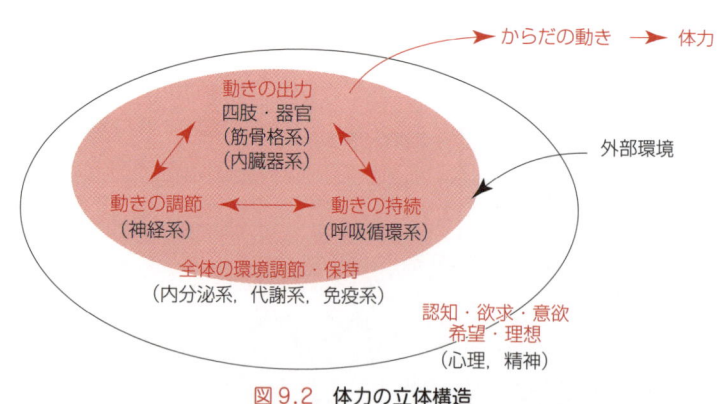

図9.2 体力の立体構造

伊佐地隆，体力の測定：全身持久力について，総合リハビリテーション，35(9)，889（2007）．

人の存在や，人と人との関わりは，最終的に「からだの動き」を介して表現されるもので成り立つ．目にみえたりからだで感じたりする動きを生ずるところは，四肢や内臓器官などである．その動きを調節するのが神経系で，動きを持続させるのが呼吸循環系である．さらに動き全体の環境を調節したり保持したりするのはホルモンや自律神経を介したもので，内分泌系，代謝系，免疫系であろう．そして動きの原動力（ときには抑制力）ともいえるのが，欲求（本能，生物的レベル）から希望や理想（実存レベル）までの精神の働きである．外部環境の変化は感覚系を通して各要素，各次元に影響する．

「からだの動き」は，これらが一体となって働いた結果である．

体力は，最終的に「からだの動き」を介して表現されるものを測定して得られた指標である．

負荷においては，これらのことを念頭に置いて考えなければならない．

②体力の指標に関する問題

いわゆる健常者で認められている体力（あるいは全身持久力）の代表的な測定指標は**最大酸素摂取量**（$\dot{V}O_2max$）であるが，障がい者の場合，最大負荷をかけられない者が多い．そこで中止基準を定め，その時点の酸素摂取量である**最高酸素摂取量**（$\dot{V}O_2peak$）を代用することもある．しかし中止基準を決めるには多くの項目が混在しており，統一されていないのでバラツキが大きいのが現状である．

（3）障がい者の体力低下の原因

障害の有無に関わらず，一般に年齢を重ねるとともに体力は低下するが，障がい者の場合はとくに ⅰ）障害そのものによる影響，ⅱ）心理的な影響，ⅲ）運動経験の不足，ⅳ）再学習の不足，の4つがあげられる．

ⅰ）障害そのものによる影響は，どこかに何らかの障害があれば，身体活動に影響を及ぼすものである．

ⅱ）心理的な影響は，障害があることで運動に対する恐怖心や不安感が生まれ，十分な力を発揮できないことである．とくに幼少年期に身体的特徴をからかわれたり嘲笑されたりした経験があると，自身の身体に対して劣等感や嫌悪感が生じ，あらゆる活動に対して消極的になる場合もある．後天的に障害をもった場合では，しばしば障害のなかった頃の身体と比較して劣等感を抱き，運動から遠ざかる者もいる．いずれも心理的制限要因が除去されれば，容易に向上することが可能である．

ⅲ）の運動経験の不足は，必要な運動経験自体が不足し十分に発達して

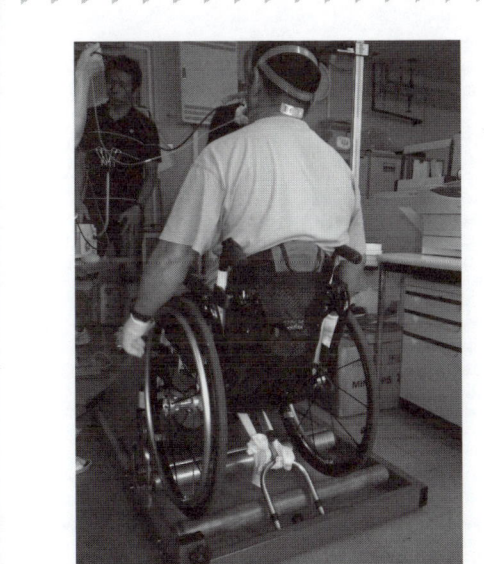

図9.3　車いすトレッドミルでの体力測定

いないことによる．医療・教育・スポーツの専門家が連携し，個々の障がい者に適した運動の機会を提供することによって改善できる．
ⅳ）再学習の不足とは，低下した体力を正常値に近づけることで一般のリハビリテーション医療が終了してしまうことによる．すなわち，障害のある身体での運動や力の発揮の方法を再学習できないままで生活している現状が原因である．

3　機能障害と体力

（1）脳性麻痺者

　脳性麻痺者には大きく分類して**痙直型**や**アテトーゼ型**などと呼ばれる病型があり，また独歩できる者や電動車いすを使用する者など，その身体像は実にさまざまである．体力を測定する場合は，ⅰ）日常的に行う移動方法を考慮すること，ⅱ）測定方法（車いすエルゴメーターか，トレッドミルかなど）に習熟させるステップを踏むこと，この２点が重要であろう．

　いくつかの先行研究では，脳性麻痺者の体力（**全身持久力**または呼吸循環系の持久力）は，健常者の体力とほぼ変わりはないという結果を報告している．しかし，健常者と比較して運動効率が悪く，結果としてパフォーマンスが低いことはよく知られている．

　また，脳性麻痺の子どもに関係する最近の論文では，脳性麻痺の子どもは健常児より体力が劣り，とくに女子にその傾向が著しいという報告がある．この報告では，脳性麻痺児にとっては，活動的ライフスタイル

全国障害者スポーツ大会記念
郵便切手
左：フライングディスク，右：競争競技．
平成13年10月26日発行．デザイン：兼松史晃（技芸官）．

の導入が，将来の健康維持・機能向上に有益であると指摘している．

（2）脊髄損傷者

外傷性脊髄損傷者は，車いす生活のため運動不足となり，同年代の健常者より体力が低下する．さらに，二次的合併症（尿路感染症，動脈硬化性心血管疾患，肥満症，2型糖尿病など）を発症するリスクが高い．

また体力を障害のレベル別でみると，頸髄損傷者と胸腰髄損傷者では，頸損者の $\dot{V}O_2peak$ が明らかに低値を示す．ただ，障害レベルと体力や運動能力については，必ずしも直線的な関係が成り立つとはいい切れない．事実，トレーニングの継続により10～20％の改善がみられたという報告もある．しかし一般に脊髄損傷者では，損傷した部位やレベルが体力や運動能力に影響を及ぼすことは明らかである．

（3）切断者

下肢切断者には義足が必要である．義足歩行は健常者の歩行と比較してより大きなエネルギー消費を伴う．また，切断レベルが高位であるほどエネルギー消費は増大する．

現在，切断者の多数が高齢者なので，彼らに適切な運動療法を提供し体力の向上をもたらすことで，義足歩行によるエネルギー消費は減少できると考えられている．ただし日常的に行える運動様式になるように，工夫が必要である．

（4）脳血管障がい者

脳血管障害では多彩な症状が出現する．運動障害をもたらす要因とし

水泳（パラリンピック）
写真提供：清水一二

ては，**中枢性運動麻痺**があげられる．脳血管障がい者の体力は「社会生活をそれぞれの障害の重症度に応じて健康的に過ごすために必要な，身体的作業能力と精神的作業能力が統合された作業能力」と，とらえられている．

脳血管障がい者は，麻痺によって筋持久力さらには呼吸循環系の持久力である全身持久力が低下し，さらに麻痺が重度であれば動作や運動に伴う健側筋群への負担も増す．脳血管障がい者に多い片麻痺者の全身持久力を向上させるには，まず健側を中心とした筋持久力の回復が第一歩であるといわれる．

4 障がい者の競技参加

（1）パラリンピックアスリートの体力

パラリンピックアスリートの体力については，さまざまな観点からの測定と評価が行われている．しかし研究は障がい者スポーツの歴史と同じくまだ浅いため，さらなる研究が期待されている．ここでは2つの研究レポートを紹介する．

①「女子車いすバスケットボール選手の全身持久性能力とトレーニング中の心拍数からみた運動強度」に関する研究

女子WCBB（アテネパラリンピック日本代表候補選手6名）と体育系大学女子バスケットボール（BB）選手9名に最大負荷テストを実施し，心拍数・換気量・酸素摂取量を測定した．結果，WCBB選手の上肢運動での全身持久力は，BB選手と同等であることがわかった．

> **知っておくと役に立つ！**
>
> **障がい者スポーツ**
>
> 障害のある人のスポーツは，第二次世界大戦後にリハビリテーションとして発展してきた．日本国内では1998年（平成10）に開催された長野パラリンピックを機に人々の関心が高まったといえる．今日，障がい者スポーツは個々人の身体に合ったスポーツととらえ，"アダプテッド・スポーツ（adapted sport）"という表現が使われている．

表9.2　海外の女子障がい者との比較

	方法	n	障害名	$\dot{V}O_2$ (L/分)	$\dot{V}O_2$ (mL/kg/分)	心拍数 (bpm)	著者名
WCBB	ACE	6	脊髄損傷・二分脊椎・左膝関節障害	1.38	27.2	169	三木由美子ら (2005)
BB	ACE	9		1.30	21.2	147	
障がい者	ACE	5	下肢切断		14〜21		Petricia D. Miller (1995)
	ACE	12	脊髄損傷 対麻痺		10〜27		
	ACE	4	脊髄損傷 四肢麻痺		10〜22		
	ACE	6	脳性麻痺		12〜22		
	ACE	12	ポリオ		12〜27		
	ACE	5	多発性硬化症		23〜25		
健常者	ACE				21〜32		
海外の女子WCBB選手の値	WERG	13	T1-L5	1.90	33.7	181	Schmidら (1998)
	WCT	10	T3-T12	1.67	25.5		Vanland Ewijckら (1995)
		11	T9-T12	2.40	33.9		
		4	L1-L5	2.49	36.1		
		9	切断・ポリオ・二分脊椎	2.62	38.6		

ACE：arm crank ergometer, WCT：wheelchair mounted on treadmill, WERG：wheelchair ergometer.
三木由美子，福嶋利浩，矢部京之助，障害者スポーツの研究．第14号，第14回日本障害者スポーツ研究会報告 (2005)，p.44〜45.

次に海外女子 WCBB 選手の最大酸素摂取量を日本女子 WCBB と比較した場合，日本女子 WCBB 選手の最大酸素摂取量は，海外女子 WCBB 選手の平均以下の値であることが明らかになった（表9.2）．

加えてトレーニング強度に関しては，WCBB 選手が運動中に比較的ハードに感じていても，換気性閾値以上の高い強度の割合は少ない．トレーニングのほとんどが有酸素的に賄われる低い強度で行われていた．

これらの結果より，競技力向上に向けて技術の練習はもちろんであるが，さらに有酸素能力を向上させるトレーニングを行う必要が指摘された．

② 「車いす陸上選手の身体組成と筋力および全身持久力の評価」に関する研究

車いす陸上選手（内3名はパラリンピック出場者）の身体組成と筋力および全身持久力を2回に分けて（2003年，2004年）測定したところ，障害部位である脚部の体脂肪率は高く，競技レベルの高い選手は胸部の脂肪率が顕著に低いことが明らかとなった．また筋力については，左右，表裏のバランスを重視した筋力トレーニングの重要性が指摘された．最大酸素摂取量では，順調に練習できている長距離選手が高値を示しているので，高値を維持するためのトレーニングの継続が必要であることがわかった．

また，ロンドンパラリンピック（2012年夏）日本代表選手の平均年齢は 33.5 ± 9.8 歳で，最高齢64歳，最年少17歳，25％がベテランの中高年選手であった．この結果は，積極的にスポーツを行うことが，障がい者の心身機能を競技という高いレベルで維持・向上させることを表しているともいえよう．

> **知っておくと役に立つ！**
>
> **パラリンピック**
>
> パラリンピック（Paralympic Games）は IPC（International Paralympic Committee）が主催する障がい者の世界最高峰のスポーツ大会．オリンピックのあとに必ず開催される．ロゴマークは下記のように変化している．
>
> 2004年以降
>
> ↑
>
> 1994年〜2004年まで
>
> ↑
>
> 1988年〜1994年まで

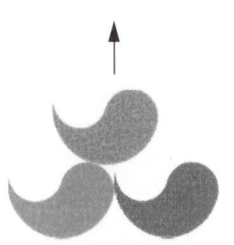

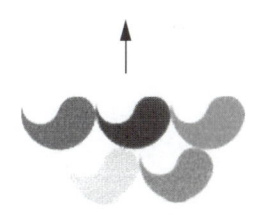

車いすバスケットボール（男子）の風景
写真提供：清水一二

車いすトラック競技
写真提供：清水一二

(2) 重度身体障がい者の体力と競技参加

　重度身体障がい者では自力での車いす操作が不可能な者もおり，低身体活動からくる低体力は仕方がない状態だと思われていた．

　しかし，全身に強い緊張があり，言語，視野にも障害がある重度脳性麻痺者で，車いすダンスを約10年継続している45歳の女性（電動車いす使用）の呼気ガス分析を行ったところ，同年代女性の最大酸素摂取量と同等の数値（1120 mL/分）を示した（図9.4は測定時の様子）．また，彼女の競技会中における心拍数は，途中170拍/分以上の数値を記録しており非常に高値であった．

　図9.5は，彼女が車いすダンスを始める前の写真である．下顎が重力

> **知っておくと役に立つ！**
>
> **重度身体障がい者のfitness**
> 重度身体障がい者のfitnessに関する研究が進んでいる．彼らの体力を向上させるためには，1日のなかで小さな活動でもよいからそれを何回も行うことが重要である．寝たきりや車いすでの安静は禁物である．
>
> **車いすダンススポーツ競技**
> ボールルームダンス（社交ダンス）の競技スタイルを踏襲し，車いす使用者をドライバー，立位で踊る人をスタンディングパートナーと呼ぶ．車いす同士で踊るデュオスタイルとドライバーとパートナーとで踊るコンビスタイルがある．

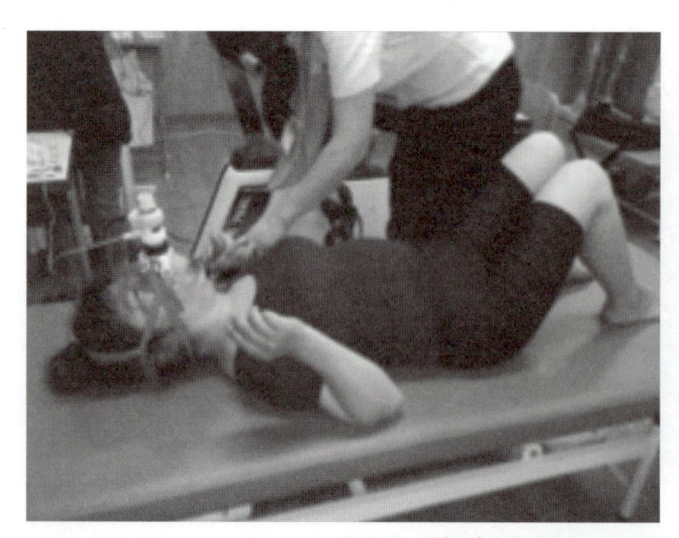

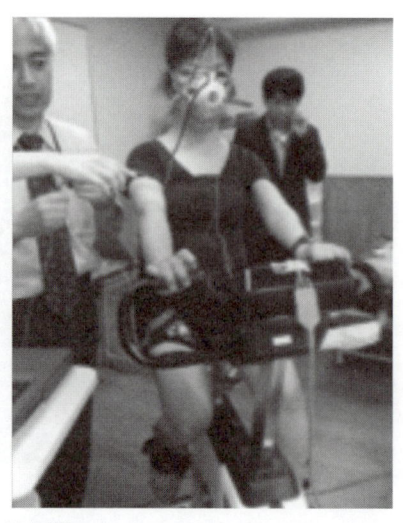

図9.4　呼気ガス分析測定（2010年9月実施）

図9.5　車いすダンスを始める前のS氏

のなすがままに下垂した状態に加えて姿勢保持のため頭頸部までを含めたサポートを必要としている．一方，練習を始めた6年後の写真（図9.6）をみると，頭頸部までのサポートはもはや不要となり，表情も躍動感にあふれている．

またこの頃には，使える右手を最大限に活かそうと，**ジョイスティック**操作を右手から右足に切り替えて踊ることに成功した（右足操作方法は図9.7に示す）．体力の維持・増進および社会参加という点からみて，重度障がい者にこそスポーツが重要なキーワードになっていることは間違いない．

ジョイスティック
電動車いすの操作ハンドル．右足で操作するときは，ハンドルを直径約5cmの円柱にし，足先をハンドルにのせて操作する．

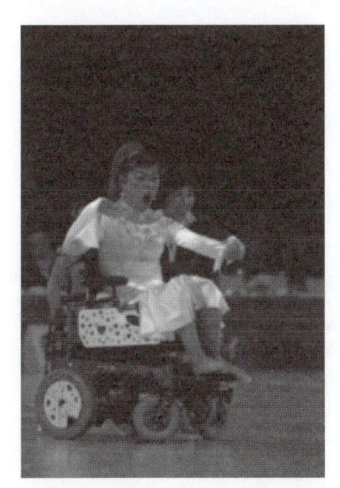

図9.6　スーパージャパンカップダンス競技会のS氏
写真提供：清水一二

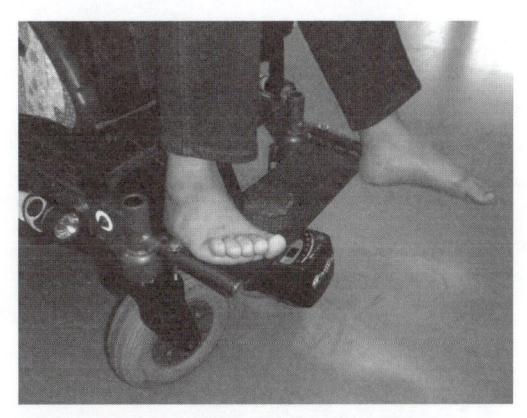

図9.7　電動車いすの右足での操作
右足でできるように，ジョイスティックの位置と形を工夫した．

復習トレーニング

次の文章のカッコの部分に適切な言葉を入れなさい．

❶ 障がい者は制度上，身体障がい者，（　　　）障がい者，（　　　）障がい者に分けられる．身体障がいは，肢体障害のほかに（　　　）障害，聴覚障害，（　　　）障害がある．

❷ 障がい者が体力測定を行う場合の問題点は（　　　）そのものに関する問題と（　　　）に関する問題があげられる．

❸ 障がい者の体力低下は，障害そのものによる影響，（　　　）な影響，運動経験の不足，（　　　）の不足である．

次の文章で正しいものには○，誤っているものには×をつけなさい

❹ 〔　〕車いす陸上選手は，障害部位である脚部の体脂肪率が低く，競技レベルの高い選手は脂肪率が顕著に低いことが明らかとなった．

❺ 〔　〕重度の身体障害がある人ほど，健康の維持・増進および社会参加という観点からみてスポーツが必要である．

10章

行動を起こす体力の加齢変化

10章のポイント

- ◆ 加齢に伴い筋量が著しく低下することをサルコペニアという．
- ◆ 加齢に伴う筋量の低下は，筋力や筋パワーの低下を引き起こす．
- ◆ サルコペニア対策は生活の質（QOL）の維持だけでなく，生活習慣病予防の観点からも重要である．
- ◆ 筋力トレーニングは，サルコペニア予防や日常生活での活動能力を改善する効果的な手段となる．
- ◆ 高齢者における体力トレーニングの効果を最大限に高めるためには，栄養摂取状況についても十分に留意する必要がある．

1 加齢に伴う体力の変化

（1）筋量・筋力の低下とサルコペニア

　加齢に伴い筋力や持久力といった体力が低下することは，よく知られている．このうち加齢による**筋量**の減少とそれに伴う筋機能の低下を，**サルコペニア**（筋肉減少症）と呼ぶ．**最大筋力**は，おもに神経系の要因（運動単位の動員能力）と筋系の要因（筋量）に影響されるため，筋量の減少は筋力や筋パワーの低下をひき起こす．また，筋力や筋パワーの低下は，歩行やいすからの立ち上がりといった日常生活の活動能力の低下や転倒リスクの増大へとつながる．したがって，高齢者の QOL を維持するうえでは，加齢に伴う筋量の減少を抑止することが何よりも重要となる．

　筋力は筋量と相関があるが，これは 20 歳代に最高値を示し，そのあとは加齢に伴い減少する．また，15 歳から 83 歳までの男性 43 名から外側広筋を摘出し，筋線維断面積の変化を検討した研究では，およそ 40 歳を境にして筋線維断面積が大きく減少することが認められる．なお，筋線維は収縮力に優れるが，持久力に劣る**速筋線維**と，収縮力に劣るが持久力に優れる**遅筋線維**の 2 種類に大別され（表 10.1），加齢に伴いとくに速筋線維が選択的に減少すると考えられている．

　筋量の減少は筋力や筋パワーの低下と密接に関連する．20 歳から 93 歳までの男女 654 名を対象にした研究では，加齢に伴う**膝伸展筋力**（大腿四頭筋の筋力を反映）の変化を検討している．その結果，低速度および高速度での最大筋力は男女ともに加齢に伴い低下したが，これらの変

知っておくと役に立つ！

サルコペニアと肥満

　サルコペニア（加齢に伴う筋量の減少）と肥満が併発することで，メタボリックシンドロームのリスクはさらに高くなる．サルコペニアの原因としては，筋肉でのタンパク合成刺激の減少とタンパク分解刺激の増加があげられる．一方，肥満の原因としては，過食や身体活動量の減少などがある．近年では，サルコペニアと肥満が同時に起こった状態をサルコペニア肥満と呼んでいる．

　高齢者においては，サルコペニア予防の観点から筋力トレーニングを行うことが必要である．また高齢者ではインスリン抵抗性や成長ホルモンの分泌低下などによって，筋タンパク合成が若年者と比べて抑制される．したがって，インスリン抵抗性や成長ホルモンの分泌改善に有効とされる有酸素運動を積極的に取り入れることが推奨される．

表 10.1　筋線維の種類とその特徴

	遅筋タイプ Type I 線維	速筋タイプ	
		Type II a 線維	Type II b 線維
収縮力	劣る	優れる	優れる
持久力	優れる	中間	劣る

おもな膝伸筋群
ハムストリングなど
速筋線維の割合が多い
加齢に伴い筋量低下しやすい

おもな足関節背屈筋群
下腿三頭筋
など

化の程度に男女間で差は認められなかった．

　加齢に伴う筋量や筋パワーの低下の様子には，部位間（筋群間）で差がみられる．たとえば加齢に伴う筋量低下の程度をみると，膝伸筋群が足関節の背屈筋群に比較して大きい．このことには，筋線維組成の違いが影響しているようである．膝伸筋群では速筋線維の占有率が45〜60％程度であるのに対して，足関節背屈筋群では16〜24％程度であることが報告されている．したがって，速筋線維の占有率が比較的高い膝伸筋群では，加齢に伴う筋量の減少や最大筋力，筋パワーの低下が大きいと考えられる．

（2）歩行能力・代謝の低下とサルコペニア

　高齢者におけるサルコペニアは，実験室で測定された最大筋力や筋パワーだけでなく日常生活活動の能力低下をひき起こす．なかでも，歩行能力の低下はその代表としてよく知られている．高齢者における歩行動作の特徴としては，「ストライド（歩幅）が小さい」，「歩行速度が遅い」，「歩行が摺り足の傾向にある」などがいくつかあげられ，これらは下肢筋群の筋量や筋力の低下によるところが大きい．また，歩行が摺り足になることで路面の起伏に対してつまずきやすくなり，結果的に転倒のリスクが増える．さらに，外乱刺激に対する姿勢制御能力の減退や加齢に伴う骨密度の低下が併発し，歩行時の転倒に伴う骨折の危険性は大きく増加する．骨折は身体活動量を低下させ，さらに，サルコペニアを進行させるといった負のスパイラルの生じることが予想される．

　一方，サルコペニアは代謝面にも負の影響をもたらす．骨格筋は体内での糖（グルコース）取り込みの約80〜90％程度を占める重要な組織

高齢者における歩行動作
・ストライド（歩幅）が小さい．
・歩行速度が遅い．
・摺り足で歩く傾向がある．

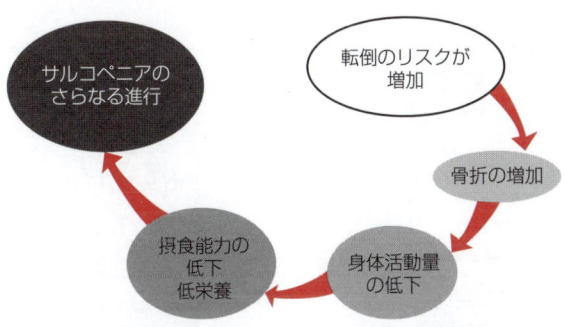

サルコペニアにみられる，負のスパイラル

であるために，筋量の低下はインスリン抵抗性や糖尿病に代表される**耐糖能異常**のリスクを増加させる．現在，糖尿病が強く疑われる人や糖尿病の可能性を否定できない**予備群**に該当する人は2000万人を超えているが，サルコペニア予防は，糖尿病予防の観点からも重要な意味をもつ．

筋力や筋パワー以外の体力要因も，加齢に伴い大きく低下する．一般に，全身持久力の指標としては**最大酸素摂取量**（$\dot{V}O_2max$）が有名であり，最大酸素摂取量は生活習慣病に関連した各種疾患の発症率や死亡率と関連する（最大酸素摂取量が高いと，各種疾患の発症リスクや総死亡率が低下する）ことはよく知られている．加齢に伴う最大酸素摂取量の低下の程度は個々の体力レベルや身体活動量に応じて異なるが，おおむね10年間で約10％低下すると考えられる．

体力というと，最大筋力や全身持久力が注目されることが多いが，**閉眼片足立ち**などの調整力に関わる体力要素全般も加齢とともに低下する．特筆すべき点として，調整力の指標として用いられる閉眼片足立ちの記録は，30歳を境に急激に低下し，20歳時を100とした相対値で表すと，70歳時における値は20％を下回る．これは，握力や脚筋力の低下と比較しても大きい．一方，筋力や全身持久力と同様に，継続的なトレーニングにより調整力は改善する．

2　高齢者における筋力トレーニングの効果

（1）神経系と筋系への影響

加齢に伴う筋力や筋パワーの減少は，日常生活活動能力の低下と直接

調整力の加齢による低下
（20歳代を100とする）

閉眼片足立ち

100 ……………………………… 約20

20歳代　　　　70歳代

的に関連する．最大筋力の優劣には神経系と筋系の要因が影響し，これら両要因を高めるうえでは継続的な筋力トレーニングの実施が有効である．一方，若年者と高齢者で，筋力トレーニングにおける神経系と筋系の改善の様子をみてみると，トレーニング期間によって違いのあることが報告されている．8週間の筋力トレーニングを用いた研究によると，若年者でトレーニング期間前半（0～4週）では神経系の改善が大きく，トレーニング期間後半（4週以降）では筋系の改善（筋肥大）が大きい．これに対して，高齢者では，トレーニング期間を通して筋力増加よりも神経系の改善の大きいことが示されている．

一方，適切なトレーニング手段が用いられた場合には，高齢者においても十分な筋肥大が認められる．平均年齢66歳の高齢者12名を対象に，週3回・12週間にわたる筋力トレーニングを実施した研究では，膝伸筋における最大挙上重量は平均107％，大腿中央部における筋断面積は約10％増加していた（図10.1）．この場合，毎回のトレーニングごとの筋力増加率（最大筋力の増加率/トレーニング回数により算出）は約5％となり，若年者を対象にしたその他の研究（4.4～5.6％）から報告された値と同様であった．

一方，前述の高齢者12名を対象にした研究では比較的高負荷のトレーニングプログラム（80％1RMの負荷に対して8回×3セット）を使用していたため，顕著な筋力増大および筋肥大がみられたのかもしれない．高齢者を対象にしたその他の研究では，トレーニングごとの筋力増加率は0.9～4.2％であることが示されている．

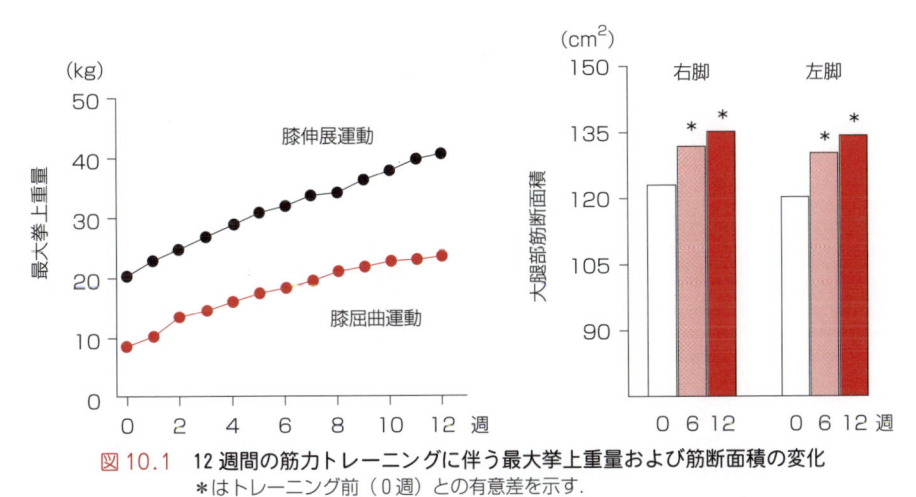

図10.1 12週間の筋力トレーニングに伴う最大挙上重量および筋断面積の変化
＊はトレーニング前（0週）との有意差を示す．
Frontera et al., *Journal of Applied Physiology*, **64**(3), 1038（1988）より作図．

（2）栄養摂取による影響

　高齢者における筋力トレーニングの効果に強く影響する要因として，トレーニング後の栄養摂取があげられる．トレーニングによって筋肥大を効率的に図るうえでは，筋でのタンパク合成（**アミノ酸の取り込み**）を増加させることが必要であるが，これにはトレーニング後におけるタンパク質の摂取が重要となる．この点に関して興味深い報告があり，この研究では，平均年齢74歳の男性13名を対象に，週3回・12週間にわたる筋力トレーニングを実施している．

　参加した被験者のうち7名は毎回のトレーニング終了直後に軽食（10gのタンパク質，7gの炭水化物，3.3gの脂肪を含んだ栄養補助食品）を摂取したのに対して（直後群），残りの6名の参加者は，同じ軽食を毎回のトレーニング2時間後に摂取した（2時間後群）．その結果，12週間のトレーニング期間前後において，直後群では大腿部筋断面積が有意に増加したのに対して，2時間後群では筋断面積の変化が認められなかった（図10.2）．また，このことを反映して，最大筋力の増加の程度は直後群が2時間後群に比較して大きかった．したがって，とくに高齢者においては，筋力トレーニング後におけるタンパク質の摂取タイミングが筋肥大に強く影響するものと考えられる．

3　高齢者における有酸素トレーニングの効果

　筋力や筋パワーに加えて，加齢に伴い有酸素性能力も大きく低下する．

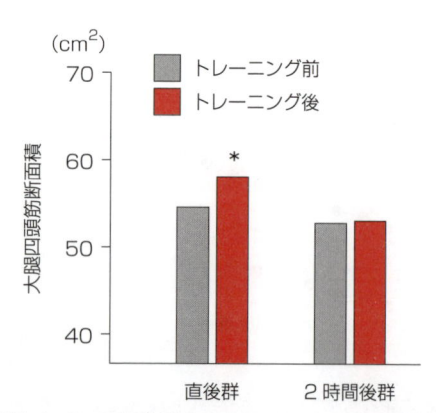

図10.2　「直後群」と「2時間後群」におけるトレーニング効果の相違
「直後群」「2時間後群」ともに同一内容の筋力トレーニングを実施したにも関わらず，直後群でのみ大腿四頭筋の筋断面積の増加が認められた．＊はトレーニング前（0週）との有意差を示す．
Esmarck et al., *Journal of Physiology*, **535**(1), 301 (2001) より作図．

20歳から65歳までの男性153名を対象にした研究では，60歳以上のグループでの最大酸素摂取量の平均値は，20～29歳のグループにおける値と比較して，約35%低値を示すことが示されている．このように，加齢に伴い最大酸素摂取量は10年間で10%程度減少する．また，加齢に伴う最大酸素摂取量の低下の程度は持久性ランナーで大きいが，このことには，若年時における測定値がきわめて高値を示すことが影響していると考えられる（図10.3）．

中高年の男性を対象に，平均8.7年間にわたる追跡調査を実施した研究では，持久性競技者で約22%，非鍛錬者では約14%の割合で最大酸素摂取量の低下が認められている．一方で，持久性競技者のなかでも，とくに高強度のトレーニングを継続して取り入れている者では，最大酸素摂取量の低下はほとんど示されなかった．したがって，持久性競技者であっても，日常のトレーニング時の運動強度が加齢に伴う最大酸素摂取量の低下の大きさに影響するものと考えられる．

高齢者であっても，適切なトレーニングを計画的に行うことで，有酸素性能力（最大酸素摂取量）は改善する．60～71歳の男女110名がウォーキングやランニングを用いた有酸素トレーニングを9～12カ月にわたり継続した研究では，最大酸素摂取量は平均24%の増加を示した．また，これらの増加の程度に性差は認められなかったことに加えて，若年者におけるトレーニング効果と同程度のものであった．

60歳代の男女を対象に1日あたり45分，週4回の頻度で9～12カ月の有酸素トレーニングを実施した研究では，最大酸素摂取量が男性で19%，女性で22%増加した．「最大酸素摂取量は10年間で約10%低下する」という考えに基づくと，約1年間の継続的な有酸素トレーニング

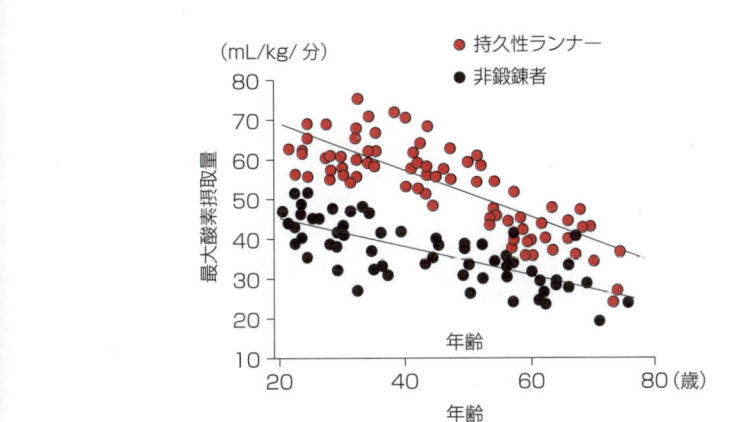

図10.3 加齢に伴う最大酸素摂取量の変化
20歳〜75歳までの男性を対象にした調査結果を示す．加齢に伴う最大酸素摂取量の低下は持久性ランナーのほうが大きい．
Pimentel et al., *Journal of Physiology*, **94**, 2406（2003）より作図．

により，有酸素持久力からみた体力年齢が約20歳程度若返ったことを意味している．

復習トレーニング

次の文章のカッコ部分に適切な言葉を入れなさい．

❶ 加齢に伴う筋量の減少を（　　　）と呼ぶ．
❷ 加齢に伴う筋量の低下の抑制は，（　　　）の予防の観点からも重要な意味をもつ．
❸ 高齢者における筋力トレーニングでは，トレーニング期間を通して，筋力増加に対する神経系の貢献度が若年者に比較して（　　　）ことが知られている．
❹ 高齢者における筋力トレーニングでは，運動終了後速やかに（　　　）を摂取することが求められる．
❺ 中高年者において，最大酸素摂取量は10年間で（　　　）％程度低下すると考えられる．

11章 行動を続ける体力の加齢変化

11章のポイント

- ◆ 生涯スポーツの理念のもと,高齢になってもスポーツを楽しむ人々が増えた.しかし,たとえトレーニング量を増やしたとしても,加齢に伴って運動パフォーマンスは低下することを理解しよう.
- ◆ 加齢に伴う運動パフォーマンスの低下に及ぼす持久力(筋持久力と全身持久力)の意義について理解しよう.
- ◆ 最高心拍数や最大酸素摂取量の加齢変化と,それに及ぼす運動の効果を理解しよう.
- ◆ 持久力の加齢変化に対して運動はどのような影響を及ぼすのか,運動を開始する年齢,運動の量や頻度,運動習慣の中止など,その関係性について理解しよう.

1 加齢に伴う運動パフォーマンスの低下

（1）ベテラントップアスリートのパフォーマンス

　一度現役を引退したテニスのクルム伊達公子選手が，40歳を目前に鮮やかに復活する姿には驚いた人も多いだろう．そのほかにも，サッカーの三浦和良選手など，40歳を超えても第一線で活躍するスポーツ選手が珍しくなくなってきた．

　表11.1は，戦後のオリンピックマラソン優勝者と当時の年齢を一覧に示したものである．北京五輪のワンジル選手など，若い選手の例もあるが，全体的に男女とも，20代後半から30代のベテラン勢の活躍が目立つ．この要因には，経験によって培われたレース展開や駆け引きなどに対する優れた戦術眼，精神的成熟，走フォームに代表される洗練された技術（ワザ）などがあげられる．そのほかに，トレーニング法やコンディショニングに関わるスポーツ科学の発展も貢献しているといえるだろう．

（2）加齢に伴う運動パフォーマンスの低下

　生涯スポーツの理念のもと，中高年期になってからスポーツを始める人も多く，2000年（平成12）以降，とくに市民マラソンなどは爆発的な人気を博している．そこには退職して，あるいは子育てが一段落して時間ができて走り始める人も多く，60歳を超えて走り始めた人がフルマラソンを完走することは，とくに珍しい光景ではなくなった．

　図11.1は，2010年度（2010年4月〜2011年3月）に国内のフルマ

> **生涯スポーツの理念**
> 生涯を通じて，健康の保持や増進，生きがいを目的に「誰もが，いつでも，どこでも気軽にスポーツ活動に参加できる」ことを実現する社会づくりを目標とした理念．体力低下が懸念される幼児・児童，高齢化社会における生きがいを求める高齢者まで，幅広い年齢層，かつ障がい者を含むすべての人が対象となる．

表11.1　戦後のオリンピックマラソン優勝者と年齢

年	開催地	男子	年齢	女子	年齢
1952	ヘルシンキ	ザトペック（チェコ）	30	開催されず	
1956	メルボルン	ミムン（フランス）	35	〃	
1960	ローマ	アベベ（エチオピア）	28	〃	
1964	東京	アベベ（エチオピア）	32	〃	
1968	メキシコ	ウォルデ（エチオピア）	34	〃	
1972	ミュンヘン	ショーター（米国）	26	〃	
1976	モントリオール	チェルピンスキー（東独）	26	〃	
1980	モスクワ	チェルピンスキー（東独）	30	〃	
1984	ロサンゼルス	ロペス（ポルトガル）	37	ベノイト（米国）	27
1988	ソウル	ボルディン（イタリア）	29	モタ（ポルトガル）	30
1992	バルセロナ	黄（韓国）	22	エゴロワ（ロシア）	28
1996	アトランタ	チュグワネ（南アフリカ）	25	ロバ（エチオピア）	26
2000	シドニー	アベラ（エチオピア）	22	高橋（日本）	28
2004	アテネ	バルディーニ（イタリア）	33	野口（日本）	26
2008	北京	ワンジル（ケニア）	21	ディタ（ルーマニア）	38
2012	ロンドン	キプロティク（ウガンダ）	23	ゲラナ（エチオピア）	25

ラソンを完走した14万余名の日本人の記録を集計し，年齢ごとに1位，100位そして全完走者の平均記録を示したものである．平均記録をみると，20代から40代後半まで記録は短縮されており，この要因として，中高齢になってから走り始める人の多いことが一因と考えられる．一方，年齢1位や100位の記録をみると，20代中盤から30代前半までが高く，それ以降，記録は低下していることがわかる．横断的なデータのため，加齢に伴う記録の低下は一見緩やかだが，同一の個人を経年的に追えば，記録の低下はもう少し顕著なものとなる．

　このような加齢に伴う運動パフォーマンスの低下は，先に述べた経験による技能や精神的成熟が高まったとしても起こり，その要因として運動能力を支える体力要因の低下があげられる．

2　持久力の加齢変化

（1）高齢者における持久力の重要性

　特別にスポーツを行っていない人にとって，全力を発揮するような運動はごくまれな出来事だろう．歩行や階段昇降，そして荷物の運搬などが日常生活における負荷のかかる身体活動となる．全身持久力や筋持久力が低下すれば，長時間の歩行や階段昇降に支障をきたし，疲れやすいので出不精となり，ますます体力が低下するといった悪循環に陥る．

　そのため一般の高齢者にとっては，瞬発力，パワー，最大筋力といった体力よりも，低強度の運動を長時間継続するような**全身持久力**や，階段昇降や荷物の運搬などに耐えられる**筋持久力**が重要な体力要因といえる．

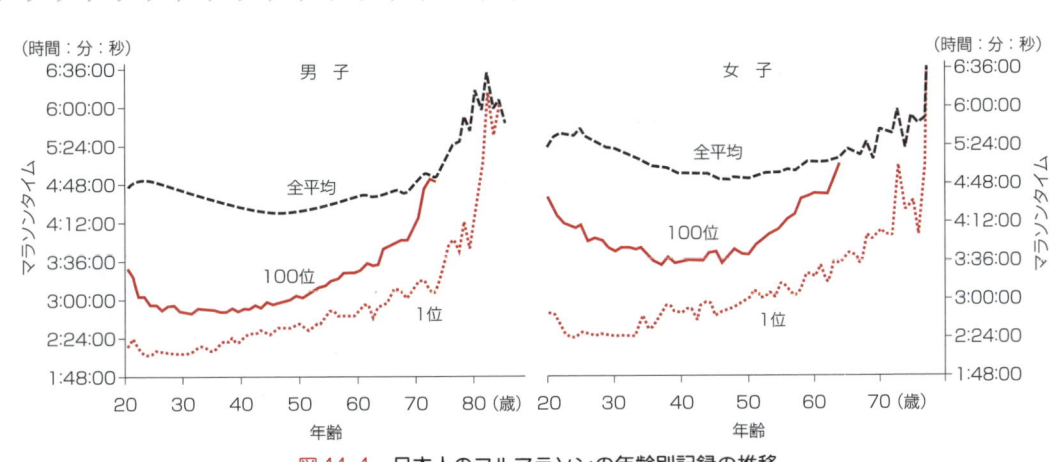

図11.1　日本人のフルマラソンの年齢別記録の推移
「フルマラソン1歳刻みランキング記録集」，ランナーズ（2011）より著者作図．

（2）持久力に関わる運動能力テストの加齢変化

　持久力の加齢変化については，古くから研究報告がなされており，大きく分けて二つのタイプの研究に分類できる．一つが，同じ人を経年的に追っていく縦断的研究で，これは多大な年月や労力を要する．もう一方が，各年代の測定値から全体の加齢変化を類推する横断的研究であり，その代表的なデータが毎年文部科学省で実施している国民の**体力・運動能力調査**である．

　図11.2 に，全身持久力の指標である **20 m シャトルラン**における加齢変化を示す．男性の場合，10代後半まで顕著に増加し，それ以降は加齢に伴って低下する．女性の場合，男性より成長がやや早く，10代前半でほぼ最大値となり，20歳以降は男性同様の傾向を示す．男女とも，ピーク時の15～19歳を基準にすると60～64歳の値は30%弱まで減少している．

　同様に20歳以降を対象に実施される1500 m 急歩（図11.3，女性は1000 m 急歩）では，男性はほぼ直線的に緩やかに低下し（タイムは増加），女性では30代までほぼ横ばいののち，やはり緩やかな低下を示す．60～64歳時の値は，シャトルランの低下率よりは緩やかで，ピーク時から10%程度低下する．

　図11.4 は，筋持久力の指標である**上体起こし**の加齢変化を示す．シャトルランの加齢変化と同様に男女とも10代後半にピークとなり，その後は加齢に伴って著しく低下し，60～64歳時の値はピーク時の半分程度，75～79歳時では30%程度まで減少する．

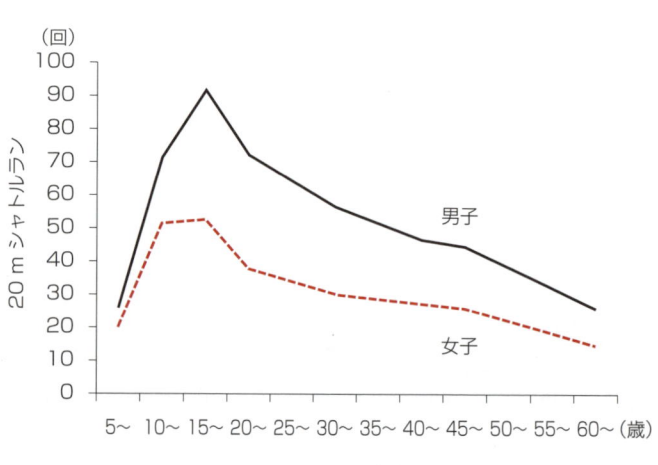

図11.2　加齢に伴う20 m シャトルランの変化
文部科学省（2011）から著者作図．

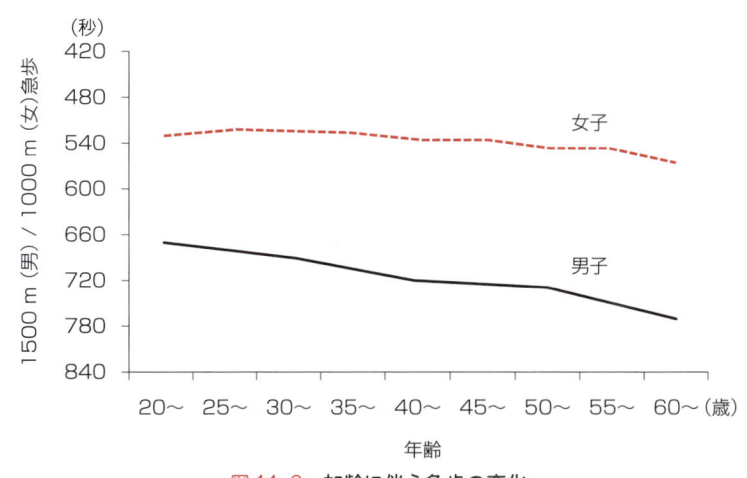

図 11.3 加齢に伴う急歩の変化
文部科学省（2011）から著者作図．

（3）加齢に伴って持久性能力が低下する要因

このような運動能力の低下は，加齢に伴う身体の各器官の解剖学的（形態的），生理学的（機能的）な変化に起因する．たとえば，骨格筋の萎縮は避けることができず，筋量の減少に伴い筋力は低下する．また，エネルギー生成能力に関わるミトコンドリアは，老化に伴い数が減少し形態も変わることが知られている．したがって，たとえ同じ筋量であっても，高齢者の筋内における基質（糖や脂質）の酸化能力（エネルギー供給能）は低下することが予想できる．そのため，加齢に伴って筋持久力は低下を余儀なくされる．

また，高齢になると肺胞隔壁が破壊され，解剖学的死腔や生理学的死

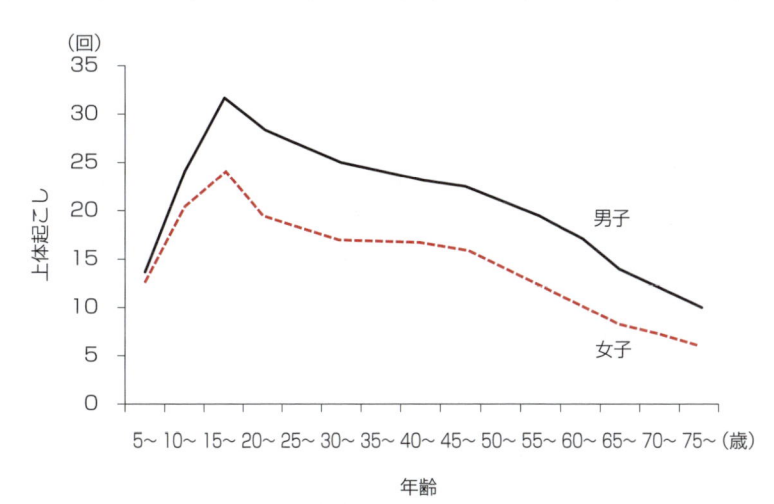

図 11.4 加齢に伴う上体起こしの変化
文部科学省（2011）から著者作図．

腔も増加し，呼吸能力に関わる肺活量や分時換気量は減少する．循環を司る心機能も低下し，最高心拍数は加齢とともに低下する．以上のような呼吸循環機能の変化と，先に述べた筋の形態・機能の変化を受け，**全身持久力**は著しく低下するのである．

（4）最高心拍数の加齢変化

心臓は血液の運搬を司る器官である．一般に運動習慣があって持久性体力の高い人の心臓は，形態的に心容積が大きく，心筋の収縮性が高いことがわかっている．そのため，1回の収縮で送り出せる血液量が増え，安静時心拍数や同一強度の運動中の心拍数は，運動をしていない人に比べ徐脈化する．

一方**最高心拍数**は，若年者の場合，トレーニングや体力レベルと関係しないことが知られている．しかし，年齢との関連は強く，加齢に伴って低下する（図 11.5）．また，図に示したように研究報告によって最高心拍数の加齢低下の傾きが異なることも指摘されており，その要因のひとつに体力やトレーニング状況などが関係していて，最高心拍数の加齢による低下はトレーニングによって緩和されると考えられている．

（5）最大酸素摂取量の加齢変化

全身持久力の指標である**最大酸素摂取量**（$\dot{V}O_2\,max$）は，呼吸・循環機能，筋機能など多くの身体機能に規定されるため，加齢に伴ってほぼ直線的に，かつ顕著に低下することが知られている．

最大酸素摂取量の加齢による変化を検討した研究は，表 11.2 のようにまとめられている．

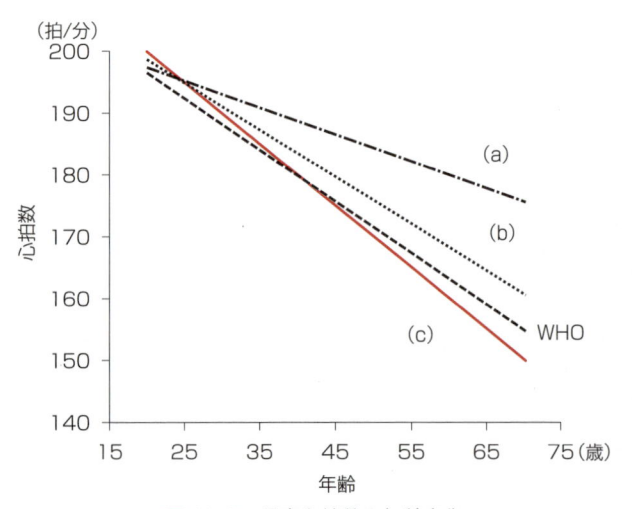

図 11.5 最高心拍数の加齢変化
（a）Sheffield，（b）Robinson，（c）Blackburn. 池上晴夫，『運動処方：理論と実際』，〈現代の体育・スポーツ科学シリーズ〉，朝倉書店（1982），p.65 より著者改変．

表 11.2 最大酸素摂取量と加齢との関係

被験者	男性	研究数	女性	研究数
一般人	$Y = 57.402 - 0.463X$ (r = −0.897)	33	$Y = 44.047 - 0.295X$ (r = −0.669)	14
アスリート	$Y = 70.821 - 0.526X$ (r = −0.693)	8		
日本人	$Y = 51.445 - 0.331X$ (r = −0.992)	6	$Y = 40.467 - 0.864X$ (r = −0.864)	4
欧米人	$Y = 51.373 - 0.343X$ (r = −0.881)	14	$Y = 43.499 - 0.292X$ (r = −0.711)	5

Y:最大酸素摂取量(mL/kg/分),X:年齢(歳)
山地啓司,『最大酸素摂取量の科学』,杏林書院(1992),p.134〜140 より著者作図.

これらの報告から,特別に運動をしていない一般の人の場合,ひとつ年を重ねると男性は約 0.46 mL/kg/分,女性は 0.30 mL/kg/分低下していくことがわかる.20 歳時点を基準にすると 70 歳時の最大酸素摂取量は,男性では約 50%,女性では約 60%にまで減少する.

3 持久力の加齢変化に及ぼす運動の影響

(1) 最大酸素摂取量の加齢変化に及ぼす運動の効果

加齢に伴う持久力の低下に対して運動はどのような効果を及ぼすのか,運動がもつ重要な効果のひとつとして古くから検討されてきた.その結果,トレーニングによる高い持久性能力の維持は,アスリートに限った現象ではなく,どの年齢層の人を対象にしても認められることが明らかになっている.

運動習慣のない一般の人とアスリートの最大酸素摂取量の加齢変化(表 11.2)を図に表したのが図 11.6 である.アスリートでも一般の人と同様に加齢に伴って最大酸素摂取量は低下し,その低下率は一般の人

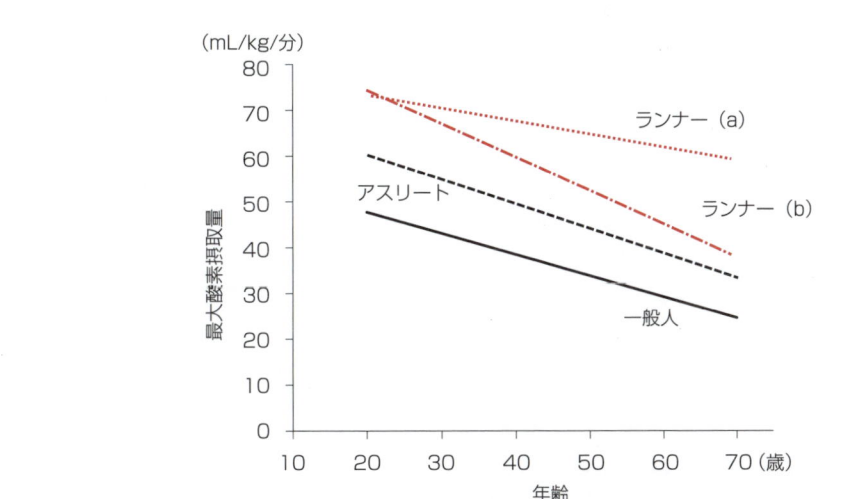

図 11.6 加齢に伴う最大酸素摂取量の変化
(a) Costill ら,(b) 竹島ら.山地啓司,『最大酸素摂取量の科学』,杏林書院(1992),p.134〜140 より著者作図.

よりむしろやや大きいものの，同一年齢で比較するとどの年齢において
も30〜40%程度も高まっている．

一方，運動種目によって最大酸素摂取量の高低や変化の様相は変わり，
持久性スポーツ競技者ではさらに高いことが予想される．たとえば，長
距離ランナーを対象とした加齢と最大酸素摂取量の関係を検討した2つ
の研究結果を図に当てはめると，一般アスリートよりさらに高くなり，
加齢による低下率も小さいことがわかる．

一方，たとえランナーが継続してトレーニングをしていても，最大酸
素摂取量の加齢による低下は避けることのできない現実でもある．

（2）運動習慣が加齢による持久力低下に及ぼす効果

図11.7〜11.9は日本人の持久力に関わる運動能力テストと運動習慣
の関係を加齢変化でみたものである．全身持久力，筋持久力ともに，週
3日以上運動する習慣をもっている人は，運動習慣のない人に比べると
高いレベルを維持し，20mシャトルランでは男女ともどの年齢層で比
較しても50%程度も高く，両者の体力年齢の差は大きい（30歳程度）
ことがわかる（図11.7参照）．

急歩テストでも同様で，運動していない人と毎日のように運動してい
る人の差は記録にして1分ほどにもおよび，体力年齢も非常に大きな差
となっている（図11.8参照）．

筋持久力を示す上体起こしも同様で，毎日のように運動している人は
していない人に対して20%程度高くなっている（図11.9参照）．

一方，運動する頻度が減るに従い，持久力向上の効果は小さくなるこ
とが，いずれの指標，性，そして年齢においても共通してみられる．

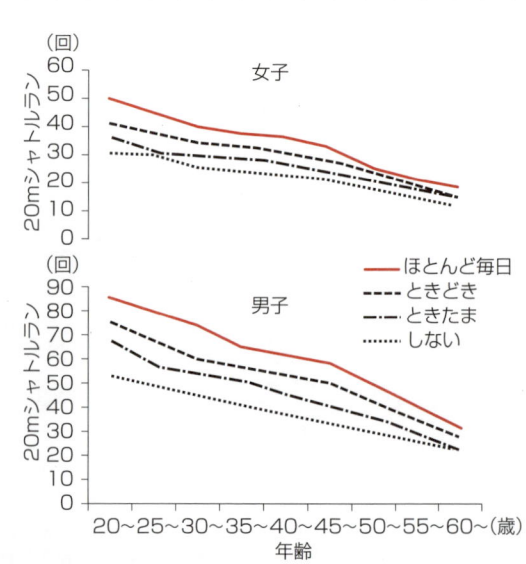

図11.7 加齢に伴う全身持久力の低下に及ぼす運動の効果
運動習慣：ほとんど毎日（週に3日以上），ときどき（週に1〜
2回），ときたま（月に1〜3回）．
文部科学省（2011）から著者作図．

3 持久力の加齢変化に及ぼす運動の影響

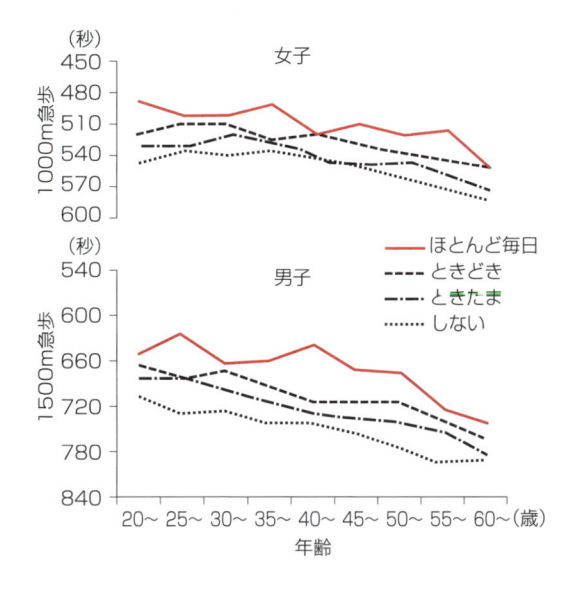

図11.8 加齢に伴う全身持久力の低下に及ぼす運動の効果
運動習慣：ほとんど毎日（週に3日以上），ときどき（週に1〜2回），ときたま（月に1〜3回）．
文部科学省（2011）から著者作図．

（3）運動開始年齢や運動中止の影響

　加齢に伴う体力低下に対する運動の効果は，前述したように運動の種類だけではなく，運動強度，運動の量（時間や頻度），運動を開始した年齢や運動の中止，さらに運動する前の元々の体力レベルなどの影響を受ける．

①運動の中止

　引退した競技者やそれまで運動をしていた人が運動習慣を中止すると，最大酸素摂取量は低下することが報告されている．いずれの報告でも運動をやめてしまうと，持久力の低下は運動習慣のない人の低下率よりも

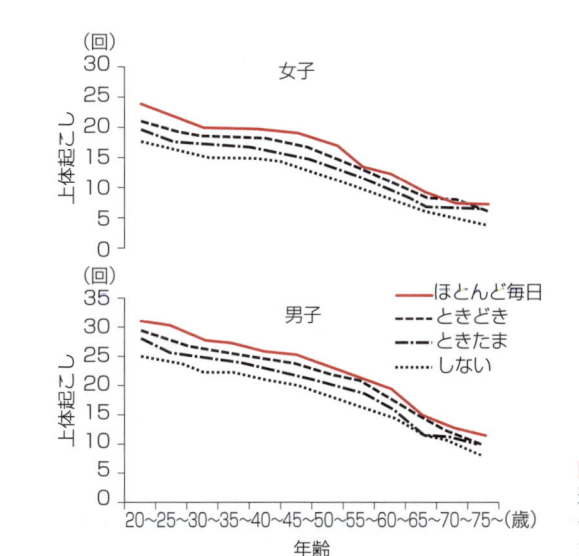

図11.9 加齢に伴う筋持久力の低下に及ぼす運動の効果
運動習慣：ほとんど毎日（週に3日以上），ときどき（週に1〜2回），ときたま（月に1〜3回）．
文部科学省（2011）から著者作図．

大きくなる．活動的な人が運動習慣をやめてしまうと，年平均 0.9〜1.0 mL/kg/分の低下を示し，運動習慣のない人の加齢変化よりも大きく，急速に一般人の値に近づくことが明らかにされている．

② 運動の開始年齢

運動の開始年齢と持久力の低下の関係性について推測した研究を図 11.10 に示す．これは平均年齢 64 歳の市民ランナーを，ランニングを開始した年齢によって 3 群（T26：26 歳から走り始め現在に至る．T45，T56 も同様にそれぞれ 45 歳，56 歳から走り始めた群）に分け，現在の最大酸素摂取量を比較したものである．

その結果，より若く走り始めた群（T26）ほど高い最大酸素摂取量を示し，このことから図のようなモデルを推測した．すなわち，運動を開始する年齢が若いほど，持久力向上の**トレーナビリティー**（改善の可能性）は高く，その後も継続して運動することで，生涯にわたり高い持久力を維持する可能性を指摘している．

（4）持久力の加齢変化に及ぼす運動の効果：まとめ

持久力全般に及ぼす加齢と運動の効果をまとめたのが図 11.11 である．たとえば，運動習慣のなかった人でも，トレーニングによって体力は高まるため，年齢を重ねてもしばらくの期間（数年間）持久力は増進する（図では，A → A1，B → B1）．しかし，トレーニング効果は無限ではないため，ある期間増加したのちアスリートの加齢変化と同様に，トレーニングしているにも関わらず持久力は低下していく（A1 → A2，B1 → B2）．たとえば，前述した市民マラソンの場合，始めてから数年間はマラソンの記録は向上するものの，やがてトレーニングを積んでいてもパ

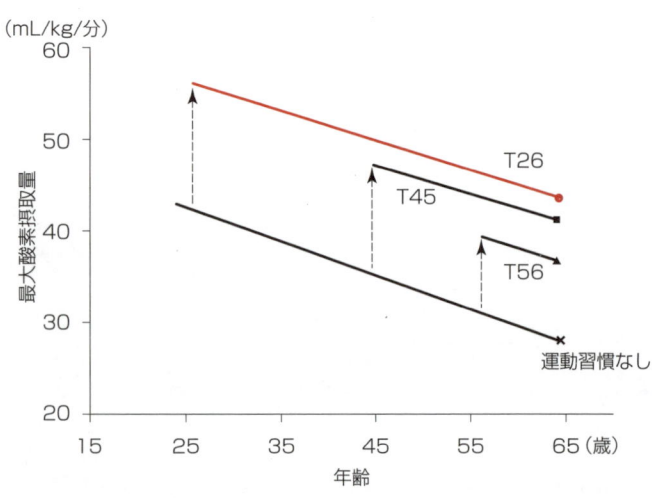

図 11.10 加齢に伴う最大酸素摂取量の低下と運動開始年齢の関係
Y. Aoyagi, S. Katsuta, *Can. J. Spt. Sci.*, **15**, 65（1990）を著者改変．

フォーマンスが低下していく現実にぶつかる．しかし，絶対的な記録は低下したとしても，相対的なパフォーマンスレベル（年齢別順位など）は高いまま推移していることに留意すべきである．

同じように運動習慣のない人でも，元々の体力に差がある場合（「普通」のAと「低い」のB），その後のトレーニングによる体力の向上にも差があることが示されている（A → A1 と B → B1 の差）．また，トレーニング量（強度，時間および頻度）の差によって体力増進の効果にも差が生じる（トレーニング量が大：A → A1，トレーニング量が小：A → a1）．さらに，トレーニングによってせっかく高まった体力でも，運動習慣をやめてしまえば元のレベルに戻ってしまう（B → B1 → b2 → b3）．

一方，運動を開始する年齢が遅れることによって，トレーニング効果が小さくなることを示したのが，A → A0 → A01 の変遷である．運動習慣をもたないまま年齢を重ねれば，体力評価は変わらないものの体力の絶対値は低下し，高齢になってからトレーニングをしても，体力レベルの改善は若いときに始めた場合（A → A1）よりも小さくなることを模式的に表している．

復習トレーニング

次の文章のカッコの部分に適切な言葉を入れなさい．

❶ 加齢に伴って持久性能力は低下し，この原因として，身体の各器官の（　　　），（　　　）な変化がある．たとえば，（　　　）の萎縮が起こり，それに伴い筋力は低下する．また，エネルギー生成能力

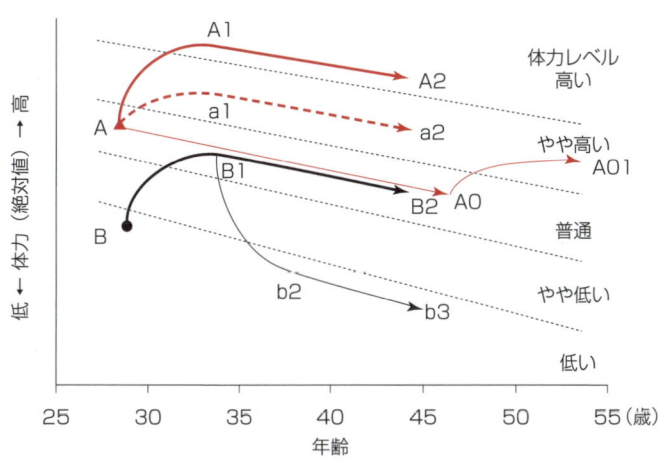

図11.11 運動が体力に及ぼす影響（模式図）
元々の体力レベルに差のあるA（▲）とB（●）のその後のトレーニングと体力の変遷．

に関わる（　　　）も，老化に伴い数が減少し形態も変わることが知られている．したがって，たとえ同じ筋量であっても，高齢者の筋内における（　　　）は低下し，（　　　）は低下を余儀なくされる．

❷ 筋量・機能の低下，呼吸能力の低下，心機能の低下を受け，（　　　）は著しく低下する．

❸ （　　　）は，（　　　）の場合，トレーニングや体力レベルと関係しない．しかし，（　　　）との関連は強く，加齢に伴って（　　　）する．また，最高心拍数の加齢による（　　　）の傾きが異なることも指摘されており，その要因のひとつに（　　　）などが関係する．

❹ トレーニングをしていても，加齢に伴って（　　　）は低下する．しかし，同年齢の運動しない人に比べ高い．

❺ 運動を開始する年齢が若いほど，（　　　）の（　　　）は高く，その後も継続して運動することで，生涯にわたり高い（　　　）を維持する．しかし，高齢になってからでも（　　　）はある．

12章 技能関連体力の加齢変化

12章のポイント

◆ 高齢者の日常生活におけるからだの使い方について，技能関連体力の視点から，加齢による変化とその原因を考える．

◆ 高齢者の技能関連体力を適切に評価する方法について学ぶ．

12章 技能関連体力の加齢変化

　中年者にとって改善の必要のある体力が慢性疾患や健康に関連する**健康関連体力**（health-related fitness）であるなら，高齢者にとっては日常生活動作をスムーズに負担なく遂行できる体力の維持・向上が求められるであろう．このような日常生活動作を円滑に遂行するために必要な体力は，平衡性や敏捷性，協応性，スピード，パワー，反応時間といった要素から構成され，**技能関連体力**（performance-related fitness）と呼ばれる．

　この章では，敏捷性，巧緻性，柔軟性，調整力，平衡性，認知機能を取り上げ，近年注目されている高齢者の技能関連体力，および技能関連体力に影響を及ぼす体力要素について述べる．高齢者の体力は，個々のこれまでの生活履歴によって多様であり，個人差は大きい．また，高齢者の体力は，現在の社会的環境や状況，精神的状態，あるいはその日の体調といった短期間の要因にも左右されるため，安定しにくいという特徴がある．しかしながら，日常生活に必要な体力の維持は，**日常生活動作（ADL）**や個人の**生活の質（QOL）**に多大な影響を及ぼすため，高齢者の動きやからだの使い方である技能関連体力をできるだけ適切に評価し，余暇活動などを通して「動きの質」の維持・向上を啓発していく工夫が今日的課題といえる．

　加齢による運動諸能力の変化について，若年から80歳代までに共通の検査項目を実施した研究によると，20歳を100％としたときの80歳のおもな能力低下は，手指巧緻性や反応時間では30％以内の低下，筋力，持久性および歩行に関する運動能力は40〜60％の低下，柔軟性や平衡性は70％以上の低下を示している（図12.1）．このようにすべての体力は，中高年になると加齢現象として自然と低減するが，体力や身体

日常生活動作（ADL）
activities of daily living

生活の質（QOL）
quality of life

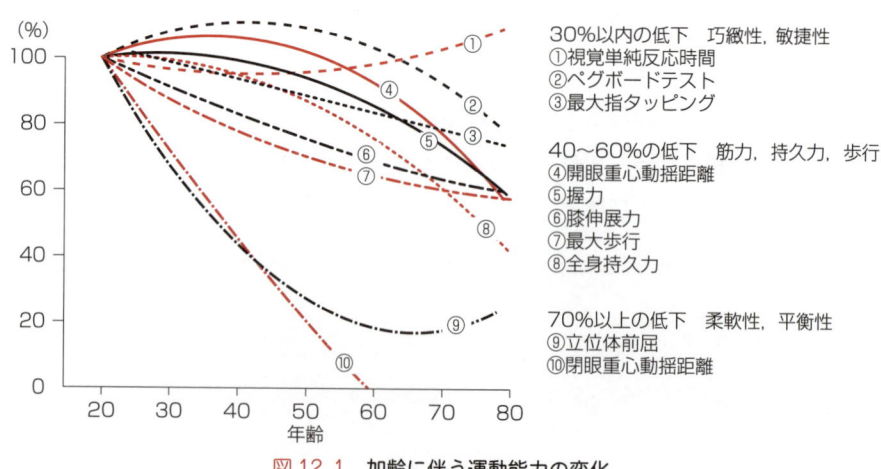

図12.1　加齢に伴う運動能力の変化
衣笠　隆ら，体力科学，**43**(5), 343 (1994).

30％以内の低下　巧緻性，敏捷性
①視覚単純反応時間
②ペグボードテスト
③最大指タッピング

40〜60％の低下　筋力，持久力，歩行
④開眼重心動揺距離
⑤握力
⑥膝伸展力
⑦最大歩行
⑧全身持久力

70％以上の低下　柔軟性，平衡性
⑨立位体前屈
⑩閉眼重心動揺距離

機能の低下の要因は，おもに**廃用症候群**のひとつととらえられ，またその一方で，身体行動の調整や決定に関わる脳の廃用性萎縮とも考えることができるとしている．

> **廃用症候群**
> 特定の器官を長期間，動かさないでいることによって生じる障害のこと．筋萎縮や筋力低下などの運動機能障害など．生活不活発病とも呼ばれる．

1 敏捷性

　敏捷性（agility）という能力，すなわち素早い動作を行う能力は，少なくとも次のⅰ）動作開始の素早さ，ⅱ）動作切り替えの素早さ，ⅲ）動作の速さ，という3つの要素から構成されている．

　動作開始の素早さについては，反応時間としてとらえられる．**動作切り替えの素早さ**は，状況変化（刺激，外乱）に応じてできるだけ早く，現在の動作遂行行動を停止し，状況に応じた別の動作に切り替える能力である．これら2つは，脳を中心とした神経系の情報処理能力を示すものである．3つ目の**動作の速さ**は，骨格筋の性能，とくに筋の短縮速度を表す能力であり，動作そのもののスピードのことである．

　日常生活では，予測できない危険な事態にあったとき，とっさに身をかわし，危険を回避することが求められる．すなわち外乱に対して変化する状況下で，瞬時にその場に応じて身体を支える神経—筋力の調整力が求められる．このように敏捷性は，上記の3つの要素を遂行する能力が総合的に作用しあって，身体の一部または全体を速やかに動かしたり，方向転換したりする際に必要な体力である．

　随意運動は，外部刺激を認知し，それに対する随意反応として発現される．随意反応のなかでも，刺激に対してできるだけ早く動きを開始し

反復横とび
敏捷性をみるためのテスト．

神経支配比
1本の運動神経（脊髄α運動ニューロン）が支配する筋線維の数。一般に，微細な運動の調節を必要とする手指や顔面の筋肉では神経支配比が小さく，大きな筋発揮を要する四肢の大筋群では神経支配比が大きい。

筋萎縮
老化や長期間使用しないでいることによる，筋の縮小を指す。長期間のギプス固定や臥床，無重力環境への暴露など，筋への力学的負荷減少により，おもに速筋線維の廃用性萎縮が引き起こされる。

よう，という意志的努力を伴う随意反応までの時間を**反応時間**という。実際には，刺激提示から反応のための最初の筋放電までの所要時間を指す。

高齢者の行動的特徴として，**行動の遅延**があげられる。この行動の遅延の要因について考えるとき，随意運動を調整する**運動制御**における，刺激の認知・判断から反応実行の出力指令までの中枢神経系（脳と脊髄）の認知処理過程と，それに対する末梢神経支配下の諸器官の働きについて，それぞれの機能低下を考慮しなければならない。

敏捷性機能の加齢による低下についての生理的背景は明確ではない。加齢に伴う**神経支配比**の増大や，60歳以降の神経伝導速度の低下，速筋線維の選択的な萎縮などが少なからず関連していることが考えられる。

【敏捷性の測定項目】

①落下棒反応（反応時間）

被験者はいすに座り，机の端から手首を出して腕を固定し，利き手（素早く握れるほうの手）を軽く開いて「用意」する。実験者は棒の最下端が，被験者の親指と人差し指の間で，親指の再上端に位置するように吊り下げ，「はい，行きます」と言って棒を落下させる。素早く握った棒の親指の最上端の目盛を読み取り，7回行って最高記録と最低記録を除外した5つの数値の平均値を記録する。単位は，cm以下を四捨五入する（図12.2）。

② TST（Ten Step Test）

10 cm 高さのステップ台の前に立ち，検査者の「始め」の指示と同時に一側下肢を台上に上げ下ろす。続いて反対側の下肢を上げ下ろす。一側の上げ下ろしを1回とし，交互に連続10回行い，要した時間を0.1

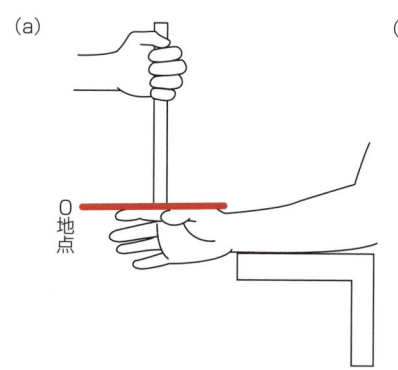

(a) 棒の最下端を親指の最上端の高さにあわせる

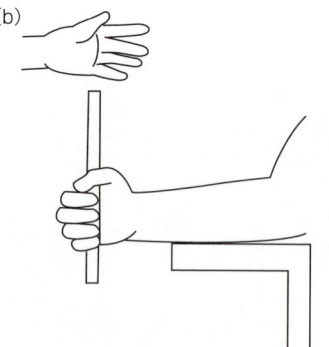

(b) 腕を台から離さないように注意する

図12.2 落下棒反応

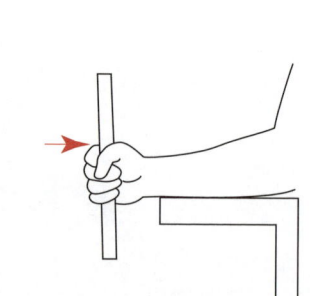

(c) 棒をつかんだときの，人差し指・親指の最上端の位置の目盛を読む

秒単位でストップウォッチを用いて測定し記録する．10秒程度の練習ののち，2回測定し，よいほうを記録する（図12.3）．

③ **Rapid Step Test**

被験者は手を胸の前で交差させ，測定者が示す6方向（左右脚の前・後・サイド，たとえば「左―前」）に対してできるだけ早く支持脚と逆脚を，少なくとも最大歩幅の80％の距離で一歩出し，その後速やかに元の場所に脚をもどす．ランダム方向へ全24試行を繰り返した時間と失敗試行数を記録する．

④ **Four Square Step Test（FSST）**

被験者は正方形を反時計回りに四分割されたエリア1の前に立ち，1→2→3→4→5→6→7の順に，片足ずつ踵までつけて正面にからだを向けた状態で移動する．両手は胸の前で交差し，可能であれば正面に視線を向ける．このときスタートから要した時間（1→8までかかった時間）を記録する（図12.4）．

⑤ **全身単純反応時間**

光刺激に対してできるだけ早く，両足で垂直方向にとび上がる課題を，1/1000秒単位で5回計測し，最短値と最長値を除いた3回の値の平均値を求め記録とする．

⑥ **4方向選択反応時間**

反応時間計測マットの中心に立ち，刺激提示版の4方向の光刺激に対して同じ方向に片足ずつ移動させ，その時間を1/1000秒単位で5回計測し，最短値と最長値を除いた3回の値の平均値を求め記録とする．

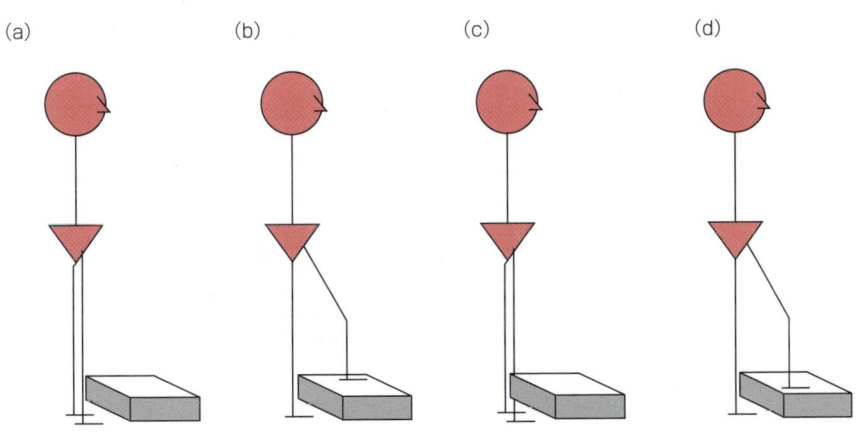

図12.3　TSTの測定方法

10 cm高の台の側面に足先が触れるように立ち（a），一側下肢を台上に踵まで上げる（b），そして下ろす（c），次に反対側を上げる（d），そして下ろす（a）．2回目以降は足先を台に触れる必要はない．一側の上げ下ろしを1回とし，連続10回の所要時間を測定する．

2 巧緻性

巧緻性（manipulation）とは，手を正しい方向に動かす**スペーシング**（spacing），手の運動において正しい時間調整を行う**タイミング**（timing），手の運動において力加減をする**グレーディング**（grading）の3つの機能から構成される．巧緻性は，高齢者の日常生活における活動動作の「全身の移動」，「上肢の操作」「手指の操作」，「起立・姿勢変換」のうち，「手指の操作」をおもに示し，食事や衣服の着脱，洗面・入浴などの日常生活にも欠かせない手指や道具を扱う器用さを表す体力である．

具体的には，手指を操作して箸やスプーンといった道具を用いて口まで食べ物を運ぶことや，包丁を用いて調理すること，衣服着脱の際のボタンの掛け外しや針仕事，植栽・除草作業，目薬を正確に点眼するなどがあり，巧緻性とは，日常生活を円滑に行うために学習して獲得された，細やかでたくみな動きを支える体力である．

運動をたくみに行うこの能力は，調整力のひとつである神経―筋の協調を表す．手指の巧緻性や器用性に関する能力は，移動系および平衡系動作の能力に比べて加齢に伴う変化は小さいとされている．

【巧緻性の測定項目】

① 豆運び

大豆60個を入れた容器を非利き手側に，別の空の容器を利き手側に，両容器の最短間隔を20 cmにして並べる．30秒間で移動させた豆の個数を数える．

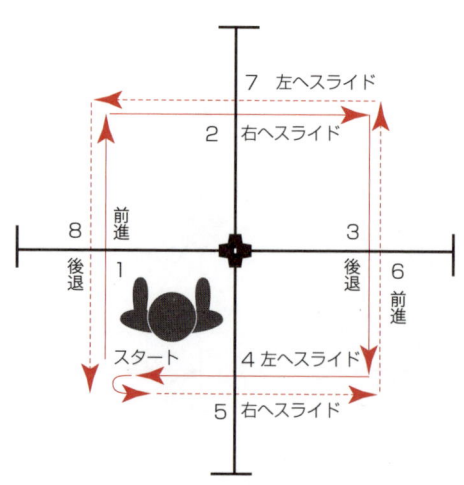

図12.4　Four Square Step Test（FSST）
W. Dite, V. A. Temple, Archives of Physical Medicine & Rehabilitation, **83**, 1566（2002）．

② ペグ移動
　手腕作業検査器の遠位の盤にペグを 48 本差した状態から，30 秒間で手前の盤に移すことができた本数を数える．

③ 手指動作
　紙面上に印刷された 1 から 40 の数字を 15 秒間で，できるだけ素早く丸で囲み，囲んだ数字の個数を記録する．

3　柔軟性

　柔軟性（flexibility）とは「ひとつまたは複数の関節が運動できる可動域」のことで，関節周囲の関節包，靱帯，腱，筋などの柔らかさとされている．関節可動域を決定するには，関節の構築学的影響，主働筋の収縮力，拮抗筋の伸展性などの因子がある．とくに軟部組織の伸展性に関しては，その変化の原因のひとつとして，組織を構成するコラーゲン線維の影響も考えられる．

　加齢と脊椎の柔軟性との関係について，立位姿勢での胸椎後彎・腰椎前彎，および体幹屈曲・伸展動作の加齢変化について，11 歳から 92 歳を対象に横断的に性差を調査した研究がある．この研究によると，胸椎においては女性における立位姿勢での胸椎後彎の増大が，腰椎では男女いずれも立位姿勢での前彎が減少していた．また体幹の可動域については，男性の伸展可動域の減少と，女性の屈曲可動域の減少がみられ，体幹の軸となる脊柱の変位と柔軟性欠如といった加齢に伴う変化が認められた．

上体起こし
筋持久力をみる体力テスト．

転倒との関連については，体幹の回旋および股関節伸展の関節可動域が転倒経験者では転倒を経験したことがない者よりも有意に狭いといわれている．体幹の回旋や股関節の柔軟性，また足関節の柔軟性は，転びそうになったときの乱れた体勢を修正するのに必要である．柔軟性が欠如し，外乱に対して棒のようになった身体は，下肢筋力の低下と反応時間の遅延という負の要因も重なり，容易に転倒するだろう．

【柔軟性の測定項目】

長座体前屈

腰背部とハムストリングスの前方への柔らかさを測定する．壁に臀部と背中をつけ，長座姿勢（床に座り，両足の膝を伸ばして前に伸ばした状態）をとり，膝を曲げないように上体を前屈する．このときの手のひらの移動距離を 0.1 cm 単位で 2 回計測し，よいほうを記録とする．

> 長座体前屈
> 3章も参照．

4 平衡性

平衡機能（balance）とは，視覚系，前庭器，姿勢反射，小脳の共同運動制御など，多くの系の共同した働きが骨格筋に出力されるものである．この機能の測定には，**足圧中心**（center of pressure, COP）が広く用いられており，静的立位姿勢での重心動揺から身体のバランスを保持する能力である**平衡性体力**をみることができる．COP 動揺計測では，COP 動揺の振幅，面積，位置，軌跡長（重心の移動距離）などの平衡機能の評価値が算出される．立位姿勢にみられるこれらの足圧のゆらぎを観察し，前庭器系，視覚系，脊髄固有反射系，小脳系，大脳基底

長座体前屈
柔軟性をみるテスト

核系などの働きを総合的, 部分的に評価することが可能である.

加齢に伴う COP 動揺の変化として, 軌跡長の増大が知られており, この軌跡長は, とくに 60 歳以降において顕著に長くなるといわれている. このような立位姿勢の安定性の低下は, 立位姿勢の主働筋である足関節底筋群の筋量が 60 歳を境に激減することに由来するほか, 転倒の内的要因である感覚系, 神経系の加齢変化が総合的に作用し顕在化するものと考えられる.

立位姿勢における身体重心（足圧中心）を支持基底面内で保持できる範囲を**有効支持基底面**と位置づけ, 有効支持基底面の広さは動的平衡機能に関する指標であるとされている.

外乱時および直立動揺時の前後方向の立位姿勢方略として, **足関節方略**（ankle strategy）, **腰方略**（hip strategy）, **踏み出し方略**（stepping strategy）の 3 つがあり（図 12.5）, 足関節の可動域と筋力が正常であれば, 一般に足関節方略が用いられる.

高齢になると足関節方略よりも腰方略の利用頻度が多くなり, 股関節を軸に上半身と下半身を逆方向に移動させて平衡を保つ方略をとるようになる. これは, 体幹が大きく前傾し, 視線が落ち, 膝や足関節が固定された状態でバランスをとることを示しており, 加齢に伴いとっさの一歩が出にくい姿勢でバランスをとるようになることを示している.

立位姿勢の保持には足関節筋である腓腹筋やヒラメ筋, 前脛骨筋の筋活動が不可欠である. 加齢に伴い, ある姿勢や動作をとる際に, 拮抗筋の不効率な筋収縮が起こるため, スムーズな動きの発現が阻害されることも明らかになっている. そこで, 足関節を軸にからだを前後に傾ける前後重心移動課題中にみられる同時収縮の加齢による影響, 並びに同時

足関節底筋群
ヒトの下肢筋肉で足関節の底屈（床を踏みしめる動き）を支配する筋で, 下腿三頭筋の働きを助ける. 膝関節の深部に位置し, 膝関節の屈曲や下腿の内旋も支配する.

同時収縮
主働筋―拮抗筋関係にある筋どうしが同時に活動すること.

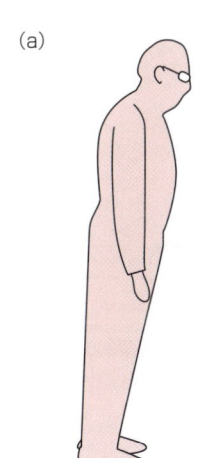

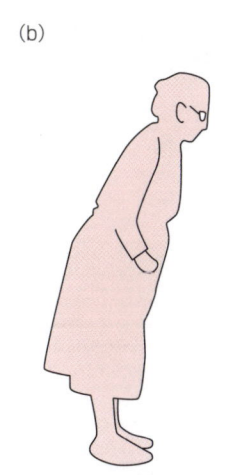

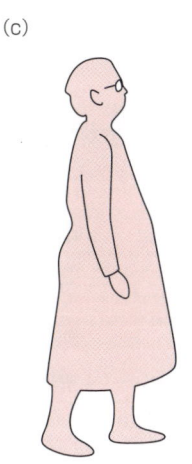

図 12.5 外乱時および直立動揺時の立位姿勢方略
足関節方略（a）, 腰方略（b）, 踏み出し方略（c）.
F. Horak, C. Shupert, A. Mirka, *Neurobiol., Aging*, **10**, 727（1989）を参考に作成.

収縮とバランス能力，筋力との関係が検討され，前後重心移動中に中高齢者は若年者に比べて同時収縮が強いことが明らかにされている．

また転倒恐怖をもつ人は，足底屈筋である腓腹筋（あるいはヒラメ筋）と足背屈筋である前脛骨筋を同時収縮しやすいことから，意思とは異なる不適切な身体動揺によって転倒への恐怖が生じていることが推察される．

高齢者の自立した生活がきわめて困難になるきっかけとして，転倒による大腿骨頸部骨折などがあげられる．転倒にはさまざまな要因が複合的に関与するため，転倒予防を目的とした介入には，まず多様な転倒リスク要因を考慮したうえで行う必要がある．

転倒リスク要因とは，姿勢制御能力を低下させる因子，すなわち姿勢制御に関わる体力低下と，姿勢制御を難しくする因子，すなわち疾病，運動器障害，薬剤の副作用，転ぶ危険性を高める環境などにまとめられる．うつ，転倒不安，不活動なども廃用性萎縮を加速させ，**姿勢制御能力**を低下させるので，転倒リスク因子に含められる．

「姿勢制御能力を低下させる因子」には，下肢筋力や平衡性，柔軟性，敏捷性や認知力に影響を及ぼす中枢神経系の働き，さらには転倒不安やうつなど精神的側面も複雑に影響しあうことが考えられる．ここでは，さまざまな体力因子にアプローチした転倒予防のための運動実践の介入研究について紹介する．

平衡性体力に着目した介入研究では，多方向への体重移動，姿勢への注意，多面的な動作の調整を重視した太極拳の動きの効果やバランスボールを用いたトレーニングによる不安定な環境での直立姿勢維持への効果が報告されている．また，静的な立位姿勢保持時に重心を支持基底面

高齢者の転倒リスク要因

姿勢制御能力を低下させる因子	姿勢制御を難しくする因子
・下肢筋力	・疾病
・中枢神経	・運動器障害
・うつ	・薬剤の副作用
・転倒不安	・転ぶ危険性を高める環境
・廃用性萎縮	

内に安定させる**静的バランス能力**，新たな支持基底面内に重心を移動させる**動的バランス能力**，外乱に対して重心を支持基底面内に維持させる**外乱応答バランス能力**に分けて，スポンジやバランスボールによる運動介入の効果を検討し，動的バランス能力改善に有効であることを示している．

さらに，高齢者の転倒予防の足指トレーニング効果も報告されているが，開眼片足立ちによる平衡機能評価をした研究において，足把持力が強いほど片足立ち保持が安定しており，片足保持時間に影響を及ぼす因子に足把持力が認められている．

この一方で，精神的側面にアプローチした研究もある．高齢者の運動実践は，転倒恐怖を軽減させるという報告も多数ある．たとえば，太極拳を用いた高齢者による高齢者への運動の介入研究によれば，「できなかった」動作が「できる」ようになることで身体の機能的な変容を感じ，高齢者の身体活動に対する自己効力感が改善し，その結果，転倒の恐怖心を減少させる効果があった．

【平衡性の測定項目】
① 開眼片足立ち
　両足をそろえて直立した状態から，両手を腰にあて，片方の足を床から離し，できるだけ長く立ち続ける．計測は足を上げた時点からバランスが崩れた時点までで，最大計測時間は60秒間．

② ファンクショナルリーチ
　壁に対して横向きに立ち，伸展させた両腕を肩の高さまで前方にあげ，その時点の中指尖端を0cmと固定する．腕を肩の高さに保ったまま可能な限り上体を前傾し，両腕の指先が前方に移動した距離を1cm単位

「静的バランス能力」の評価項目
重心動揺（COP），片足立ちなど．

「動的バランス能力」の評価項目
ファンクショナルリーチ，タイムアップアンドゴー，歩行テストなど．

「外乱応答バランス能力」の評価項目
equi testなど．

足把持力
立位姿勢制御において支持面である足底，とくに足指（足趾）でしっかりと地面を保持する力．手の握力と同様に足指でつかんだバーを握り込む力を測定し，足底や足指の機能を定量的に評価する．

自己効力感（self-efficacy）
ある行為を行う際に一定水準の成績を上げる能力が自分にあるという判断あるいは確信のこと（バンデューラ，1977年）．この自分自身に対する認知的メカニズムは，挑戦的行為や努力の量などに影響を及ぼし，動機づけを規定する．これを集団レベルに拡張したものは集団効力感と呼ばれ，集団の能力に関する成員の判断あるいは確信を指す．

閉眼片足立ち
静的バランス能力をみる．

で2回計測し，良いほうを記録とする（図12.6）．

③タイムドアップアンドゴーテスト

歩行能力や動的バランス，敏捷性などを総合した機能的移動能力を評価する．踵の低い靴か素足で，いすに浅く腰掛け，「用意」に続き「ハイ」の合図で立ち上がり，素早く3m先にあるコーンに向かって歩き，コーンを回ってもどり再び座るまでの時間を100分の1秒単位で測定する．2回実施して良いほうを記録とする．

④タンデムウォーク

床上に3mの直線を引き，両足をそろえてスタートラインに立ち，開始の合図で線上を前足の踵に後ろ足のつま先をつけるようにして，直線に沿ってできるだけ素早く歩き，3m先のゴールラインを踏むまでの時間を0.01秒単位で計測する．

⑤タンデムバランス

片足の一足長分を前に出し，前足の踵と後ろ足のつま先をつけた状態で直線上に立ち，両手を腰にあてたあと，閉眼した時点からバランスが崩れるまでの時間を最大30秒間，0.01秒単位で2回計測し，良いほうを記録とする．

⑥ Equi Test

コンピュータを用いたバランステスト（静的・動的平衡機能検査）で，視覚遮断を用いた静的重心動揺の評価や，前景板や床面を回転させるなどの視覚や体性感覚に外乱を加えて立位姿勢の安定性を評価する．また，起立台を移動させる外乱時の応答潜時（観察できる反応が生じるまでの時間）も評価することができる．

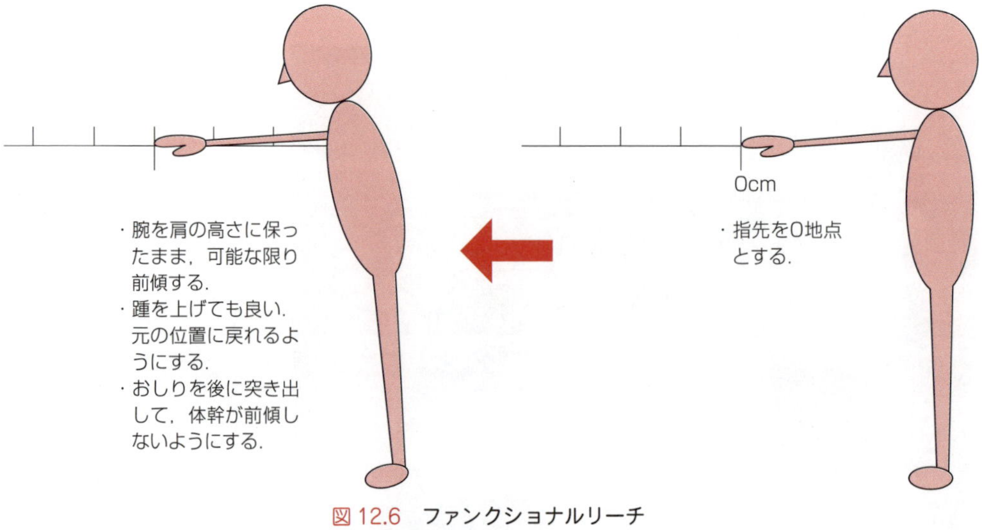

- 腕を肩の高さに保ったまま，可能な限り前傾する．
- 踵を上げても良い．元の位置に戻れるようにする．
- おしりを後に突き出して，体幹が前傾しないようにする．

・指先を0地点とする．

図12.6 ファンクショナルリーチ
動的バランス能力をみる．

5 調整力

調整力（coordination）は，複雑な身体運動に必要な神経・筋系の調整能力のことで，自分のからだを思い通りに動かすための姿勢調整や機敏さ，滑らかさを支える，総合的能力のことである．

この能力には，ⅰ）敏捷性，ⅱ）平衡性，ⅲ）協応性（敏捷性や平衡性などの諸機能の統合能力），ⅳ）緩衝性（外力を和らげる能力），ⅴ）巧緻性，ⅵ）予測性（動作の予測能力）が含まれる．つまり，神経の働きによって運動中の姿勢を調整してバランスを取り，運動を機敏かつたくみに行うことができる能力である．したがって，調整力が高まるとは，敏捷性，平衡性，運動の操作性，動きと動きの連結のスムーズさや，力発揮や動作のタイミングの正確性などが向上することである．

高齢者の調整力を総合的に評価するテストとして，平坦でない短い直線距離を早く歩くことを課題とした **10 m 障害物歩行**（65〜79 歳対象，新体力テスト，文部科学省）がある．

> **協応性**
> 複数の器官や機能が，互いにかみあって働くこと．目と手の協応の場合は，入力される視覚情報の処理と手の動きという出力の連動について，また手と足の動作の協応の場合は，手と足の2つの動作が連結して同時に行えることを指す．

【調整力の測定項目】

10 m 障害物歩行

床にビニールテープで 10 m の直線を引き，スタートからゴール地点まで 2 m 間隔に，横 100 cm，高さ 20 cm，幅 10 cm の障害物を 6 つ置く．スタートライン上の障害物の中央後方にできるだけ近づいて両足をそろえて立ち，スタートの合図によって歩き始め，6 個の障害物をまたぎ越す．最後の障害をまたいだ足が床に着地するまでの時間を 0.1 秒単位で計測し，2 回実施してよいほうを記録とする（図 12.7）．

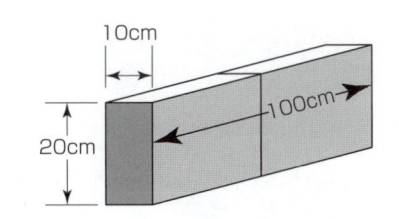

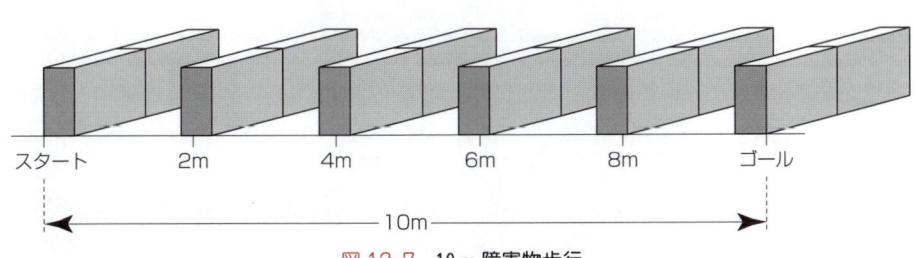

図 12.7　10 m 障害物歩行

6　認知機能

　最後に，行動を調整する体力の加齢変化として，身体機能に大きな影響を及ぼす認知機能について考えたい．

　認知機能（recognition）とは，「知覚から判断に至るすべての情報処理の過程を包括するもの」と定義されており，具体的には，知覚，記憶，学習，思考，判断といった，知的な目にみえない心の働きで，とらえどころがない機能のようにも思われる．しかし，人間が人間らしく日常生活を行ううえで非常に重要であり，認知機能の低下，とくに注意力の低下は，ときに高齢者の転倒や自動車運転中の事故など，深刻な事態をひき起こす．したがって，加齢に伴う認知機能の低下予防に取り組むことは最も重要な今日的課題のひとつである．

　加齢に伴い抑うつや不安が増大し，認知機能の衰えといった精神的機能の低下がみられるが，読書や新聞，クロスワードパズル，トランプ，談話，楽器演奏などの余暇活動は，認知活動を促進し，認知症のリスクを減少させるといわれている．認知機能要素（注意，記憶，視空間，言語，思考など）と関連する身体機能について検討した報告によると，ペグ移動テストを用いた巧緻性体力が認知機能と最も強い関連を示した．このことから，認知機能の維持には目と手の協調性や指先の器用性，注意力・集中力が深く関わっていることがわかる．

　この一方で，認知機能と下肢機能，上肢機能との関係についても報告されており，認知機能と身体機能の関連性がうかがえる．たとえば，70歳以上の高齢者に対するウォーキングを含めた身体活動は，認知症のリ

調整力を用いた遊び（「キャッチ・ザ・スティック」）
横に並び，２本の棒をからだの前で２回突き，３回目に突いて手を放す．素早く全員が右方へ移動して，右の人の棒をキャッチする．かけ声や歌に合わせて，リズミカルに連続して行う．

スクを減少させ，認知機能の低下を抑制できるという報告や，身体活動は身体的機能だけでなく，精神的機能の改善も期待でき，認知機能，自己効力感，生活満足度を改善できるという報告もあり，身体機能の維持・向上が認知機能の低下を改善することが証明されている．

一過性運動と認知機能の関係を検討した精神生理学的研究は，一過性運動が注意処理資源の動員レベルと刺激弁別速度を高め，認知パフォーマンスを向上させることを明らかにしている．この効果は子どもから高齢者まで年齢に関係なく認められている．

一方で運動習慣が高齢者の精神面に肯定的な影響を及ぼすことからも，高齢者が日常の身体活動に価値観をみいだすことが重要であると考えられる．

昨今，さまざまな住民ボランティアを養成する自治体が増えているが，高齢者を対象とした高齢者による運動ボランティア活動への従事が，本人の身体機能および認知機能の維持・向上に効果があることもいわれている．

【認知機能の測定項目】
① **ストループテスト**

認知的メカニズムや注意機能を測定する指標として用いられる．ある情報が，それと矛盾する情報と同時に示されたとき，一致した情報や無関係な情報と同時に示されるときと比べて，反応時間が長くなったりエラーが増大したりする現象を**ストループ効果**と呼ぶ．

典型的なストループ課題を示す（図 12.8）．色名と一致した色のインクで印刷されたもの（一致条件），色名と一致しない色のインクで印刷されたもの（不一致条件），黒字で印刷された色名（統制条件）の 3 種

・下肢や上肢の機能を改善
・認知症のリスクが減少
・自己効力感，生活満足度を改善

高齢者のウォーキングは認知機能の低下を改善する

類の試行について，不一致条件における課題の遂行を一致条件や統制条件と比較するものである．

②ファイブ・コグ検査

国際老年精神医学会が提唱する**加齢関連認知低下**（aging-associated cognitive decline, **AACD**）を診断することを目的として，日本人用に作成された評価指標である．

記憶・学習（カテゴリー手がかり再生課題），注意（文字位置照合課題），言語（言語流暢性課題），視空間（時計課題），思考（類似課題）の5つの認知要素から構成され，日本人高齢者の軽度認知障害をスクリーニングすることができる．

復習トレーニング

次の文章のカッコの部分に適切な言葉を入れなさい．

❶ 中年者にとって改善の必要のある体力が健康関連体力である一方，高齢者には日常生活を円滑に行うための（　　　）が必要である．体力の機能低下の原因は，長期間動かさないでいることによって生じる（　　　）が考えられる．

❷ 技能関連体力には（　　　），（　　　），（　　　），（　　　），調整力，認知機能が含まれる．これらの体力の維持は，（　　　）や（　　　）に多大な影響を及ぼす．

❸ 20歳の体力を100％としたときの80歳までの体力の加齢変化は，巧緻性や反応時間といった敏捷性で（　　　）％以下の低下，筋力，持久力，歩行能力では（　　　）％の低下，柔軟性や平衡性では（　　　）％の低下を示す．

|統制条件|不一致条件|一致条件|

図12.8 ストループテストの一例

❹ 高齢者の行動の特徴には，行動の（　　　）がある．これは運動制御における刺激に対する（　　　）過程とそれに対する末梢の諸器官の，それぞれの（　　　）が影響する．

❺ 手指の操作に必要な（　　　）は，（　　　）して獲得された日常生活動作に欠かせない巧みな動きを支える体力である．この能力は，神経と筋の（　　　）を表し，移動系や（　　　）動作の能力に比べて加齢による低下は少ない．

❻ 高齢者の転倒予防には（　　　）の回旋や（　　　）の柔軟性，足関節の柔軟性が必要である．

❼ 身体のバランスを保持する能力である（　　　）は，立位姿勢による（　　　）を用いて測定することができる．

❽ 複雑な動きに対して，姿勢調整と動作を滑らかに機敏に行う総合的能力を（　　　）という．この能力は，（　　　）（　　　），動きと動きの連結のスムーズさ，動作の操作性，動作のタイミングの（　　　）などを総合的にとらえる．

13章

筋力や筋パワーを高める体力トレーニング

13章のポイント ▶▶▶▶▶▶▶▶▶▶▶▶▶▶▶▶▶▶▶

◆ 体力トレーニング(とくに筋力トレーニング)を行うことで,最大筋力や筋パワーが増大する.
◆ 最大筋力の優劣には,神経系の要因(運動単位の動員),筋系の要因(筋量など)が関わっている.
◆ 筋力トレーニングは,おもに神経系の要因を高める方法と筋系の要因を高める方法に大別される.この2つの方法では,トレーニングに用いる負荷重量やセット間の休息時間が大きく異なる.
◆ 筋パワーは筋力×スピードで表現されるため,筋力に優れた人がパワーの発揮能力に優れるとは限らない.

13章 筋力や筋パワーを高める体力トレーニング

1 あなたの最大筋力は何で決まるのか？

　全身持久力や柔軟性が個々により異なるように，同じ体格であっても最大筋力の大きさは異なることが多い．最大筋力の大小に影響する要因としては，おもに**神経系の要因**と**筋系の要因**があげられる．したがって，体力トレーニングにより筋力や筋パワーの最大値を高めるためには，上述の2つの要因を合理的に高めることが重要となる．

（1）神経系の要因：筋線維の動員能力

　神経系の要因とは，「大脳からの運動指令を筋に伝え，より多くの筋線維を活動させる能力」といい換えることができ，具体的には運動単位の発火頻度や同期化（**運動単位の動員能力**），拮抗筋における活動抑制などを指す．私たちが筋力を発揮する際には，大脳の運動野からの指令が脊髄神経と運動神経を介して筋線維の動員を引き起こす．この際，筋線維の動員能力は最大筋力の大小に直接的に影響を及ぼす．すなわち，筋力発揮時にどれだけ多くの筋線維を動員できるかが，最大筋力の大きさと密接に関係する．

（2）筋系の要因：筋量と筋線維組成

　筋系の要因としては，**筋断面積**（筋量）がまずあげられる．一般に，最大筋力と筋断面積の間には正の相関関係がみられることから，筋断面積や筋量を増加させることは大きな最大筋力を発揮するうえで重要となる．筋系の要因のうち，筋断面積や筋量は筋の量的要因として位置づけ

運動単位の発火頻度
筋力発揮時における，運動神経細胞が発するインパルスの発射頻度のこと．

られる．これに対して，筋の質的要因としては，**筋線維組成**があげられる．

筋線維とは筋肉を構成する細い細胞の束のことを指しており，収縮速度は速いが持久力に劣る**速筋線維**と収縮速度は遅いが持久力に優れる**遅筋線維**に分類される（表10.1参照）．したがって，ある筋肉に占める速筋線維の割合が大きいと，最大筋力発揮の際には有利に働く．実際に，陸上短距離選手や投擲種目などの爆発的な筋力，パワーが求められる種目における一流選手では速筋線維の占有率が高くなり，陸上長距離種目のような持久性競技選手では，遅筋線維の占有率の高くなることが示されている（表13.1）．一方，筋線維組成はトレーニングによって大きく変化するものではなく，遺伝により大きく支配される．したがって，最大筋力や筋パワーを高めるためには，神経系の要因（運動単位の動員能力）と筋系の量的要因（筋量）の向上に焦点をあてたトレーニングが必要となる．

> **知っておくと役に立つ！**
>
> **筋線維組成**
>
> 速筋線維と遅筋線維の割合を示す筋線維組成は，最大筋力の大きさに影響する．一般に，速筋線維の含まれる割合が高いと，筋力や筋パワーの発揮能力に優れる．筋線維組成を調べる方法として，微量の筋組織を採取し，生化学分析により直接的に測定する手段が有名である．また，非観血的に（出血を伴わないよう）調べる方法として，50 m走と12分間走における速度比から筋線維組成を推定する手段も開発されている．

2　最大筋力や筋量を増やすためのトレーニング

スポーツ競技者においては，最大筋力を高めることによって短時間での大きな筋出力が可能となり，このことは「力強いプレー」が実現できることにつながる．また一般人，とくに中高年者において最大筋力が増加すると，日常生活動作（いすからの立ち上がり，階段の昇降など）においても身体への負担度が小さくなる．したがって，対象や年代を問わずに最大筋力を高いレベルで維持することには意味がある．

表13.1　スポーツ競技者（陸上競技選手）と非鍛錬者における筋線維組成の違い

	速筋線維の占有率（％）	遅筋線維の占有率（％）
短距離種目選手	76.0	24.0
中距離種目選手	48.1	51.9
長距離種目選手	30.6	69.4
非鍛錬者	47.4	52.6

Costill et al., *Journal of Applied Physiology*, **40**, 149 (1976) を改変．

13章 筋力や筋パワーを高める体力トレーニング

最大筋力を増加させるためには，**筋力トレーニング（レジスタンストレーニング）** が有効である．現在筋力トレーニングではさまざまな方法が知られているが，これらは神経系の要因を高める**最大筋力型**によるトレーニングと，筋系の要因を高める**筋肥大型**によるトレーニングに大別される．最大筋力型と筋肥大型による筋力トレーニングでは，用いる負荷重量や1セットあたりの反復回数，セット間の休息時間などが大きく異なる（表13.2）．これらのトレーニングの実施方法の違いにより，神経系や筋系に異なるトレーニング適応が現れる．

（1）神経系の要因を高めるトレーニング

筋力発揮時の大脳の興奮水準や活動筋における筋線維の動員を高めるためには，**高重量・低回数反復**を用いた「最大筋力型」によるトレーニングが有効である．この場合，**最大挙上重量**（1 repetition maximum, **1RM**）の85～100％に相当する高重量で，1～6回程度の反復による運動を各セット間に比較的長い休息（2～4分程度）を挟んで行う点に特徴がある（表13.2参照）．このような高重量・低反復回数を用いた方法では，全セットを通してきわめて大きな筋力を発揮する必要がある．

実際に，筋電図と呼ばれる手法を用い各セットの運動時における筋活動を評価すると，全セットを通して最大筋力発揮時に近いレベルでの筋活動が確認される．一方，各セットにおける反復回数が少ないことから，運動に伴う血中乳酸濃度の上昇や運動前後における最大筋力の低下率（筋疲労の程度を反映）は比較的小さい．

最大筋力型のトレーニングを数週間～数カ月にわたり継続することにより，最大筋力，筋パワーはいずれも大きく増加する．一方，この際に，

> **1 RM（最大挙上重量）**
> 1回の動作反復が可能な重量の最大値を指す．p.15も参照．

表13.2 「最大筋力型」と「筋肥大型」による筋力トレーニングの実施方法

	最大筋力型	筋肥大型
負荷強度	1RMの85～100％	1RMの70～85％
反復回数	1～6回程度	6～12回程度
セット間の休息時間	2～4分程度	0～2分程度
おもな効果	最大筋力，筋パワーの増加	筋量の増加，筋持久力の向上

「最大筋力型」「筋肥大型」は学術的な名称でない．名称については今後さらに検討する必要がある．

筋断面積の増大（**筋肥大**）や筋持久力の改善に対する効果は必ずしも大きくない（図 13.1）．したがって，最大筋力型のトレーニングを実施すると，単位筋断面積あたりの**最大筋力値**（最大筋力値 / 筋断面積）が増加する．このことから，高重量・低反復回数によるトレーニングは，「神経―筋系を鍛えるトレーニング」と位置づけることができよう．

最大筋力型のトレーニングを積極的に取り入れているスポーツ競技種目としては，ウエイトリフティング（重量挙げ）が有名である．また，体重を過度に増加させずに筋力を高めることが求められる競技者においても，このトレーニングは有効である．

（2）筋系の要因を高めるトレーニング

①筋肥大型によるトレーニング

筋断面積（筋量）の増大をねらいとする場合には，中程度の重量・比較的高回数反復を用いた「筋肥大型」によるトレーニングが有効である．この場合，1RM の 70〜85％に相当する重量を用い，6〜12 回程度の反復による運動を各セットに比較的短い休息（30 秒〜2 分程度）を用いて行う点に特徴がある（表 13.2 参照）．「筋肥大型」によるトレーニングでは，筋断面積の増加（筋肥大）や筋持久力の向上が認められる．

実際に，週 2 回・8 週間にわたる両トレーニングの長期効果を比較した研究では，トレーニング期間前後での最大筋力の増加率は「最大筋力型」でトレーニングを行ったグループが高値を示したのに対して，磁気共鳴画像法（MRI）により評価した大腿部の筋断面積の増加率は，「筋肥大型」でトレーニングを行ったグループで高値を示した（図 13.1 参照）．

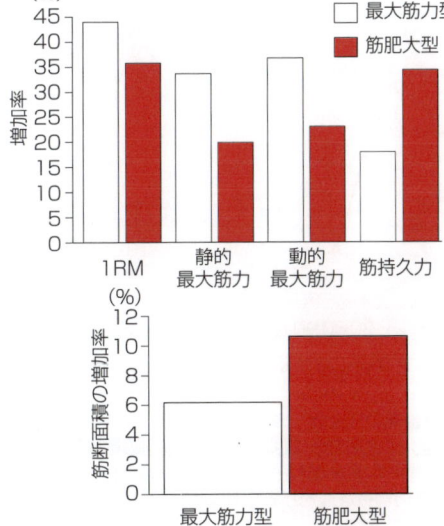

図 13.1 「最大筋力型」と「筋肥大型」による筋力トレーニングの効果の違い

「最大筋力型」または「筋肥大型」による筋力トレーニングを週 2 回・8 週間にわたり継続した．「最大筋力型」による方法では，最大挙上重量（1RM）の 90％の負荷で 5 セットの運動を実施した（セット間に 3 分間の休息）．一方，「筋肥大型」による方法では，1RM の 80〜40％の負荷で 9 セットの運動を実施した（セット間に 30 秒〜3 分間の休息）．8 週間のトレーニング期間の前後に筋力や筋持久力（50 回連続の膝伸展運動時の発揮筋力の平均値より評価）を測定し，それらの増加率をグループ間で比較した．

崔ら，体力科学，**47**，119（1998），体力科学，**47**，189（1998）より作図．

また，筋線維を取り巻く毛細血管の発達は，とくに遅筋線維において，「筋肥大型」を行ったグループが高値を示した．毛細血管数が発達し増加すると，運動で動員される筋線維へ酸素が供給されやすくなり，筋持久力が改善される．実際に，全力での50回連続の膝伸展運動における発揮トルクの減少率に対するトレーニング効果を比較すると，「筋肥大型」を用いたグループにおいてより大きな改善がみられた（図13.1参照）．

「筋肥大型」によるトレーニングのその他の特徴として，運動後に筋肉でのタンパク合成を促進させる作用をもつ**同化ホルモン**（成長ホルモン，テストステロン，インスリンなど）の血中濃度の増加が認められる（図13.2）．この要因としては，運動による筋での代謝物の蓄積が関与しているようである．実際に，血流制限などを用いて，筋での代謝物の蓄積を助長することにより成長ホルモンの著しい分泌増大が生じることが報告されている．

古くから，筋力トレーニングによって筋肥大の効果を得るためには，1RMの65％以上の負荷強度を用いることが必要であるとされてきた．しかし，1RMの20〜50％程度といった，きわめて低強度（低負荷）を用いた場合でも，筋での血液循環や酸素環境を変化させることにより，中〜高負荷を用いた従来のトレーニングと同様の筋肥大効果を得られるようである．これらの研究成果は，筋肥大を引き起こすうえで，高重量を使用することが必須の要因ではないことを示している．

②低強度・低速度のトレーニング

上述の考えを利用したトレーニングとしては，**低強度・低速度**で行う筋力トレーニングがあげられる．この場合，きわめて低負荷（1RMの

> **知っておくと役に立つ！**
>
> 「低強度・低速度」によるトレーニング
>
> 重量の挙上時や挙上と下降動作の切り替え時に反動を使わず，持続的に筋を活動させることが必要である．このことにより，運動時に筋では局所的な血液循環の制限や代謝物の蓄積が生じ，筋肥大に重要な刺激となることが示唆されている．

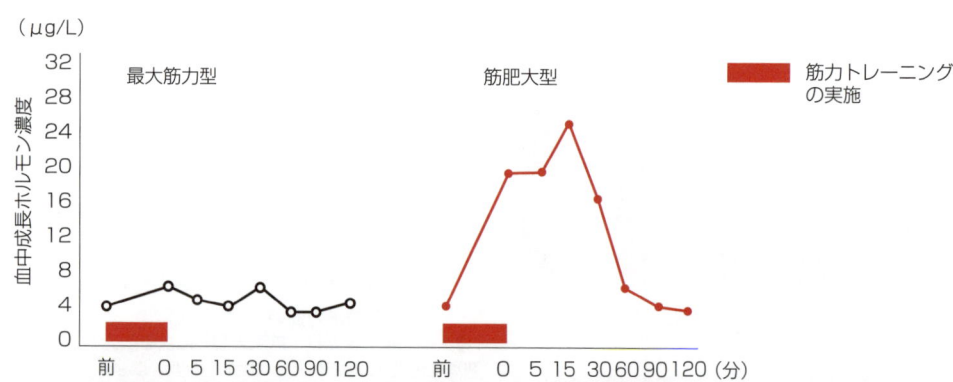

図13.2　「最大筋力型」と「筋肥大型」による筋力トレーニング後における血中成長ホルモン濃度の変化（被験者9名の平均値）

「最大筋力型」による方法では，5RM（5回の動作反復が可能な重量の最大値）の負荷に対して，5回×5セット（セット間には3分の休息）の運動を実施した．一方，「筋肥大型」による方法では，10RM（10回の動作反復が可能な重量の最大値）の負荷に対して，10回×5セットの（セット間には1分の休息）の運動を実施した．その結果，「筋肥大型」による方法では，運動終了後に血中成長ホルモン濃度の顕著な増加がみられるのに対して，「最大筋力型」による方法では同様の変化はみられない．

Kraemer et al., *Journal of Applied Physiology*, **69**, 1442（1990）より作図．

20〜50％程度）を利用して，動作範囲全体にわたり低速度で反動をつけずに反復する（例：重量を3秒で挙上し，3秒で下降させる）．使用する重量は従来のトレーニングに比較して軽いが，持続的に筋力を発揮することで筋での代謝物の蓄積が助長され，筋内は局所的な**低酸素状態**に陥る．また，運動後には成長ホルモン濃度やテストステロン濃度の増加すること（図13.3），長期のトレーニングにより筋断面積や最大筋力の増加がみられることが，これまでの研究から確認されている．

さらに，中〜高負荷を用いた筋力トレーニングでは運動時に，血圧の急激な増加のみられることが多いのに対して，低負荷を用いたこのトレーニングでは，血圧上昇の程度が比較的小さいことが大きな利点である．したがって，「低強度・低速度」による筋力トレーニングは，トレーニング初心者や女性，中高年者のトレーニングとして，とくに有用であると考えられる．

3　筋パワーを高めるためのトレーニング

（1）力—速度関係を強化する

筋パワーは，**筋力**と**速度（スピード）**の2つの要因により決定される．したがって，筋パワーを高めるための最適なトレーニングは最大筋力や筋量を増加させるトレーニングと同じわけではない．筋パワーを高めるためのトレーニングを考えるうえでは，**力—速度関係**と呼ばれる筋力発揮時の特性を理解することが重要である．

一般に，最大筋力の35％程度に相当する筋力発揮時に，「筋力」と

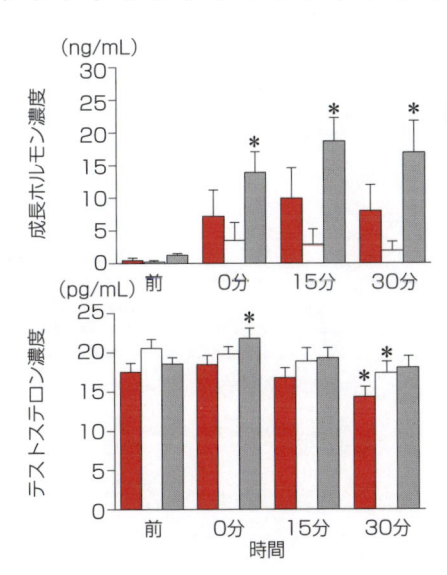

図13.3　「低強度・低速度」で行う筋力トレーニング後における血中成長ホルモンおよびテストステロン濃度の変化

「低強度・低速度」による筋力トレーニングでは，1RMの40％の負荷に対して，重量を3秒で挙上し，3秒で下降した．その結果，運動後には血中成長ホルモンおよびテストステロン濃度の有意な増加が認められ，その効果は「高強度・通常速度」による一般的な筋肥大型による方法や「低強度・通常速度」による筋力トレーニングに比較して大きかった．＊は運動前の値に対する有意差を示す．

Goto et al., *Journal of Physiological Science*, **58**, 7（2008）より作図．

「速度（スピード）」を掛け合わせた「パワー」が最大値を示すと考えられる．このことから，筋パワーの増大を目的とした筋力トレーニングでは，1RMの40〜50％に相当する重量を用いて最大速度で反復することが多い．

一方，パワーの構成要因である「筋力」と「速度」では，**トレーナビリティー**（トレーニングの結果として向上が期待できる程度）は筋力のほうが大きい．したがって，最終的に高いレベルでの筋パワーを獲得するためには，その土台となる最大筋力を十分に強化することが必要である．ただし，スポーツ選手のトレーニングを考えると，重要とされるパワー発揮の様相が「筋力重視」であるか「スピード重視」であるかは，競技種目やポジションなどに応じて異なる．したがって，トレーニングを実施するうえでは，各競技種目におけるパワー発揮の特性を十分に把握したうえで，目的にみあったパワートレーニングを選択することが大切である．

（2）伸張—短縮サイクルを高める

陸上競技の跳躍選手にみられるダイナミックな跳躍や球技選手における力強い切り返し動作では，爆発的な筋力発揮が求められる．この際，運動に動員される筋群では瞬時に筋線維の長さが変化し，効率的なパワー発揮を可能としている．

たとえば，バレーボール選手がスパイクを打つ場面を想定してみよう．選手は跳躍をする直前にいったん下方にしゃがみ，その後，上方への跳躍動作へと移行する（**反動動作**）．この際，上体を素早くしゃがみ込むときには脚筋群の筋線維はいったん引き延ばされ（筋線維の伸張），そ

反動動作
筋線維の伸張と短縮が短時間で起こる．

跳躍
筋線維の短縮

しゃがむ
筋線維の伸張

の後の跳躍動作においては急激に短くなる（筋線維の短縮）．きわめて短時間で筋線維の長さを変化させることにより，伸張反射や筋線維の伸張時に蓄えられた弾性エネルギーを利用することができ，より大きなパワーが発揮できる．

このような筋線維の一連の長さの変化を**伸張―短縮サイクル**と呼び，爆発的なパワー発揮を獲得するうえで重要な意味をもつ．伸張―短縮サイクルは，疾走時や跳躍時，投球時などさまざまなスポーツ活動時に用いられる．したがって，爆発的なパワー発揮能力を獲得するためには，伸張―短縮サイクルの遂行能力を十分に高めておくことが必要である．

伸張―短縮サイクルを高めるためのトレーニングとしては，台上から着地後に跳躍をする**ドロップジャンプ**やその場での**連続ジャンプ（リバウンドジャンプ）**などが知られている（図13.4）．いずれのトレーニングにおいても，着地後直ちに跳躍し，接地時間を短くすることが重要である．

> **知っておくと役に立つ！**
> 連続ジャンプ（リバウンドジャンプ）の注意点
> ・着地後，直ちに跳躍し，接地時間を短く，高くとぶこと．
> ・安全面から，靴を着用すること．

復習トレーニング

次の文章のカッコの部分に適切な言葉を入れなさい．

❶ 最大筋力の優劣に影響するおもな要因としては，（　　　　）（　　　　）（筋線維組成）があげられる．

❷ 「最大筋力型」のトレーニングの特徴として，高負荷を用いて，セット間に（　　　　）休息を挟む点があげられる．

❸ 「筋肥大型」のトレーニングの結果，筋断面積（筋量）が増加することに加えて，（　　　　）の向上することが知られている．

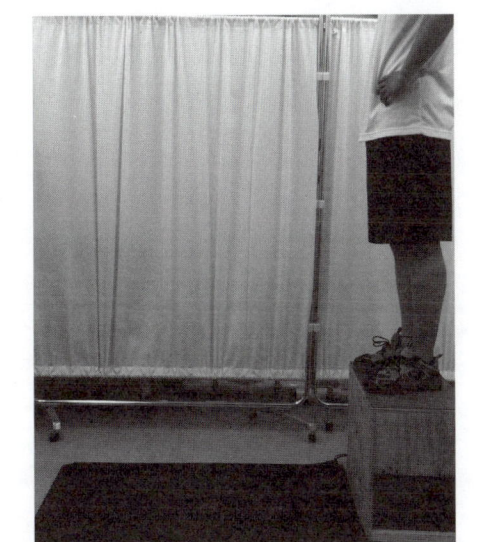

図13.4　脚筋群の伸張―短縮サイクルを高めるためのドロップジャンプ

台高約40 cmの台から着地し，素早く（接地時間を短く）上方に跳躍をする「ドロップジャンプ」実施の様子を示す．着地時に脚筋群の筋線維は伸張し，その後の跳躍時に急激に短縮することにより爆発的なパワー発揮が可能となる（伸張―短縮サイクル）．なお，写真ではマットスイッチを使用し，跳躍高と接地時間を計測している．跳躍高を接地時間で除す（跳躍高/接地時間）ことにより，伸張―短縮サイクルの遂行能力の優劣を評価することができる．

❹ 筋力トレーニング(とくに筋肥大型による筋力トレーニング)を行った際に体内で産生が増加する同化ホルモンとしては,(　　　),テストステロン,インスリンなどがあげられる.

❺ 跳躍動作,疾走動作,投球動作などで筋線維の急激な長さ変化を利用した爆発的なパワー発揮の様式を,(　　　)サイクルと呼ぶ.

14章

持久力を高める体力トレーニング

14章のポイント

- ◆ 持久力には，全身の筋を動員する全身持久力と，ある特定の部位を繰り返し使うような筋持久力がある．それぞれの特徴を理解しよう．
- ◆ 全身持久力を評価する，最大酸素摂取量や乳酸性代謝閾値について，その概念や意義を理解しよう．
- ◆ 全身持久力を鍛えるためには，低強度の長時間運動，インターバルトレーニング，高地トレーニング，超高強度のトレーニングなどさまざまなトレーニング法があり，それぞれの特徴について理解しよう．
- ◆ 多くの球技スポーツでは，運動強度が絶えず変化する．このような間欠的運動の全身持久力を高めるトレーニング法を理解しよう．

14章 持久力を高める体力トレーニング

1 持久力の概念と特徴

　持久力とは運動を持続する能力のことで，体力を構成するひとつの要素である．運動の継続は疲労の発現により決まるため，疲労に抗する能力ともいえる．

　持久力は大きく2つのタイプに分類することができる．全身の筋を動員する**全身持久力**と，ある特定の筋を繰り返し使うような**筋持久力**である（表14.1）．さらに全身持久力には，ランニング，競泳，自転車，ボート競技のようにほぼ一定の強度で運動するタイプの持久力と，球技のように短い全力ダッシュを繰り返すような持久力がある．一定強度の持久力のなかにも，運動時間からみて，マラソンのように長時間のものから，中距離競走のように数分～10分程度で終了する運動まで幅広く，それぞれの能力を高めるトレーニングは必ずしも同一ではない．

（1）筋持久力

　筋持久力とは，同じ動作を疲労せずに繰り返し継続する能力である．たとえば，野球のピッチャーが，投球数が増えるに従って徐々にコントロールが悪化したり，球速が低下したりすることがある．これはボールを握る握力が低下したり，体幹や下肢の筋が疲労したりした結果と考えられる．このように筋持久力とは，ある程度の力を持続して，あるいは繰り返し発揮する能力のことであり，体力測定では懸垂や上体起こしなどで評価される．

　この能力を高めるためには，筋線維のなかで**持久筋**と呼ばれるタイプ

表14.1　持久力の概念とおもなスポーツ種目

タイプ	強度	時間	おもな競技
全身持久力	ほぼ一定強度	30分～数時間	マラソン，ロード自転車，トライアスロン
		数分～10分程度	中距離競走，競泳，ボート競技
	間欠的運動（強度が変化する）	数分～90分程度（数秒～30秒程度の高強度運動の繰り返し）	サッカーやバスケットボールなどの球技，ボクシングなど
筋持久力	最大の1/3程度	短時間の反復	野球の投手，体操競技

の筋（**遅筋**）を鍛える必要がある．そのため，最大筋力の 30〜40％程度の筋収縮を反復することが課題となる．具体的には 10〜30 回の反復が可能な負荷（重さ）の筋力トレーニングを，休息をはさみ 3 セット程度行うことを目安にする．

一方，最大筋力を高めれば，筋持久力も高まるように思えるが，最大努力で 1 回の筋力発揮を高めるトレーニングでは，持久筋はあまり動員されないため筋持久力の強化には結びつかない．

（2）低強度の全身持久力

全身持久力とは，多くの筋を使った運動をできるだけ長く持続する能力と定義され，身体のさまざまな機能・能力が関わる（図 14.1）．エネルギー供給機構からみると有酸素系が中心となり，呼吸・循環系および筋組織が深く関わる．

また，エネルギー基質の利用の仕方も影響し，そのほか体温調節能や精神的要因も規定因子となる．そのため，全身持久力を評価するためには，これらを個々に測定するよりも，最大酸素摂取量や**乳酸性代謝閾値**（**LT**）など総合的な能力を評価するほうが適している．

古くから全身持久力の指標として利用されてきた**最大酸素摂取量**（$\dot{V}O_2\,max$）は，最大運動時の呼吸・循環機能の評価法として優れているが，最大下の運動を持続する能力の評価法としては妥当性が若干劣る．図 14.2 は最大酸素摂取量とマラソンの平均走速度（所要時間）の関係を示す．最大酸素摂取量が高い人ほどマラソンの走速度は高く（時間は短い），相関関係は高いことがわかるが，最大酸素摂取量が同程度の場合（図中の点線の囲い），記録は広範囲にばらつくこともわかる．

LT
lactate threshold

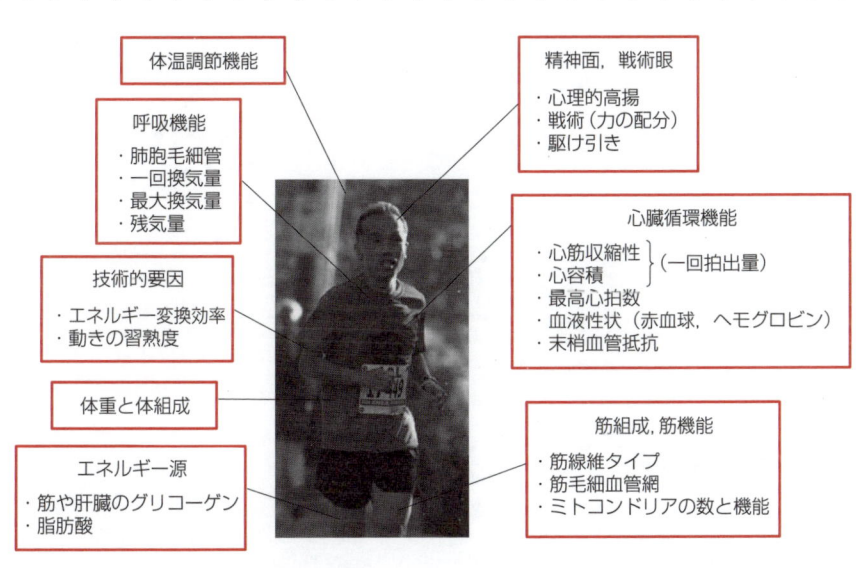

図 14.1 全身持久力の影響因子

- 体温調節機能
- 呼吸機能
  - 肺胞毛細管
  - 一回換気量
  - 最大換気量
  - 残気量
- 精神面，戦術眼
  - 心理的高揚
  - 戦術（力の配分）
  - 駆け引き
- 心臓循環機能
  - 心筋収縮性 ｝（一回拍出量）
  - 心容積
  - 最高心拍数
  - 血液性状（赤血球，ヘモグロビン）
  - 末梢血管抵抗
- 技術的要因
  - エネルギー変換効率
  - 動きの習熟度
- 体重と体組成
- 筋組成，筋機能
  - 筋線維タイプ
  - 筋毛細血管網
  - ミトコンドリアの数と機能
- エネルギー源
  - 筋や肝臓のグリコーゲン
  - 脂肪酸

これに対してLTは，乳酸濃度が高まることなくエネルギーを供給できる代謝閾値を表している．図14.3は運動強度とエネルギー供給量，そしてその際の血中乳酸動態の関係を示す．強度に比例してエネルギー供給量は増えるが，ある強度を超えると脂質代謝が抑制されエネルギー源は糖（グリコーゲン）が主体となり，乳酸が上昇し始める．これが**LT強度**で，これより高い強度になると糖の浪費，乳酸濃度の増大による体内の酸性化など，運動を制限する要因が生じる．このためLT強度の高低は，マラソンのように運動を長時間継続するような能力（全身持久力）を評価する優れた指標になると考えられている．

（3）高強度の全身持久力

ほぼ一定強度でも，数分〜10分程度で全力を発揮する運動種目（たとえば，陸上競技の中距離走，競泳，ボート競技など）では，運動時のエネルギー供給を有酸素性代謝だけではなく無酸素性代謝にも依存するため，両能力が高いことがパフォーマンスの成否を分ける．このときのエネルギー供給量は酸素摂取量だけでは評価できないため，**酸素借**などによって無酸素性エネルギー供給量を評価する．

表14.2は，陸上競技走種目のエネルギー供給比を表しており，たとえば4分前後で終了する1500 m走では，無酸素エネルギーも25%程度必要であることがわかる．他のスポーツ競技でも，陸上競技の運動時間を参考にほぼ推定できる．

無酸素性エネルギー代謝では，糖が酸化され代謝産物として乳酸が生成される．このような状況において，乳酸濃度を決定するのが乳酸の除去（酸化）能力である．除去能力が高ければ乳酸濃度が急上昇すること

酸素借
運動を開始すると，必要なエネルギーを生成するために酸素摂取量が上昇する．しかし，その運動に必要な酸素摂取量（酸素需要量）に達するまでに，通常数十秒の時間を要す．その間，無酸素性のエネルギー供給によってエネルギーをまかなうことになり，これを酸素借と呼ぶ．一般に酸素借は，運動強度が高強度になるほど大きくなる．

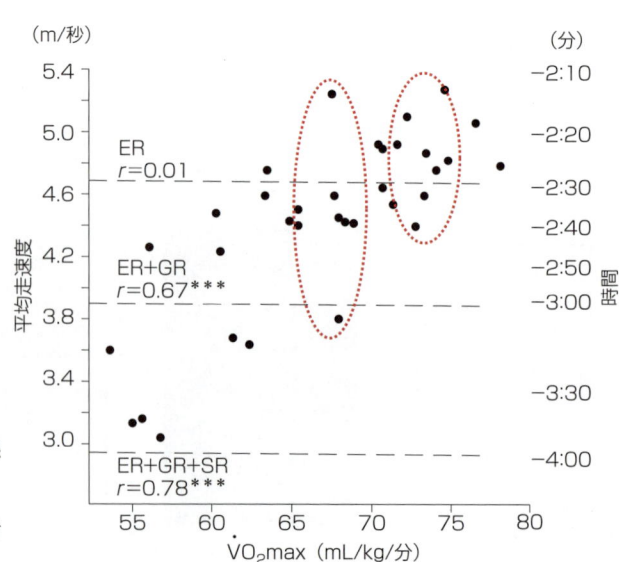

図14.2　最大酸素摂取量とマラソンの記録の関係
ER：エリートランナー，GR：優れたランナー，SR：普通のランナー．
Sjodin, Svedwnhag, *Sports Med.*, **2**, 83（1985）．を著者改変．

なく，運動が遂行できる．同時に乳酸による酸性化を中和する緩衝能力（**乳酸耐性**などと呼ばれ，高乳酸状態での運動遂行能力）の向上も，高強度の全身運動には欠かせない．

このような全身持久力を反映するのが，**最大乳酸定常**（maximal lactate steady state, **MLSS**）と呼ばれる指標である．MLSSは，先に示した血中乳酸動態で乳酸値がほぼ4 mmol/Lに相当する強度（**OBLA**）と一致するといわれている．

（4）間欠的運動の全身持久力

サッカーやバスケットボールなどの球技スポーツも全身運動だが，その運動強度は，ボールに触れたり相手選手を追いかけているときと，ボールから離れたところで歩いたり，ゆっくり走っている状況が繰り返され絶えず変化している．すなわち，数秒～30秒程度の強い運動と不完全な休息の反復が多くの球技の運動パターンで，この種の運動を**間欠的運動**と呼び，これらの運動パフォーマンスにも全身持久力の高低が影響する．

間欠的運動をエネルギー供給機構からみると（図14.4），強い運動局面では酸素摂取量が急上昇しても**酸素需要量**（エネルギー代謝に必要な酸素量）に追いつかず，無酸素性エネルギー供給（酸素借）の貢献がある．このとき，乳酸が増えて筋に酸がたまるが，軽い運動局面における需要量以上の酸素摂取量の高まりが乳酸の除去（酸化）などの酸素負債に当てられる．

試合中の運動量から考えると，前半ではダッシュは速く，その回数も多いのに対して，試合が進むにつれて強度が低下したり，休息の時間が

> **OBLA**
> onset of blood lactate accumulation. 血中乳酸蓄積開始点．血中乳酸濃度が4 mmol/Lのときの運動強度．

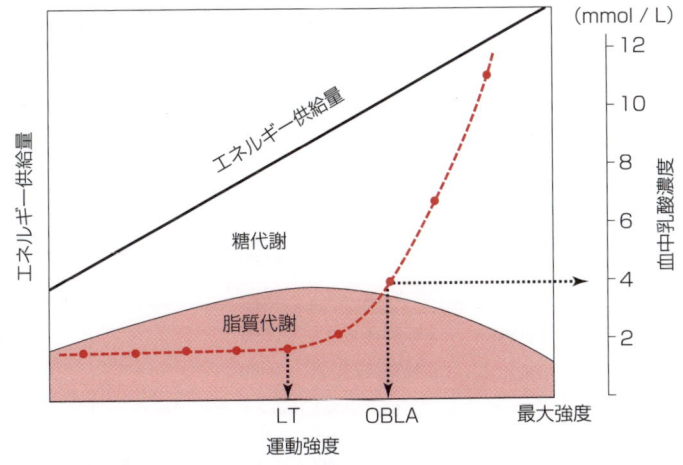

図14.3 運動強度とエネルギー供給量，血中乳酸濃度（●）の関係（模式図）

長くなったりする．この原因は，高強度運動による乳酸生成量が除去量よりも大きく，徐々に血中乳酸濃度が高まり体内が酸性に傾き，エネルギー生成過程が阻害されること，前半での糖の利用量が大きいため筋グリコーゲン量が低下すること，筋や関節の損傷，など複合的なものである．

したがって，強い運動局面で乳酸生成をできるだけ抑えることが体内の酸性化を防ぎ，かつ筋グリコーゲンの節約につながる．しかしながら球技では，必要なときに爆発的なエネルギーを出すことも重要である．そのためには，有酸素エネルギー供給の素早い立ち上がり，過剰な乳酸蓄積による酸性化を中和する緩衝能力の向上，乳酸を除去する能力の改善が不可欠であり，これが球技で運動量を減らさない秘訣となる．

2　全身持久力を高めるトレーニング法

（1）低負荷のトレーニング

全身持久力を高めるために基礎となるトレーニングは，無理なく運動を遂行できる低強度で，長時間の負荷をかけることが第一である．そのため，LT強度以下の負荷でトレーニングすることから始める．長距離競走のトレーニング法を例に紹介する．水泳，自転車などそれぞれの競技に置き換えて考えてみよう．

① **LSDトレーニング**

できるだけ長い距離をゆっくり走るトレーニングのことである．**LSD** (long slow distance) の目的は筋毛細血管の発達，ミトコンドリアの増加による酸化酵素の増大，脂質代謝の促進，余剰体脂肪の削減など，

表14.2　陸上競技種目とエネルギー供給の割合（％）

種目	所要時間	有酸素エネルギー	無酸素エネルギー
100 m	10数秒	15	85
400 m	60秒以内	40	60
800 m	2分前後	60	40
1500 m	4分前後	75	25
5000 m	15〜20分	90	10
10000 m	30〜40分	95	5
ハーフ	1時間以上	98	2
マラソン	2時間以上	99	1

中野昭一　編，『図説　運動の仕組みと応用』，(1982), p.146. Duffieldら〔J. Sci. & Med. Sports, **7**, 11 (2004), J. Sports Sci., **23**, 299 (2005), J. Sports Sci., **23**, 993 (2005)〕より著者改変．

全身持久力の基幹をつくることである．そのため，マラソンなど持久性スポーツに取り組む人にとって，最初に行うべきトレーニングである．初心者の場合，初めは30分程度を目標にして，慣れてきたら徐々に時間を伸ばす．その場合でも，強度を上げずにゆっくり走ることがポイントで，マラソントレーニングでは2時間以上に及ぶこともある．

②ペース走

LTなどの代謝閾値を基準にして，一定ペースで走るトレーニング．代謝閾値が不明な場合，目標とするレース速度を参考にペースを定めて，レースの半分程度の距離を走る．ペース感覚の養成，脚筋持久力の改善などに役立つ実践的トレーニングである．

③LTインターバル

たとえ乳酸の蓄積されないLTペースであっても，長時間走り続けるのは初心者には難しいことである．その場合，LTを指標とした**インターバルトレーニング**も有効である．通常のインターバルと同様に急走（3～5分程度）と緩走（1～2分程度）を繰り返すが，急走期でもLTレベルを上限とした低強度でやや長めに行う．LTが不明な場合，心拍数で最大の50（初心者）～70（上級者）％程度，感覚的には走りながら会話のできる上限の速度を目安にする．身体の状態を指標とし，競技場以外でもできるトレーニングである．

（2）高地トレーニング

高地トレーニングがマラソントレーニング法として脚光を浴びるようになったのは1960年（昭和35）頃からで，エチオピアなどの高地民族が世界の長距離競走において卓越した力を発揮し始めたことが発端である．

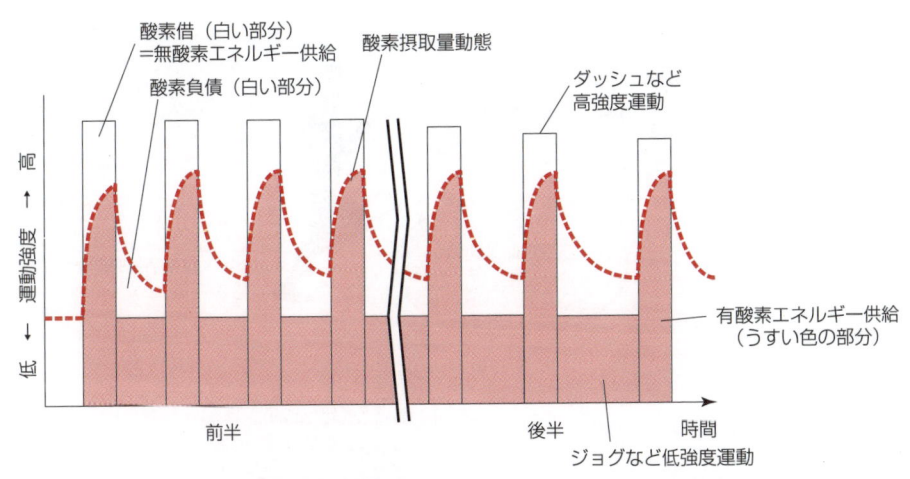

図14.4 高強度運動と低強度運動の繰り返し時のエネルギー供給動態の模式図

高地では通常の大気に比べ酸素分圧が低いという特徴があり，このような状態を**低酸素**という．低酸素下でのトレーニングにおける持久力改善のメカニズムは，酸素獲得のための順化による受動的効果である．すなわち，呼吸数の増加に伴う換気量の増大，赤血球数やヘモグロビン量の増大，筋毛細血管網の発達，ミオグロビン量の増加，酵素活性の向上などが起こる．これらの複合効果によって，持久力に必要不可欠な酸素獲得能力が高まり，パフォーマンスが改善される．ところが，高地トレーニングは理論的には持久性スポーツに有効であるにもかかわらず，必ずしも試みすべてが成功しているとはいえないのが現状である．その理由は，次にあげる高地トレーニングの特徴にあると考えられる．

　第一に，高度条件である．高地順化という点では3000 m以上の標高が最も効果的である．しかしながらトレーニングの立場からみると，あまり高いと疲労が強く，必要な練習量や強度が保てないという問題が生じる．

　第二に，高地トレーニングの効果は永久ではない．高地で獲得した効果は平地に戻れば徐々に減退し，2～3週間でほぼ消失する．したがって，競技直前まで高地にいるのが望ましいが，海外などで高地トレーニングを行う場合，移動や時差の問題がある．

　第三に，高地で起こりやすい食欲減退や消化吸収障害などの栄養問題がある．極端な高地では，タンパク分解による筋の萎縮なども報告されている．そのほかに生活環境，衛生，トレーニング環境，ホームシックなど低酸素以外の条件も合宿が長期間になるほど，選手にマイナス要因として働くことがあり得る．

　このような問題の解決策として，滞在条件を工夫したトレーニング法

低酸素下のトレーニングにおける
持久力改善のメカニズム

が提案されている（表14.3）．1週間程度の高地滞在と平地滞在を交互に反復する**高地-平地反復法**や，高地で生活しトレーニングは平地で行

表14.3 高地トレーニングの種類と特徴

トレーニングの形態	生活・滞在	トレーニング	期間	長所	短所
高地トレーニング	高地	高地	中～長期間	・優れた自然環境 ・呼吸循環系の改善 ・爽涼環境	・天候不順 ・季節限定 ・トレーニング強度の不足 ・経費 ・生活環境
高地トレーニング （高地-平地反復法）	高地と平地	高地と平地	1週間程度の高地滞在と平地滞在を反復	・優れた自然環境 ・呼吸循環系の改善 ・爽涼環境	・天候不順 ・季節限定 ・経費 ・適合する場所の選定
高地トレーニング （短期間）	高地	高地	3日間程度の短期間	・優れた自然環境 ・爽涼環境	・天候不順 ・季節限定 ・持久力改善効果が小さい
高地滞在-平地トレーニング法	高地	平地	中～長期間	・呼吸循環系の改善 ・トレーニング条件が平地	・経費 ・適合する場所の選定
低圧トレーニング	平地	減圧室[*1]	制限なし	・生活密着型 ・天気，季節を問わない	・建設費高価 ・拘束，閉塞感 ・運動形態の限定 ・出入り不自由
低酸素トレーニング	平地	低酸素室[*2]	制限なし	・生活密着型 ・天気，季節を問わない ・出入り自由	・高価な機械 ・拘束，閉塞感 ・運動形態の限定
低酸素順化	低酸素室[*2] （睡眠時）	平地	制限なし	・出入り自由 ・トレーニング条件が平地	・高価な機械 ・拘束，閉塞感 ・睡眠中の監視体制

＊1：密閉した部屋の空気を抜き取り，低酸素環境を人工的につくる．
＊2：空気中の酸素濃度を低下させ，低酸素環境を人工的につくる．

●高地トレーニングの効果を上げるために●

① 理論的には，標高3000m以上が効果的
② トレーニングの強度を保つために，滞在条件を工夫する
③ 競技直前まで高地にいる
④ 食欲減退や消化吸収に注意する

うという**高地滞在-平地トレーニング法**などがその代表である．これらの方法は，トレーニング強度の低下を防ぎ，かつ低酸素下での受動的効果を生かす方法として注目されている．

　一方，トレーニング強度と高地順化の効用の妥協案として，標高1000〜1600 m 程度の準高地を生活およびトレーニングの拠点とする方法がある．米国コロラド州・ボルダー（標高 1650 m）などはこれに相当し，高地トレーニングのメッカとなった．国内にも長野・菅平高原，山形・蔵王山麓，岐阜・乗鞍高原などマラソントレーニングの可能な（準）高地がある．そのほかにも低圧室や低酸素室といった人工気象室を利用して，高地に匹敵する低酸素状態をシミュレートする方法がある．

（3）早朝練習

　学生競技者やトップアスリートには朝食前にトレーニングをしている人が多くみられる．とくに長距離ランナーでは朝練習が重視されており，世界の長距離マラソン界を席巻しているケニア人選手は，ほとんどが早朝に主たるトレーニングを行っている．

　通常の生活では，睡眠をはさんだ夕食から朝食の間が 1 日のなかで最も長い絶食期間である．そのため朝食前の身体では肝臓のグリコーゲン量が低下し，貯蔵グリコーゲンが少なくなっている．このような状況で運動を行うと，脂肪がエネルギー源として使われ（酸化）やすくなることが知られている．脂質代謝の亢進や減量の点で考えれば，LSD トレーニングや超持久走でなくても朝のトレーニングは全身持久力を高めるのに適しているといえるだろう．

高地滞在-平地トレーニング法

（4）高強度トレーニング

ある程度基礎的なトレーニングを積んだら，強度の高いトレーニングを行うことも全身持久力の改善には欠かせない．たとえば，LT強度の改善には，乳酸を生成しない低負荷の運動だけではなく，産生された乳酸を除去する能力が不可欠で，この能力を高めるためには，次項に述べる強度の高いトレーニングが有効である．

近年，本来は無酸素性能力を高めるトレーニングと考えられてきた短時間・超高強度の運動が，持久性能力を高めることが明らかとなってきた．30秒程度の全力運動を数分の休息を挟み5本程度繰り返すことによって，脂質代謝能を改善する遺伝子が発現することが明らかにされている．

3 高強度の全身持久力や間欠的全身持久力を高めるトレーニング

陸上中距離走のような高強度の全身持久力や，サッカーなどの間欠的全身持久力を高めるためのトレーニング課題には，共通する部分がある．すなわち，ⅰ）乳酸性機構を中心とする無酸素性エネルギー供給能の強化，ⅱ）緩衝能力の改善，ⅲ）酸化を中心とした乳酸除去能力の向上，である．効果的なのは，乳酸を生成しないように運動するのではなく，乳酸が生成された状況での運動である．代表的な例として**インターバルトレーニング**があり，そのほかに**サーキットトレーニング**や起伏地を走る**クロスカントリー走**などがある．

> **サーキットトレーニング**
> 腹筋，腕立て伏せ，ハードルジャンプなど複数のトレーニングを組み合わせ，繰り返し行うトレーニング法．ウエイトトレーニングとは異なり，種目間はジョギングやウォーキングなどでつなぎ，完全休息を取らない．特別なトレーニング機器を使わなくても可能な全身性のトレーニングである．

（1）インターバルトレーニング

　強い運動（急走）と軽い運動（緩走）を交互に繰り返すトレーニング法．急走で強い負荷がかかり，呼吸・循環機能の改善，緩衝能の向上などによって最大酸素摂取量，OBLA の増大が期待できる．目標とする競技のエネルギー供給比を考慮して，急走と緩走における適切な速度，距離および反復回数を決定する．

　急走の目安は，球技や中距離走（レース時間が数分以内）なら 15 秒～1 分，5000 m 走（レース時間が 15 分程度）なら 1～3 分で走れる距離を想定し，強度は短い距離ほど高く設定し，低くても OBLA 程度を目安にするとよい．緩走は 1～2 分程度のジョギングや歩行，反復回数は 5 回以上が望ましいとされている．

（2）高強度運動と低強度運動のミックス

　競技戦略の習熟やその運動強度への適応という点では，目標とする競技強度で運動を行うことは，欠かせないトレーニング手段の一つと考えられてきた．しかしながら最近，強度の高い超最大運動と強度の低い最大下の運動をミックスし，競技強度の運動をあまり行わない事例が報告されている．

　シドニー五輪の自転車団体追い抜きで優勝したドイツチームは，大会前の準備期において，LT 以下の低強度運動と乳酸濃度が 10 mmol/L にも達する超高強度運動をおもに行い，OBLA 強度の運動をほとんど行っていないことを明らかにした．

　また，ケニア人ランナーのトレーニングの調査では，最大酸素摂取量

が出現するような高強度トレーニングを主とする群と，LT付近の低強度トレーニングをおもに行っている群を比較した結果，高強度群のほうで10 km走パフォーマンスが高かったと報告されている．このような目標とする強度の運動を行わないトレーニング法も，今後検討されていくと考えられる．

（3）超高強度インターバルトレーニング

近年，数秒〜20秒程度の全力運動を不完全な休息（10秒程度）を挟み5〜8本繰り返すような超高強度インターバルトレーニングが，全身持久力の向上に対し有効であることが明らかにされてきた．すなわち，これらのトレーニングを週に数回行うことで，きわめて短期間（1カ月程度）に全身持久力（最大酸素摂取量）だけではなく，無酸素性能力（最大酸素借）も顕著に高まる．

運動形態は，自転車，ランニング，競泳だけではなく，サーキットトレーニングなどにも代用できるため，球技スポーツのような運動種目にも応用可能なトレーニング法といえる．ただし，トレーニング時間の短縮やトレーニング量の増大による障害のリスクの軽減において有効である反面，心臓循環系，主動筋へ高負荷がかかるというリスクも理解する必要がある．

復習トレーニング

次の文章のカッコの部分に適切な言葉を入れなさい．

❶ 持久力は，全身の筋を動員する（　　　）と，ある特定の筋を繰り返し使う（　　　）の2つに分類できる．

❷ 全身持久力を評価するには，（　　　）や（　　　）など総合的能力を評価するのがよい．

❸ 乳酸の生成と（　　　）を反映する全身持久力の指標に（　　　），（　　　）がある．

❹ 長い距離をゆっくり走るトレーニングに（　　　）トレーニングがある．その目的は（　　　），（　　　）による酸化酵素の増大，（　　　），（　　　）など全身持久力の基幹をつくることである．

❺ 高地トレーニングによって，呼吸数の増加に伴う（　　　）の増大，血液性状（赤血球数やヘモグロビン量）の改善，筋の（　　　）の発達，（　　　）の増加，（　　　）の向上などが起こる．これらの複合効果によって，持久力に必要不可欠な酸素獲得能力が高まり，パフォーマンスが改善される．

❻ 高地トレーニングのマイナス要因を解決する方法として，1週間程度の高地滞在と平地滞在を交互に反復する（　　　）や，高地で生活しトレーニングは平地で行うという（　　　）がある．

❼ 高強度の全身持久力や，サッカーなどの（　　　）全身持久力を高めるために（　　　）トレーニングが有効である．強い運動（急走）で強い負荷がかかり，（　　　）の改善，（　　　）の向上などによって最大酸素摂取量，OBLAの増大が期待できる．

巻末資料

① 競技種目別　身長，体重（男子）

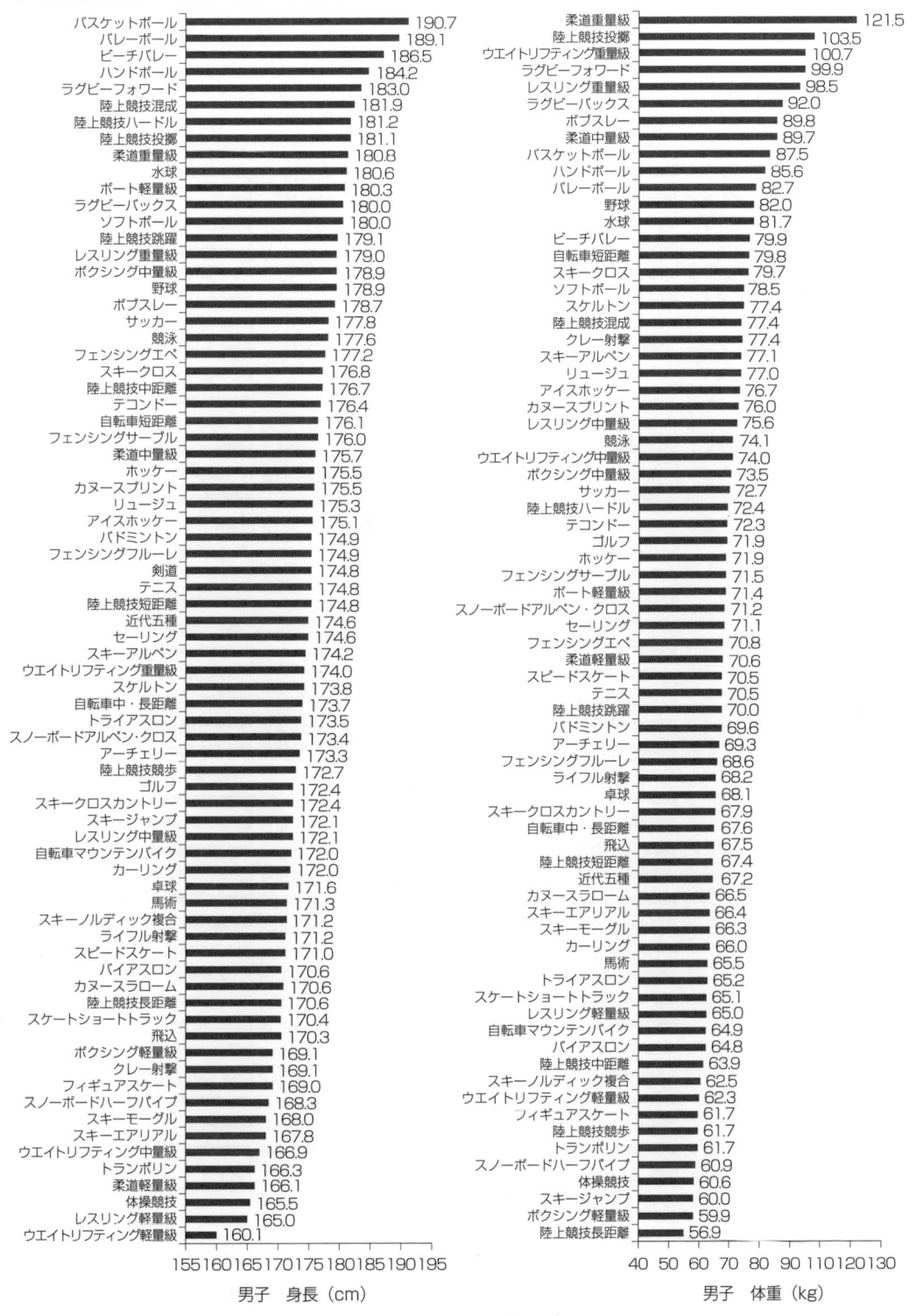

競技種目	身長(cm)
バスケットボール	190.7
バレーボール	189.1
ビーチバレー	186.5
ハンドボール	184.2
ラグビーフォワード	183.0
陸上競技混成	181.9
陸上競技ハードル	181.2
陸上競技投擲	181.1
柔道重量級	180.8
水球	180.6
ボート軽量級	180.3
ラグビーバックス	180.0
ソフトボール	180.0
陸上競技跳躍	179.1
レスリング重量級	179.0
ボクシング中量級	178.9
野球	178.9
ボブスレー	178.7
サッカー	177.8
競泳	177.6
フェンシングエペ	177.2
スキークロス	176.8
陸上競技中距離	176.7
テコンドー	176.4
自転車短距離	176.1
フェンシングサーブル	176.0
柔道中量級	175.7
ホッケー	175.5
カヌースプリント	175.5
リュージュ	175.3
アイスホッケー	175.1
バドミントン	174.9
フェンシングフルーレ	174.9
剣道	174.8
テニス	174.8
陸上競技短距離	174.8
近代五種	174.6
セーリング	174.6
スキーアルペン	174.2
ウエイトリフティング重量級	174.0
スケルトン	173.8
自転車中・長距離	173.7
トライアスロン	173.5
スノーボードアルペン・クロス	173.4
アーチェリー	173.3
陸上競技競歩	172.7
ゴルフ	172.4
スキークロスカントリー	172.4
スキージャンプ	172.1
レスリング中量級	172.1
自転車マウンテンバイク	172.0
カーリング	172.0
卓球	171.6
馬術	171.3
スキーノルディック複合	171.2
ライフル射撃	171.2
スピードスケート	171.0
バイアスロン	170.6
カヌースラローム	170.6
陸上競技長距離	170.6
スケートショートトラック	170.4
飛込	170.3
ボクシング軽量級	169.1
クレー射撃	169.1
フィギュアスケート	169.0
スノーボードハーフパイプ	168.3
スキーモーグル	168.0
スキーエアリアル	167.8
ウエイトリフティング中量級	166.9
トランポリン	166.3
柔道軽量級	166.1
体操競技	165.5
レスリング軽量級	165.0
ウエイトリフティング軽量級	160.1

競技種目	体重(kg)
柔道重量級	121.5
陸上競技投擲	103.5
ウエイトリフティング重量級	100.7
ラグビーフォワード	99.9
レスリング重量級	98.5
ラグビーバックス	92.0
ボブスレー	89.8
柔道中量級	89.7
バスケットボール	87.5
ハンドボール	85.6
バレーボール	82.7
野球	82.0
水球	81.7
ビーチバレー	79.9
自転車短距離	79.8
スキークロス	79.7
ソフトボール	78.5
スケルトン	77.4
陸上競技混成	77.4
クレー射撃	77.4
スキーアルペン	77.1
リュージュ	77.0
アイスホッケー	76.7
カヌースプリント	76.0
レスリング中量級	75.6
競泳	74.1
ウエイトリフティング中量級	74.0
ボクシング中量級	73.5
サッカー	72.7
陸上競技ハードル	72.4
テコンドー	72.3
ゴルフ	71.9
ホッケー	71.9
フェンシングサーブル	71.5
ボート軽量級	71.4
スノーボードアルペン・クロス	71.2
セーリング	71.1
フェンシングエペ	70.8
柔道軽量級	70.6
スピードスケート	70.5
テニス	70.5
陸上競技跳躍	70.0
バドミントン	69.6
アーチェリー	69.3
フェンシングフルーレ	68.6
ライフル射撃	68.2
卓球	68.1
スキークロスカントリー	67.9
自転車中・長距離	67.6
飛込	67.5
陸上競技短距離	67.4
近代五種	67.2
カヌースラローム	66.5
スキーエアリアル	66.4
スキーモーグル	66.3
カーリング	66.0
馬術	65.5
トライアスロン	65.2
スケートショートトラック	65.1
レスリング軽量級	65.0
自転車マウンテンバイク	64.9
バイアスロン	64.8
陸上競技中距離	63.9
スキーノルディック複合	62.5
ウエイトリフティング軽量級	62.3
フィギュアスケート	61.7
陸上競技競歩	61.7
トランポリン	61.7
スノーボードハーフパイプ	60.9
体操競技	60.6
スキージャンプ	60.0
ボクシング軽量級	59.9
陸上競技長距離	56.9

①〜⑧：国立スポーツ科学センター所有データ（2001年4月〜2011年3月）

② 競技種目別 等速性膝伸展・屈曲運動中の体重あたりの最大トルク（男子）

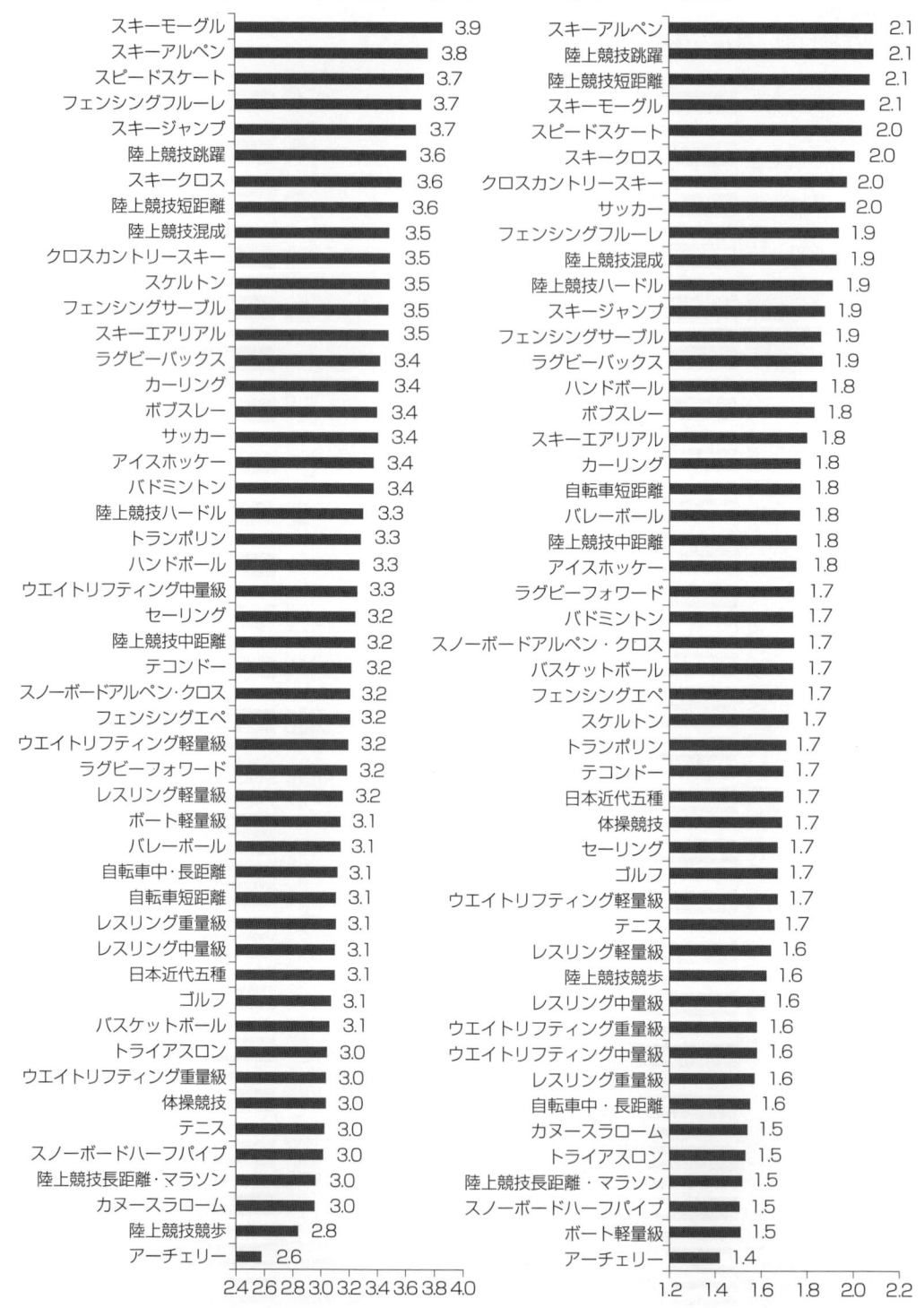

競技種目	膝関節伸展トルク (Nm/kg)	競技種目	膝関節屈曲トルク (Nm/kg)
スキーモーグル	3.9	スキーアルペン	2.1
スキーアルペン	3.8	陸上競技跳躍	2.1
スピードスケート	3.7	陸上競技短距離	2.1
フェンシングフルーレ	3.7	スキーモーグル	2.1
スキージャンプ	3.7	スピードスケート	2.0
陸上競技跳躍	3.6	スキークロス	2.0
スキークロス	3.6	クロスカントリースキー	2.0
陸上競技短距離	3.6	サッカー	2.0
陸上競技混成	3.5	フェンシングフルーレ	1.9
クロスカントリースキー	3.5	陸上競技混成	1.9
スケルトン	3.5	陸上競技ハードル	1.9
フェンシングサーブル	3.5	スキージャンプ	1.9
スキーエアリアル	3.5	フェンシングサーブル	1.9
ラグビーバックス	3.4	ラグビーバックス	1.9
カーリング	3.4	ハンドボール	1.8
ボブスレー	3.4	ボブスレー	1.8
サッカー	3.4	スキーエアリアル	1.8
アイスホッケー	3.4	カーリング	1.8
バドミントン	3.4	自転車短距離	1.8
陸上競技ハードル	3.3	バレーボール	1.8
トランポリン	3.3	陸上競技中距離	1.8
ハンドボール	3.3	アイスホッケー	1.8
ウエイトリフティング中量級	3.3	ラグビーフォワード	1.7
セーリング	3.2	バドミントン	1.7
陸上競技中距離	3.2	スノーボードアルペン・クロス	1.7
テコンドー	3.2	バスケットボール	1.7
スノーボードアルペン・クロス	3.2	フェンシングエペ	1.7
フェンシングエペ	3.2	スケルトン	1.7
ウエイトリフティング軽量級	3.2	トランポリン	1.7
ラグビーフォワード	3.2	テコンドー	1.7
レスリング軽量級	3.2	日本近代五種	1.7
ボート軽量級	3.1	体操競技	1.7
バレーボール	3.1	セーリング	1.7
自転車中・長距離	3.1	ゴルフ	1.7
自転車短距離	3.1	ウエイトリフティング軽量級	1.7
レスリング重量級	3.1	テニス	1.7
レスリング中量級	3.1	レスリング軽量級	1.6
日本近代五種	3.1	陸上競技競歩	1.6
ゴルフ	3.1	レスリング中量級	1.6
バスケットボール	3.1	ウエイトリフティング重量級	1.6
トライアスロン	3.0	ウエイトリフティング中量級	1.6
ウエイトリフティング重量級	3.0	レスリング重量級	1.6
体操競技	3.0	自転車中・長距離	1.6
テニス	3.0	カヌースラローム	1.5
スノーボードハーフパイプ	3.0	トライアスロン	1.5
陸上競技長距離・マラソン	3.0	陸上競技長距離・マラソン	1.5
カヌースラローム	3.0	スノーボードハーフパイプ	1.5
陸上競技競歩	2.8	ボート軽量級	1.5
アーチェリー	2.6	アーチェリー	1.4

男子　体重あたりの膝関節伸展トルク（Nm/kg）
※ 60 deg/秒

男子　体重あたりの膝関節屈曲トルク（Nm/kg）
※ 60 deg/秒

③ 競技種目別 垂直とび，10秒間自転車全力ペダリング中の体重あたりの最大パワー（男子）

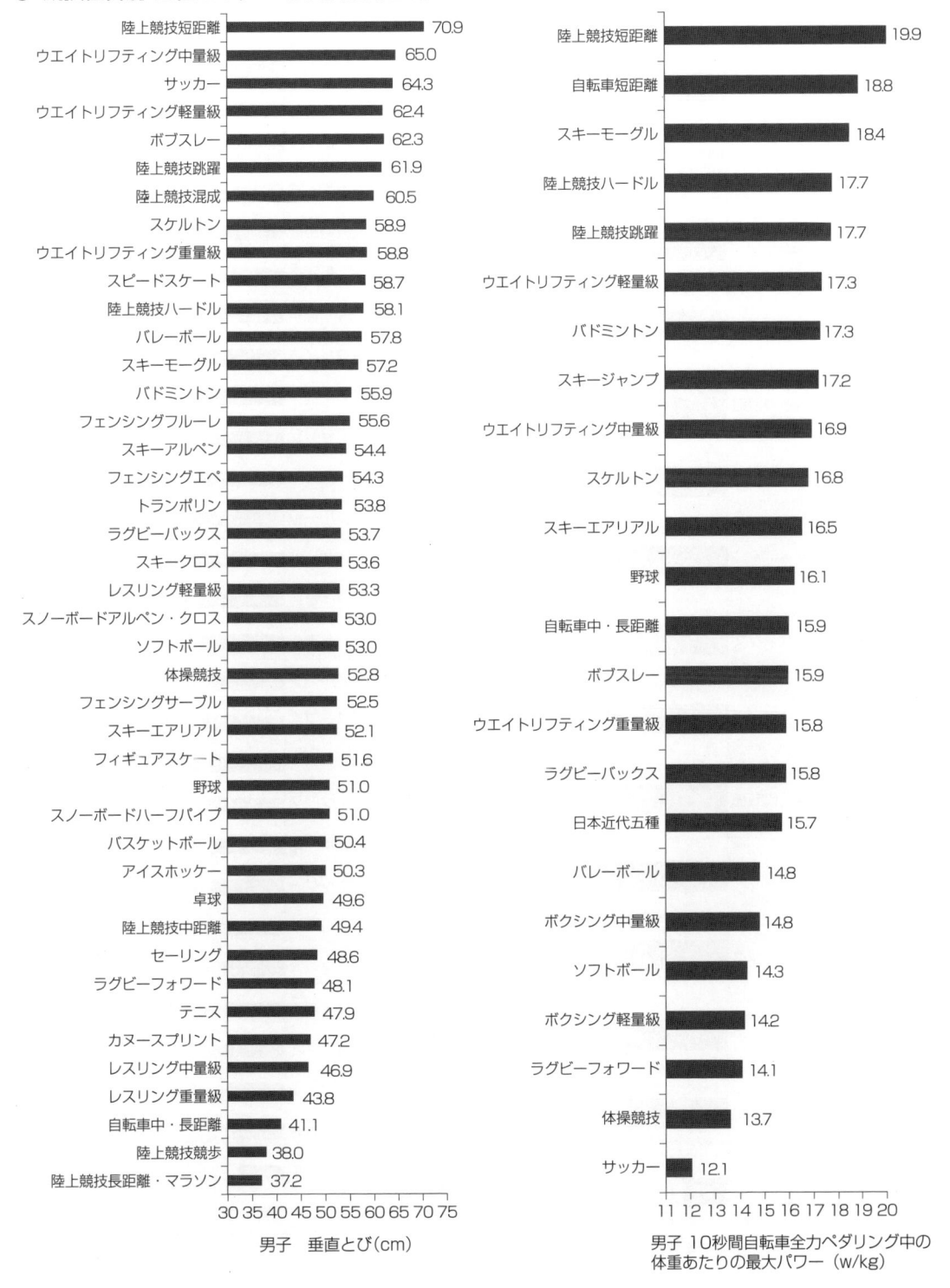

男子　垂直とび (cm)

陸上競技短距離	70.9
ウエイトリフティング中量級	65.0
サッカー	64.3
ウエイトリフティング軽量級	62.4
ボブスレー	62.3
陸上競技跳躍	61.9
陸上競技混成	60.5
スケルトン	58.9
ウエイトリフティング重量級	58.8
スピードスケート	58.7
陸上競技ハードル	58.1
バレーボール	57.8
スキーモーグル	57.2
バドミントン	55.9
フェンシングフルーレ	55.6
スキーアルペン	54.4
フェンシングエペ	54.3
トランポリン	53.8
ラグビーバックス	53.7
スキークロス	53.6
レスリング軽量級	53.3
スノーボードアルペン・クロス	53.0
ソフトボール	53.0
体操競技	52.8
フェンシングサーブル	52.5
スキーエアリアル	52.1
フィギュアスケート	51.6
野球	51.0
スノーボードハーフパイプ	51.0
バスケットボール	50.4
アイスホッケー	50.3
卓球	49.6
陸上競技中距離	49.4
セーリング	48.6
ラグビーフォワード	48.1
テニス	47.9
カヌースプリント	47.2
レスリング中量級	46.9
レスリング重量級	43.8
自転車中・長距離	41.1
陸上競技競歩	38.0
陸上競技長距離・マラソン	37.0

男子　10秒間自転車全力ペダリング中の体重あたりの最大パワー (w/kg)

陸上競技短距離	19.9
自転車短距離	18.8
スキーモーグル	18.4
陸上競技ハードル	17.7
陸上競技跳躍	17.7
ウエイトリフティング軽量級	17.3
バドミントン	17.3
スキージャンプ	17.2
ウエイトリフティング中量級	16.9
スケルトン	16.8
スキーエアリアル	16.5
野球	16.1
自転車中・長距離	15.9
ボブスレー	15.9
ウエイトリフティング重量級	15.8
ラグビーバックス	15.8
日本近代五種	15.7
バレーボール	14.8
ボクシング中量級	14.8
ソフトボール	14.3
ボクシング軽量級	14.2
ラグビーフォワード	14.1
体操競技	13.7
サッカー	12.1

④ **競技種目別 30秒間自転車ペダリング中の体重あたりの平均パワー，体重あたりの最大酸素摂取量（男子）**

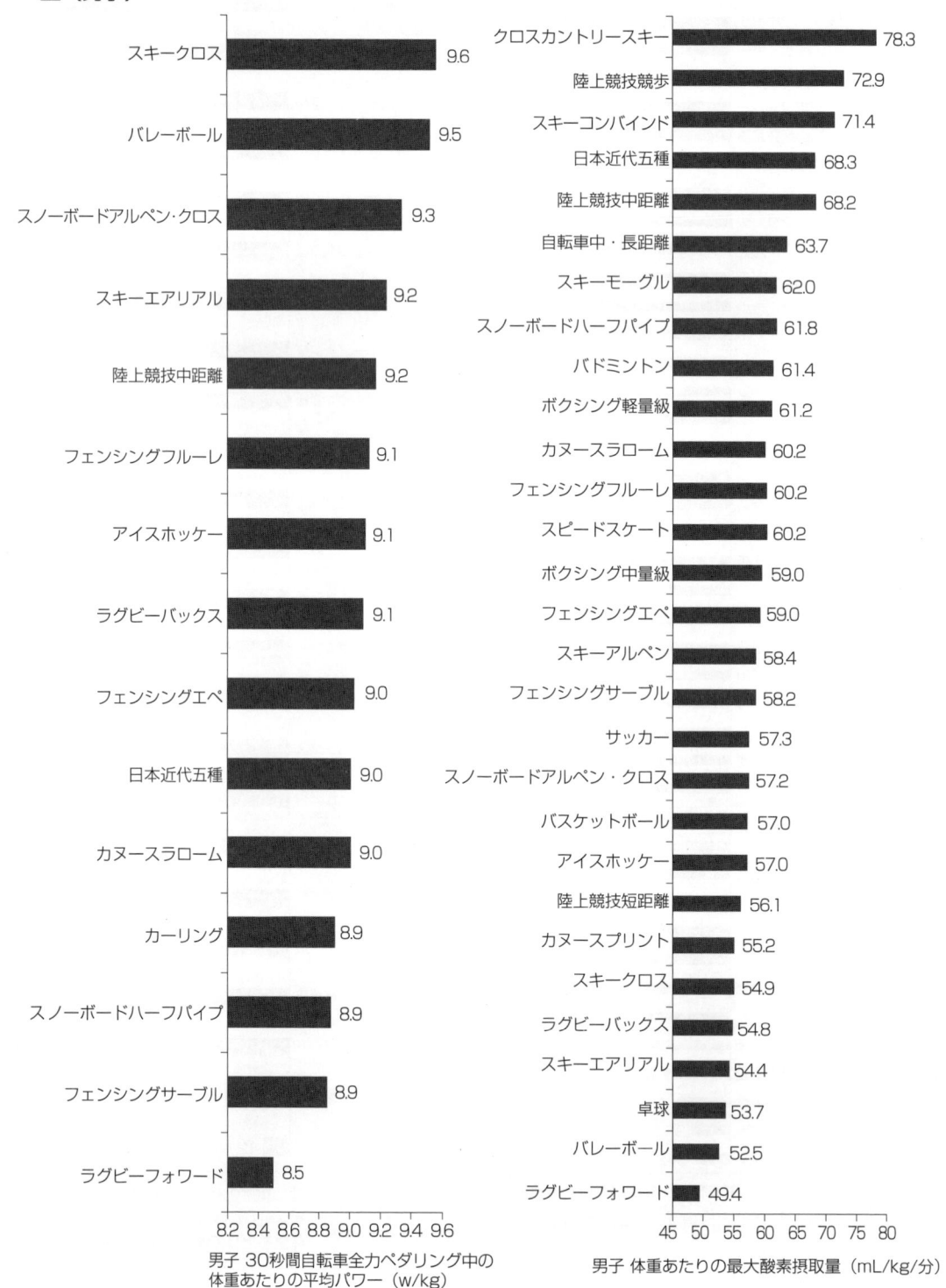

種目	男子 30秒間自転車全力ペダリング中の体重あたりの平均パワー（w/kg）
スキークロス	9.6
バレーボール	9.5
スノーボードアルペン・クロス	9.3
スキーエアリアル	9.2
陸上競技中距離	9.2
フェンシングフルーレ	9.1
アイスホッケー	9.1
ラグビーバックス	9.1
フェンシングエペ	9.0
日本近代五種	9.0
カヌースラローム	9.0
カーリング	8.9
スノーボードハーフパイプ	8.9
フェンシングサーブル	8.9
ラグビーフォワード	8.5

種目	男子 体重あたりの最大酸素摂取量（mL/kg/分）
クロスカントリースキー	78.3
陸上競技競歩	72.9
スキーコンバインド	71.4
日本近代五種	68.3
陸上競技中距離	68.2
自転車中・長距離	63.7
スキーモーグル	62.0
スノーボードハーフパイプ	61.8
バドミントン	61.4
ボクシング軽量級	61.2
カヌースラローム	60.2
フェンシングフルーレ	60.2
スピードスケート	60.2
ボクシング中量級	59.0
フェンシングエペ	59.0
スキーアルペン	58.4
フェンシングサーブル	58.2
サッカー	57.3
スノーボードアルペン・クロス	57.2
バスケットボール	57.0
アイスホッケー	57.0
陸上競技短距離	56.1
カヌースプリント	55.2
スキークロス	54.9
ラグビーバックス	54.8
スキーエアリアル	54.4
卓球	53.7
バレーボール	52.5
ラグビーフォワード	49.4

⑤ 競技種目別 身長，体重（女子）

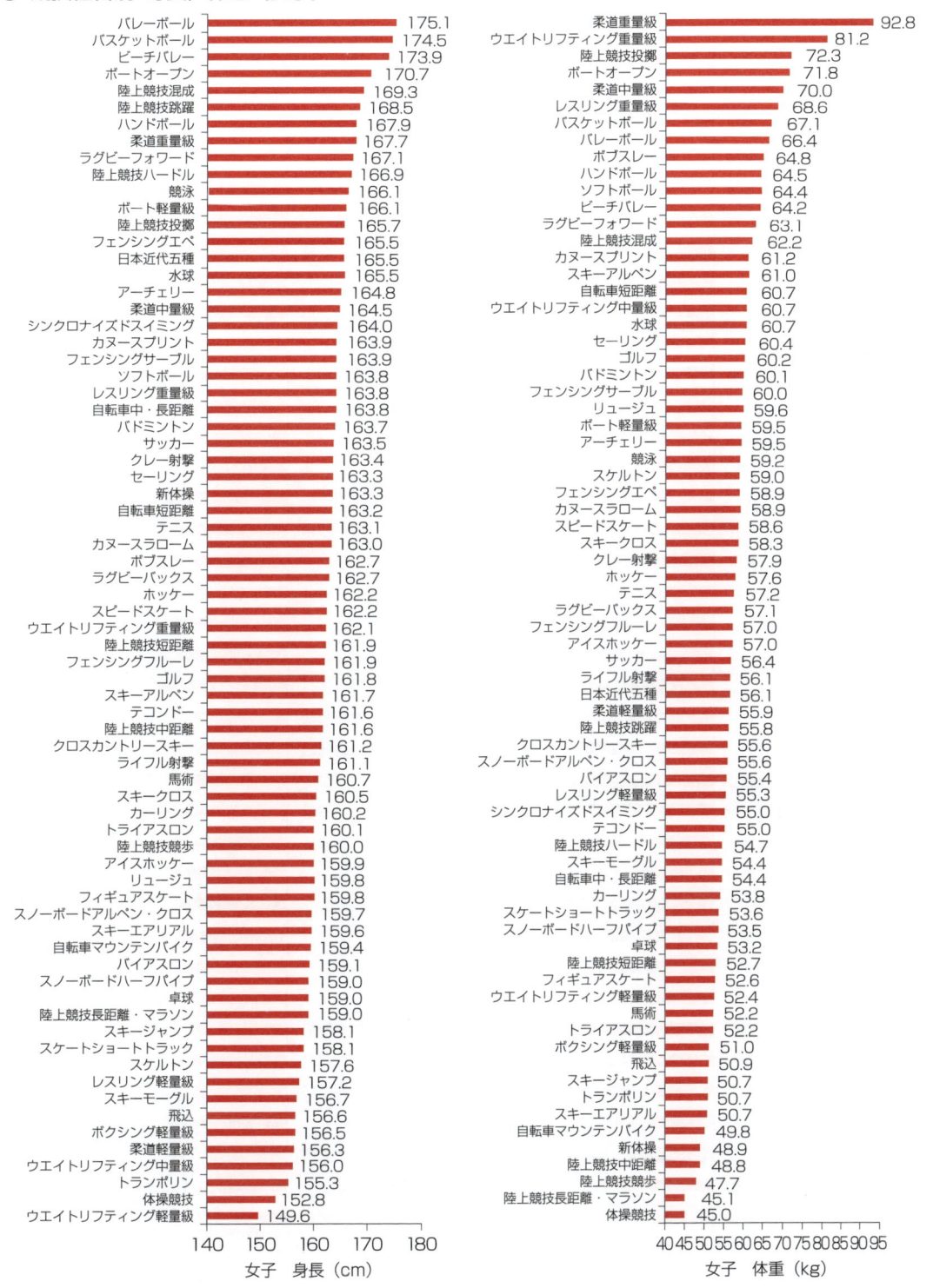

競技種目	身長(cm)
バレーボール	175.1
バスケットボール	174.5
ビーチバレー	173.9
ボートオープン	170.7
陸上競技混成	169.3
陸上競技跳躍	168.5
ハンドボール	167.9
柔道重量級	167.7
ラグビーフォワード	167.1
陸上競技ハードル	166.9
競泳	166.1
ボート軽量級	166.1
陸上競技投擲	165.7
フェンシングエペ	165.5
日本近代五種	165.5
水球	165.5
アーチェリー	164.8
柔道中量級	164.5
シンクロナイズドスイミング	164.0
カヌースプリント	163.9
フェンシングサーブル	163.9
ソフトボール	163.8
レスリング重量級	163.8
自転車中・長距離	163.8
バドミントン	163.7
サッカー	163.5
クレー射撃	163.4
セーリング	163.3
新体操	163.3
自転車短距離	163.2
テニス	163.1
カヌースラローム	163.0
ボブスレー	162.7
ラグビーバックス	162.7
ホッケー	162.2
スピードスケート	162.2
ウエイトリフティング重量級	162.1
陸上競技短距離	161.9
フェンシングフルーレ	161.9
ゴルフ	161.8
スキーアルペン	161.7
テコンドー	161.6
陸上競技中距離	161.6
クロスカントリースキー	161.2
ライフル射撃	161.1
馬術	160.7
スキークロス	160.5
カーリング	160.2
トライアスロン	160.1
陸上競技競歩	160.0
アイスホッケー	159.9
リュージュ	159.8
フィギュアスケート	159.8
スノーボードアルペン・クロス	159.7
スキーエアリアル	159.6
自転車マウンテンバイク	159.4
バイアスロン	159.1
スノーボードハーフパイプ	159.0
卓球	159.0
陸上競技長距離・マラソン	159.0
スキージャンプ	158.1
スケートショートトラック	158.1
スケルトン	157.6
レスリング軽量級	157.2
スキーモーグル	156.7
飛込	156.6
ボクシング軽量級	156.5
柔道軽量級	156.3
ウエイトリフティング中量級	156.0
トランポリン	155.3
体操競技	152.8
ウエイトリフティング軽量級	149.6

競技種目	体重(kg)
柔道重量級	92.8
ウエイトリフティング重量級	81.2
陸上競技投擲	72.3
ボートオープン	71.8
柔道中量級	70.0
レスリング重量級	68.6
バスケットボール	67.1
バレーボール	66.4
ボブスレー	64.8
ハンドボール	64.5
ソフトボール	64.4
ビーチバレー	64.2
ラグビーフォワード	63.1
陸上競技混成	62.2
カヌースプリント	61.2
スキーアルペン	61.0
自転車短距離	60.7
ウエイトリフティング中量級	60.7
水球	60.7
セーリング	60.4
ゴルフ	60.2
バドミントン	60.1
フェンシングサーブル	60.0
リュージュ	59.6
ボート軽量級	59.5
アーチェリー	59.5
競泳	59.2
スケルトン	59.0
フェンシングエペ	58.9
カヌースラローム	58.9
スピードスケート	58.6
スキークロス	58.3
クレー射撃	57.9
ホッケー	57.6
テニス	57.2
ラグビーバックス	57.1
フェンシングフルーレ	57.0
アイスホッケー	57.0
サッカー	56.4
ライフル射撃	56.1
日本近代五種	56.1
柔道軽量級	55.9
陸上競技跳躍	55.8
クロスカントリースキー	55.6
スノーボードアルペン・クロス	55.6
バイアスロン	55.4
レスリング軽量級	55.3
シンクロナイズドスイミング	55.0
テコンドー	55.0
陸上競技ハードル	54.7
スキーモーグル	54.4
自転車中・長距離	54.4
カーリング	53.8
スケートショートトラック	53.6
スノーボードハーフパイプ	53.5
卓球	53.2
陸上競技短距離	52.7
フィギュアスケート	52.6
ウエイトリフティング軽量級	52.4
馬術	52.2
トライアスロン	52.2
ボクシング軽量級	51.0
飛込	50.9
スキージャンプ	50.7
トランポリン	50.7
スキーエアリアル	50.7
自転車マウンテンバイク	49.8
新体操	48.9
陸上競技中距離	48.8
陸上競技競歩	47.7
陸上競技長距離・マラソン	45.1
体操競技	45.0

巻末資料

⑥ 競技種目別 等速性膝伸展・屈曲運動中の体重あたりの最大トルク（女子）

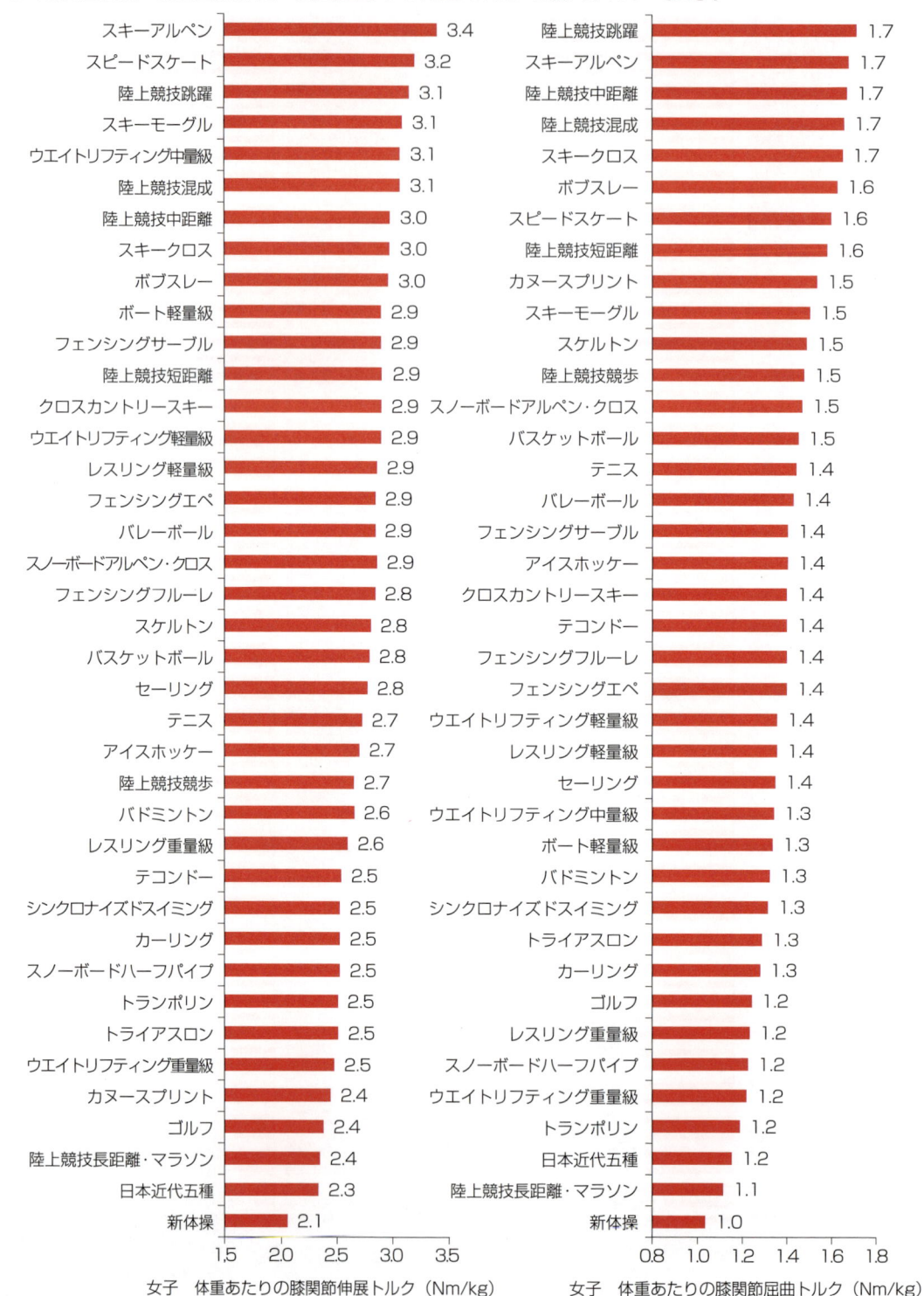

競技種目	膝伸展トルク (Nm/kg)	競技種目	膝屈曲トルク (Nm/kg)
スキーアルペン	3.4	陸上競技跳躍	1.7
スピードスケート	3.2	スキーアルペン	1.7
陸上競技跳躍	3.1	陸上競技中距離	1.7
スキーモーグル	3.1	陸上競技混成	1.7
ウエイトリフティング中量級	3.1	スキークロス	1.7
陸上競技混成	3.1	ボブスレー	1.6
陸上競技中距離	3.0	スピードスケート	1.6
スキークロス	3.0	陸上競技短距離	1.6
ボブスレー	3.0	カヌースプリント	1.5
ボート軽量級	2.9	スキーモーグル	1.5
フェンシングサーブル	2.9	スケルトン	1.5
陸上競技短距離	2.9	陸上競技競歩	1.5
クロスカントリースキー	2.9	スノーボードアルペン・クロス	1.5
ウエイトリフティング軽量級	2.9	バスケットボール	1.5
レスリング軽量級	2.9	テニス	1.4
フェンシングエペ	2.9	バレーボール	1.4
バレーボール	2.9	フェンシングサーブル	1.4
スノーボードアルペン・クロス	2.9	アイスホッケー	1.4
フェンシングフルーレ	2.8	クロスカントリースキー	1.4
スケルトン	2.8	テコンドー	1.4
バスケットボール	2.8	フェンシングフルーレ	1.4
セーリング	2.8	フェンシングエペ	1.4
テニス	2.7	ウエイトリフティング軽量級	1.4
アイスホッケー	2.7	レスリング軽量級	1.4
陸上競技競歩	2.7	セーリング	1.4
バドミントン	2.6	ウエイトリフティング中量級	1.3
レスリング重量級	2.6	ボート軽量級	1.3
テコンドー	2.5	バドミントン	1.3
シンクロナイズドスイミング	2.5	シンクロナイズドスイミング	1.3
カーリング	2.5	トライアスロン	1.3
スノーボードハーフパイプ	2.5	カーリング	1.3
トランポリン	2.5	ゴルフ	1.2
トライアスロン	2.5	レスリング重量級	1.2
ウエイトリフティング重量級	2.5	スノーボードハーフパイプ	1.2
カヌースプリント	2.4	ウエイトリフティング重量級	1.2
ゴルフ	2.4	トランポリン	1.2
陸上競技長距離・マラソン	2.4	日本近代五種	1.2
日本近代五種	2.3	陸上競技長距離・マラソン	1.1
新体操	2.1	新体操	1.0

女子　体重あたりの膝関節伸展トルク（Nm/kg）
※ 60 deg/秒

女子　体重あたりの膝関節屈曲トルク（Nm/kg）
※ 60 deg/秒

⑦ 競技種目別 垂直とび，10秒間自転車全力ペダリング中の体重あたりの最大パワー（女子）

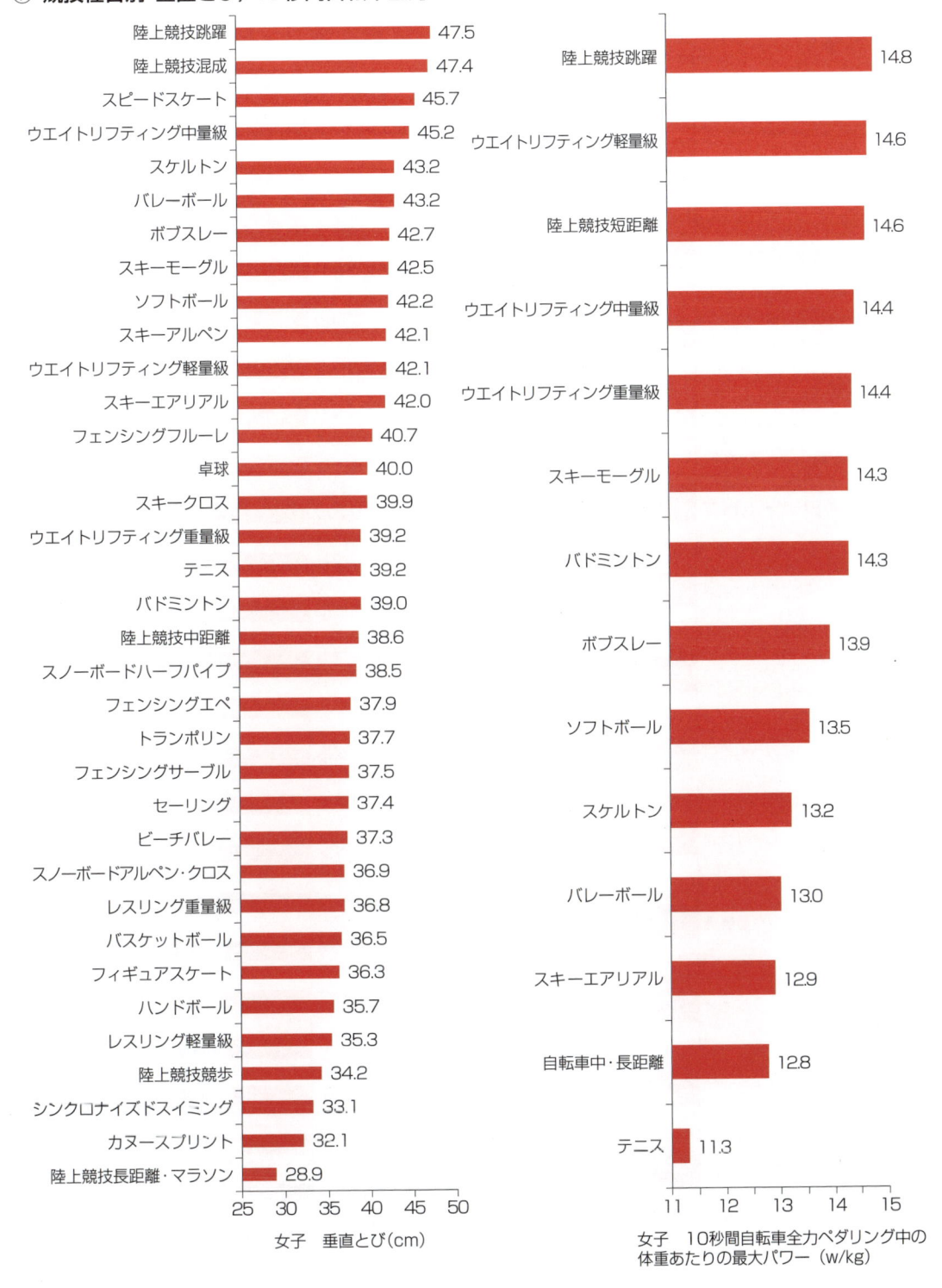

女子　垂直とび(cm)

陸上競技跳躍	47.5
陸上競技混成	47.4
スピードスケート	45.7
ウエイトリフティング中量級	45.2
スケルトン	43.2
バレーボール	43.2
ボブスレー	42.7
スキーモーグル	42.5
ソフトボール	42.2
スキーアルペン	42.1
ウエイトリフティング軽量級	42.1
スキーエアリアル	42.0
フェンシングフルーレ	40.7
卓球	40.0
スキークロス	39.9
ウエイトリフティング重量級	39.2
テニス	39.2
バドミントン	39.0
陸上競技中距離	38.6
スノーボードハーフパイプ	38.5
フェンシングエペ	37.9
トランポリン	37.7
フェンシングサーブル	37.5
セーリング	37.4
ビーチバレー	37.3
スノーボードアルペン・クロス	36.9
レスリング重量級	36.8
バスケットボール	36.5
フィギュアスケート	36.3
ハンドボール	35.7
レスリング軽量級	35.3
陸上競技競歩	34.2
シンクロナイズドスイミング	33.1
カヌースプリント	32.1
陸上競技長距離・マラソン	28.9

女子　10秒間自転車全力ペダリング中の体重あたりの最大パワー（w/kg）

陸上競技跳躍	14.8
ウエイトリフティング軽量級	14.6
陸上競技短距離	14.6
ウエイトリフティング中量級	14.4
ウエイトリフティング重量級	14.4
スキーモーグル	14.3
バドミントン	14.3
ボブスレー	13.9
ソフトボール	13.5
スケルトン	13.2
バレーボール	13.0
スキーエアリアル	12.9
自転車中・長距離	12.8
テニス	11.3

⑧ 競技種目別 30秒間自転車ペダリング中の体重あたりの平均パワー，体重あたりの最大酸素摂取量（女子）

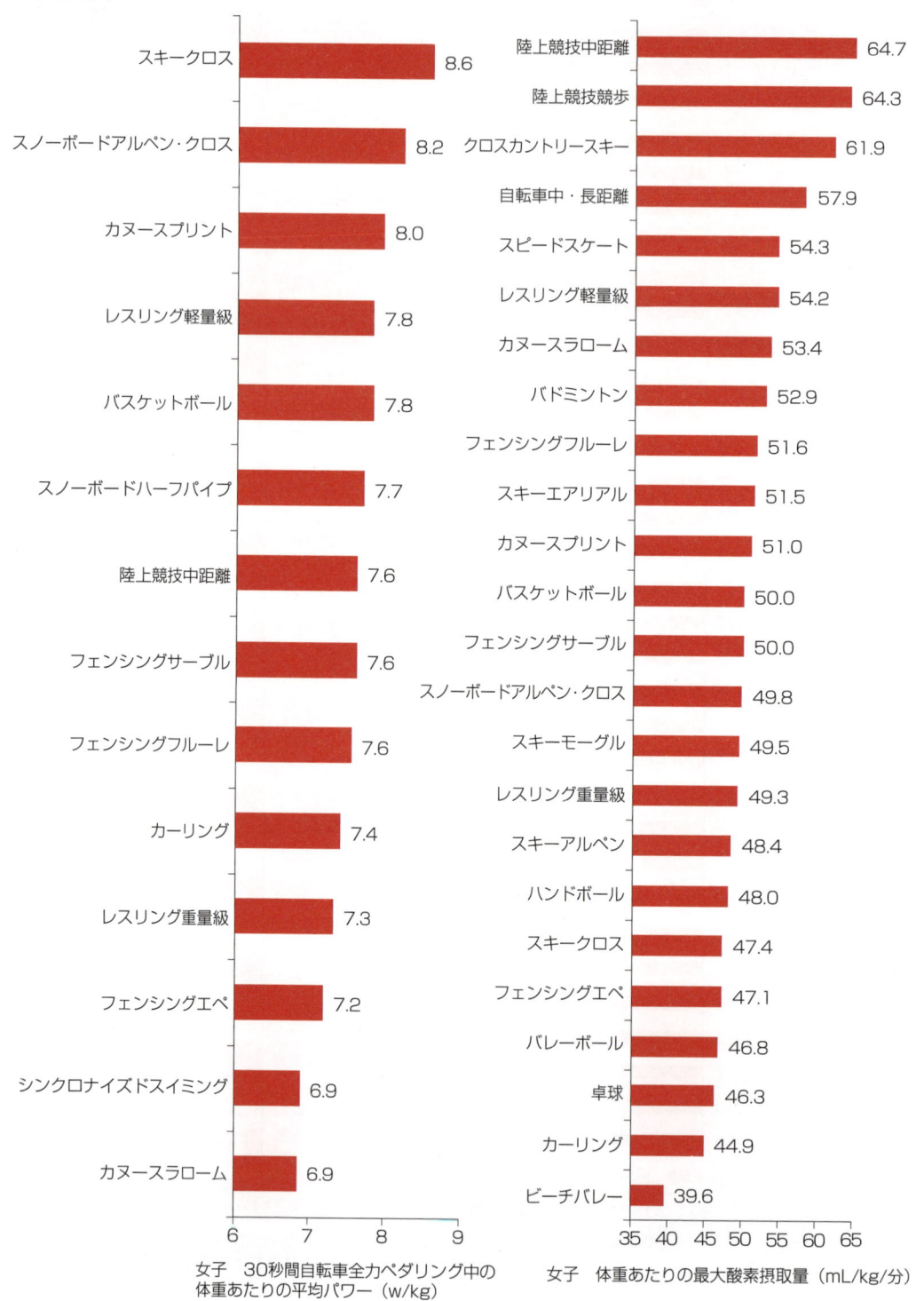

競技種目	女子 30秒間自転車全力ペダリング中の体重あたりの平均パワー（w/kg）
スキークロス	8.6
スノーボードアルペン・クロス	8.2
カヌースプリント	8.0
レスリング軽量級	7.8
バスケットボール	7.8
スノーボードハーフパイプ	7.7
陸上競技中距離	7.6
フェンシングサーブル	7.6
フェンシングフルーレ	7.6
カーリング	7.4
レスリング重量級	7.3
フェンシングエペ	7.2
シンクロナイズドスイミング	6.9
カヌースラローム	6.9

競技種目	女子 体重あたりの最大酸素摂取量（mL/kg/分）
陸上競技中距離	64.7
陸上競技競歩	64.3
クロスカントリースキー	61.9
自転車中・長距離	57.9
スピードスケート	54.3
レスリング軽量級	54.2
カヌースラローム	53.4
バドミントン	52.9
フェンシングフルーレ	51.6
スキーエアリアル	51.5
カヌースプリント	51.0
バスケットボール	50.0
フェンシングサーブル	50.0
スノーボードアルペン・クロス	49.8
スキーモーグル	49.5
レスリング重量級	49.3
スキーアルペン	48.4
ハンドボール	48.0
スキークロス	47.4
フェンシングエペ	47.1
バレーボール	46.8
卓球	46.3
カーリング	44.9
ビーチバレー	39.6

参考文献・参考情報

2章

AAHPERD, Health-related physical fitness test manual (1980).

ACSM Position Stand, The recommended quantity and quality of exercise for developing and maintaining cardiorespiratory and muscular fitness in healthy adults, *MSSE*, **22**, 265 (1990).

ACSM Position Stand, The recommended quantity and quality of exercise for developing and maintaining cardiorespiratory and muscular fitness, and flexibility in healthy adults, *MSSE*, **30**, 975 (1998).

ACSM Position Stand, Quantity and quality of exercise for developing cardiorespiratory, musculoskeletal, and neuromotor fitness in apparently healthy adults: guidance for prescribing exercise, *MSSE*, **43**, 1334 (2011).

W. M. Haskell, What to look for in assessing responsiveness to exercise in a health context, *MSSE* (Suppl), **33**, S454 (2001).

R. Jurca, M. J. Lamonte, C. B. Barlow, J. B. Kampert, T. S. Church, and S. N. Blair, Association of muscular strength with incidence of metabolic syndrome in men, *MSSE*, **37**, 1849 (2005).

R. Jurca, M. J. Lamonte, T. S. Church, C. P. Eatnest, S. J. Fitzgerald, C. B. Barlow, A. N. Jordan, J. B. Kampert, S. N. Blair, Associations of muscle strength and aerobic fitness with metabolic syndrome in men, *MSSE*, **36**, 1301 (2004).

P. T. Katzmarzyk, R. Ross, T. S. Church, S. N. Blair, and I. Janssen, Metabolic syndrome, obesity, and motality, *Diabetes Care*, **28**, 391 (2005).

M. J. Lamonte, C. E. Barlow, R. Jurca, J. B. Kampert, T. S. Church, and S. N. Blair, Cardiorespiratory fitness is inversely associated with the incidence of metabolic syndrome, *Circulation*, **112**, 505 (2005).

Y. Matsuzawa, K. Tokunaga, K. Kotani, Y. Keno, T. Kobayashi, and S. Tarui, Simple estimation of ideal body weight from body mass index with the lowest morbidity, *Diabetes Res. Clin. Pract.*, **10**, S159 (1990).

中谷敏昭, 総合リハビリテーション, **35**(7), 688 (2007).

3章

新体力テスト実施要項, 文部科学省ホームページ http://www.mext.go.jp/a_menu/sports/stamina/03040901.htm (2013年10月現在)

5章

広瀬統一・福林徹, 骨成長と思春期, 子どもと発育発達, 3(4), 杏林書院 (2006).

冨樫健二, 身体組成からみた思春期, 子どもと発育発達, 3(4), 杏林書院 (2006).

6章

K. Miyaguchi, S. Demura, H. Sugiura, M. Uchiyama, M. Noda, *J. Strength Cond. Res.*, Oct 27(10), 2791 (2013).

7章

宮口和義ほか, 幼児におけるラダー運動の成就度の年代差・性差および走能力との関係, スポーツパフォーマンス研究 2, 2010.

宮口和義ほか，体育測定評価研究，**10**，11（2010）．

M. Suzuki, I. Miyagi et al., *Neuroimage*, **23**, 1020 (2004).

9章

樋口幸治，障害者スポーツによる生活習慣予防・アンチエイジング，総合リハビリテーション，**41**(1)，76（2013）．

伊佐地隆，障害者の運動と体力，総合リハビリテーション，**31**，711（2003）．

伊佐地隆，体力の測定；全身持久力について，総合リハビリテーション，**35**(9)，889（2007）．

医療体育研究会編，『脳血管障害の体育』，大修館書店（1994），p. 42．

三木由美子ほか，女子車椅子バスケットボール選手の全身持久力とトレーニング中の心拍数変動からみた運動強度，障害者スポーツの研究，第14号，第14回日本障害者スポーツ研究会報告（2005），p. 44～45．

西河英隆ほか，車いす陸上選手の身体組成と筋力及び全身持久力の評価，障害者スポーツの研究，第14号，第14回日本障害者スポーツ研究会報告（2005），p. 14～15．

J. Rose, W. L. Haskell, J. G. Gamble, A comparison of oxygen pulse and respiratory exchange ratio in cerebral palsied and nondisabled children, *Arch. Phys. Med. Rehabil.*, **74**, 702 (1993).

A. Satonaka, N. Suzuki, M. Kawamura, The relationship between aerobic fitness and daily physical activities in nonathletic adults with atheto-spastic cerebral palsy, *Gazz. Med. Ital.*, **170**, 103 (2011).

Y. Tobimatsu et. al., Cardiorespiratory endurance in people with cerebral palsy measured using an arm ergometer, *Arch. Phys. Med. Rehabil.*, **79**, 991 (1998).

O. Verschuren, T. Takken, Aerobic capacity in children and adolescents with cerebral palsy, *Research in Developmental Disabilities,* **31**, 1352 (2010).

12章

B. L. Allmann, C. L. Rice, Neuromuscular fatigue and aging: central and peripheral factors, *Muscle Nerve*, **25**, 785 (2002).

B. L. Cho, D. Scarpace, N. B. Alexander, Tests of stepping as indicators of mobility, balance, and fall risk in balance-impaired older adults, *Journal of the American Geriatrics Society*, **52**, 1168 (2004).

W. J. Chodzko-Zajiko, Physical fitness, cognitive performance, aging, *Medicine & Science in Sports & Exercise*, **23**, 868 (1991).

出村慎一ほか，在宅高齢者の包括的な転倒リスク評価の取り組みと問題点，体力科学，**61**(1)，6（2012）．

出村慎一ほか，在宅高齢者の各種日常生活動作（ADL）における相互の関連性と難易度の検討，教育医学，**44**(3)，500（1999）．

出村慎一ほか，在宅高齢者の日常生活動作の特徴，体育学研究，**44**(2)，112（1999）．

W. Dite, V. A. Temple, Archives of Physical Medicine & Rehabilitation, **83**, 1566 (2002).

R. E. Dustman, R. Emmerson, D. Shearer, Physical activity, age and neuropsychological function, *Journal of Aging and Physical Activity*, **2**, 143 (1994).

藤原勝夫ほか，『身体機能の老化と運動訓練―リハビリテーションから健康増進まで―』，日本出版サービス（1996）．

郭　輝ほか，太極拳及びカンフー体操を取り入れた転倒予防トレーニングの体力低下高齢者の体力に及ぼす効果の検証―従来型転倒トレーニングとの比較―，体力科学，**56**，241（2007）．

橋本有子ほか，胸囲および腰椎可動性の加齢変化，体育学研究，**55**，333（2010）．

F. Horak, C. Shupert, A. Mirka, Components of postural dyscontrol in elderly: a review,

Neurobiology of Aging, **10**, 727（1989）.

石原昭彦, 骨格筋の萎縮に伴う脊髄運動ニューロンの変化, 医学のあゆみ, **193**, 629（2000）.

加藤雄一郎ほか, 高齢期における身体活動と健康長寿, 体力科学, **55**, 191（2006）.

金　禧植ほか, 高齢者の日常生活における活動能力の因子構造を評価のための組テスト作成, 体育学研究, **38**, 187（1993）.

衣笠　隆ほか, 男性（18〜83歳）を対象にした運動能力の加齢変化の研究, 体力科学, **43**, 343（1994）.

木藤伸宏ほか, 高齢者の転倒予防としての足指トレーニングの効果, 理学療法学, **28**(7), 313（2001）.

児玉千稲ほか, 軽度認知機能障害・認知症の診断尺度としてのセットテストの標準化に関する検討, 認知神経科学, **10**, 109（2008）.

C. A. Laughton, M. Slavin, K. Katdare, L. Nolan, J. F. Bean, D. C. Kerrigan, E. Phillips, L. A. Lipsitz, J. J. Collins, Aging, muscle activity, and balance control: physiologic changes associated with balance impairment, *Gait & Posture*, **18**, 101（2003）.

S. R. Lord, R. C. Fitzpatrick, Choice stepping time: a composite measure of falls risk in older people, *J. Gerontol. A. Biol. Sci. Med. Sci.*, **56**, M627（2001）.

R. Luria, N. Meiran, Increased control demand results in serial processing, *Psychological sciences*, **16**, 833（2005）.

三ツ石泰大ほか, 地域在住女性高齢者の運動指導ボランティアとしての活動が身体機能と認知機能に与える影響, 体力科学, **62**(1), 79（2013）.

宮本謙三ほか, 加齢による敏捷性機能の変化過程— Ten Step Test を用いて—, 理学療法学, **35**(2), 35（2008）.

村田　伸ほか, 地域在住女性高齢者の開眼片足立ち保持時間と身体機能との関連, 理学療法科学, **23**(1), 79（2008）.

中谷敏昭ほか, 一般在宅健常高齢者を対象としたアップアンドゴーテストの有用性, 日本運動生理学雑誌, **15**(1), 1（2008）.

中谷敏昭ほか, 身体動揺に及ぼすバランスボール・トレーニングの効果, 体力科学, **50**, 643（2001）.

M. L. Nieto, S. M. Albert, L. A. Morrow, J. Saxton, Cognitive status and physical function in older African Americans, *Journal of the American Geriatrics Society*, **56**, 2014（2008）.

坂本美香ほか, アルツハイマー病の重症度と手指機能に関する研究—簡易上肢機能検査による下位項目の検討を通して, 日老医誌, **43**, 616（2006）.

A. Shumwy-Cook, M. Woollacott, 田中繁監訳,『モーターコントロール：運動制御の理論と臨床応用』, 医歯薬出版（2004）, p. 120〜176.

相馬優樹ほか, 重心移動課題における足関節筋の同時収縮に及ぼす加齢の影響, 体力科学, **59**, 143（2010）.

J. R. Stroop, Studies of interference in serial verbal reactions, *Journal of experimental psychology*, **18**, 643（1935）.

須釜　聡ほか, 加齢によるアキレス腱コラーゲンの可溶性変化—ラットのアキレス腱におけるコラーゲンの生化学的分析—, 理学療法学, **23**(5), 269（1996）.

竹森節子ほか, 重心動揺検査—検査条件及びその検査結果に関する検討—, *Equilibrum. Res.*, **58**, 614（1999）.

田井中幸司ほか, 在宅高齢女性の転倒経験と体力, 体力科学, **56**, 279（2007）.

漆畑俊哉ほか, 女性前期高齢者のバランス能力を改善させる運動介入：無作為比較試験, 体力科学, **59**, 97（2010）.

参考文献，参考情報

J. Verghese, R. B. lipton, M. J. katz, C. B. Hall, C. A. Derby, G. Kuslansky, A. F. Ambrose, M. Sliwinski, H. Buschke, Leisure activities and the risk of dementia in the elderly, *The New England Journal of Medicine*, **348**, 2508 (2003).

J. Weuve, J. H. Kang, J. E. Manson, M. M. Breteler, J. H. Ware, F. Grodstein, Physical activity, including walking, and cognitive function in older women, *JAMA*, **292**, 1454 (2004).

山崎勝男 監，『スポーツ精神生理学』，西村書店東京出版編集部 (2012)，pp. 266〜285．

安永明智ほか，高齢者の主観的幸福感に及ぼす運動習慣の影響，体育学研究，**47**，173 (2002)．

尹　智暎ほか，高齢者における認知機能と身体機能の関連性の検討，体力科学，**59**，313 (2010)．

推薦図書

1章

アメリカスポーツ医学会，日本体力医学会体力科学 編集員会 監訳，『運動処方の指針』，南江堂 (2006).

出村慎一・村瀬智彦，『健康・スポーツ科学入門（改訂版）』，大修館書店 (2010).

猪飼道夫・江橋慎四郎 共著，『体育の科学的基礎』，東洋館出版社 (1965).

猪飼道夫，『運動生理学入門』，杏林書院 (1967).

金子公宥・福永哲夫 編，『バイオメカニクス：身体運動の科学的基礎』，杏林書院 (2004).

宮下充正 編著，『体力を考える：その定義・測定と応用』，杏林書院 (1997).

長澤純一 編著，『体力とはなにか：運動処方のその前に』，ナップ (2007).

2章

アメリカスポーツ医学会，日本体力医学会体力科学 編集員会 監訳，『運動処方の指針』，南江堂 (2006).

ビル・フォーラン，中村千秋，有賀雅史，山口英裕 監訳，『スポーツコンディショニング：パフォーマンスを高めるために』，大修館書店 (2010).

健康局がん対策・健康増進課，「健康づくりのための身体活動基準2013」(2013年).

宮下充正 編著，『体力を考える：その定義・測定と応用』，杏林書院 (1997).

M. A. Rogers, J. M. Hagberg, W. H. Martin 3rd, A. A. Ehsani, and J. O. Holloszy, Decline in VO2max with aging in master athletes and sedentary men, *J. Appl. Physiol.*, **68**, 2195 (1990).

田中喜代次・木塚朝博・大藏倫博 編著，『健康づくりのための体力測定評価法』，金芳堂 (2007).

山本順一郎 編，『運動生理学（第2版）』〈エキスパート管理栄養士養成シリーズ〉，化学同人 (2010).

3章

American College of Sports Medicine 編，日本体力医学会体力科学編集委員会 監，『運動処方の指針—運動負荷試験と運動プログラム（原書第7版）』，南江堂 (2006).

青木純一郎・内藤久士 監，『ACSM 健康にかかわる体力の測定と評価—その有意義な活用を目ざして』，市村出版 (2010).

B. Gregory ほか編，青木純一郎・内藤久士 監訳，『ACSM 健康にかかわる体力の測定と評価—その有意義な活用を目ざして』，市村出版 (2010).

(社) 日本体育学会 監，『最新スポーツ科学事典』，平凡社 (2006).

4章

出村慎一，『「例解」健康・スポーツのための統計学』，大修館書店 (2004).

5章

猪飼道夫・高石昌弘，『身体発育と教育』，〈教育学叢書19〉，第一法規出版，(1967).

柏口新二，『子どものスポーツ障害こう防ぐ，こう治す』，主婦と生活社 (2008).

正木健雄，『脳をきたえる「じゃれつき遊び」』，小学館 (2004).

宮下充正，『年齢に応じた運動のすすめ：わかりやすい身体運動の科学』，杏林書院 (2004).

中村和彦，『子どものからだが危ない！今日からできるからだづくり』，日本標準 (2004).

推薦図書

財団法人日本体育協会，公認スポーツ指導者養成テキスト（2004）．

時美利彦，『脳の話』〈岩波新書461〉，岩波書店（1971）．

6章

安部隆・琉子友男，『これからの健康とスポーツの科学（第2版）』，講談社サイエンティフィク（2005）．

深代千之，『運動も勉強もできる脳を育てる「運脳神経」のつくり方』，ラウンドフラット（2009）．

柏口新二，『こどものスポーツ障害こう防ぐ，こう治す』，主婦と生活社（2008）．

立花龍司，『少年スポーツ体のつくり方』，西東社（2008）．

7章

深代千之，『運動も勉強もできる脳を育てる「運脳神経」のつくり方』，ラウンドフラット（2009）．

立花龍司，『少年スポーツ体のつくり方』，西東社（2008）．

8章

テューダ・ボンパ，尾縣貢・青山清英 監訳，『競技力向上のトレーニング戦略：ピリオダイゼーションの理論と実際』，大修館書店（2006）．

ジョージ・ディンティマン，ボブ・ワード，トム・テレズ，小林寛道 監訳，『スポーツスピード・トレーニング』，大修館書店（1999）．

村木征人，『スポーツ・トレーニング理論』，ブックハウス・エイチディ（1994）．

日本化学会 編，『スポーツと化学（第5版）』，〈一億人の化学1〉，大日本図書（1996）．

9章

津山直一 監，『標準リハビリテーション医学（第2版）』，医学書院（2000）．

12章

エリッヒ・バイヤー 編，朝岡正雄 監訳，『スポーツ科学辞典』，大修館書店（1993）．

中村隆一ほか，『基礎運動学＝Fundamental kinesiology』，医歯薬出版（2008）．

日本スポーツ心理学会 編，『スポーツ心理学事典』，大修館書店（2008）．

岡田守彦ほか編，『高齢者の生活機能増進法』，ナップ（2000）．

大築立志，『「たくみ」の科学』，朝倉書店（1988）．

上田雅夫 監，『スポーツ心理学ハンドブック』，実務教育出版（2000）．

山崎勝男 監，『スポーツ精神生理学』，西村書店東京出版編集部（2012）．

用語解説

カッコ内に関連するページを示す.

行動体力（p. 2, 3）
自らが外界に働きかける能力で、行動を起こし、行動を続け、行動を調整する能力を行動体力という。行動体力には、身体的な要素、意志や意欲などの精神的な要素をあげることができる。一般的に「体力」というと行動体力をさす場合が多い.

防衛体力（p. 2, 3）
外界からのさまざまなストレスの刺激に対して、からだの機能を一定に保つための能力（恒常性）を防衛体力という。ストレスには環境的ストレス、生物的ストレス、物理的ストレス、化学的ストレス、精神的ストレスの5種類がある.

パワー（p. 3）
単位時間に発揮された仕事量のことで、仕事率（効率）とされる。パワーは筋力×スピード（仕事量÷時間）で定義される。そのため、発揮される仕事量と時間で分けると、無酸素パワー・有酸素パワー、ローパワー・ミドルパワー・ハイパワー、力型パワー・中間型パワー・スピード型パワーに分類することができる.

運動成績関連体力（p. 12）
運動パフォーマンスに関わる体力で、筋力やパワーなど行動を起こす能力、筋持久力や全身持久力など行動を続ける能力、敏捷性、平衡性、柔軟性、巧緻性など行動を調整する能力が要素とされる。とくに、各種のスポーツで高いパフォーマンスを有する場合に必要とされる体力のことである.

健康関連体力（p. 12）
健康的な生活を行ううえで必要な体力で、筋力と筋持久力（筋機能）、全身持久力、柔軟性、身体組成がその要素とされる。これらの能力が劣っている人では、病気に罹患するリスクが高くなることが明らかにされている。1998年（平成10）に改定された体力・運動能力調査（新体力テスト）では、健康関連体力を評価するテストとして上体起こしや20mシャトルランが新たに加えられた.

体力テスト（p. 26）
活動・行動の源となる能力を総合した体力を診断・評価することを狙って考案された。「行動体力」のうち、精神的能力を除き、行動を起こす能力（筋力、パワー）、行動を持続する能力（全身持久力、筋持久力）、行動を調整する力（平衡性、敏捷性、巧緻性、柔軟性）を評価できる.

体格指数（body mass index. BMI）（p. 29, 30）
体重（kg）を身長（m）の二乗で除した数を算出し、日本肥満学会の設定基準をもとに、体格の肥満ややせの程度を判定する値。冠疾患などの健康問題との関わりが最も低い値は22（kg/m^2）であることが、疫学的調査から明らかになっている.

筋パワー（p. 31）
筋力と筋収縮のスピードの積で、瞬発力とも表される.

平衡性（p. 34）
内耳の前庭器で受容される身体の傾きや全身の加速度運動に対する感覚と、視界から受容する視覚情報、そして関節、筋、腱の深部感覚や皮膚などからの体性感覚によって、からだの向きや傾き、動きを知覚し調整する能力.

柔軟性（p. 35）
当該の関節可動域が、そのすべての範囲に渡って動かせる能力のこと。潤滑な動きや怪我の予防にも貢献する.

敏捷性（p. 35）
身体を素早く方向転換する能力。素早い反応のためには、神経伝達および筋収縮が速やかに行われなければならない.

代表値（p. 47）
標本（データ）を代表する値として、平均値や中央値、最頻値を求め、ある母集団の特性を数値で表すことができる.

標準偏差（standard deviation. SD）（p. 48）
標本（データ）のバラツキ具合をみるために、個々のデータと平均値との距離（偏差）の平方根を求め、標本の分布特性を示す.

段階評価（p. 49, 50）
簡便に全体に対する位置づけや他者との比較が可能なように、一定範囲の測定値に同じ得点を与える方法。一般的に、3点法（劣る、普通、優れる）や5点法（劣る、やや劣る、普通、やや優れる、優れる）の段階評価得点を、あらかじめ大量のデータをもとに設定しておく.

用語解説

T 得点 (p. 51)
あるデータの平均値からの距離を平均値と標準偏差を用いて算出し，母集団に占める個人の相対的位置づけがわかるように変換した数値．平均値が 50 となるように規格化されており，この得点は偏差値ともよばれる．

PHV 年齢（身長発育速度ピーク年齢）(p. 58)
身長発育が最も盛んとなる年齢を PHV (peak height velocity) 年齢と呼ぶ．女子の平均は 10.6 歳，男子では 12.8 歳といわれる．PHV 年齢を基準に，からだの発達の様子が大きく変化する．

骨化 (p. 60)
発生過程において骨組織がつくられることを示す．骨の端のほうにある骨端線の箇所にカルシウムが蓄えられ徐々に硬い骨に変化し，骨が成長する．

第二次性徴 (p. 62)
性によって異なる特徴，性的特徴を略称して性徴というが，第二次性徴は性腺および性器以外の身体に認められる性の形質をさす．乳房，体毛，筋骨格系，皮膚，頭髪，音声および心理や行動などが含まれる．

生理的年齢 (p. 67)
同じ暦年齢でも，生物的成熟度が異なる場合もある．暦年齢に対し，生物学的時間を基準にした年齢で示したほうがよりその生物的特性を表すと考えられる．これが生理的年齢といわれるもので，骨年齢が生理的年齢として最も信頼されている．

早熟 (p. 68)
成熟が普通より早いこと，すなわち，発育発達の到達点に，同年齢の者のなかで，多くの者より早くに達することをいう．ヒトのからだの場合，形態的外観で発育の到達点を判断するのではなく，内部の生理的変化および機能において到達点をみるほうが重要とされる．

ゴールデンエイジ (p. 74)
10 歳前後の少年期のこと．神経系の発達が完成に近づき，体力もある程度備わってくる少年期の 2〜3 年間だけ「即座の習得」が可能になることから，この年代を特別にゴールデンエイジと呼ぶ．

即座の習得 (p. 74)
難しいからだの動きをたった 1 回みただけで模倣できる能力のこと．たとえば大人の場合，かなり苦労して覚えなければならない一輪車走行を，小さな子どもの場合，短時間にできるようになるのもこの即座の習得能力が優れているからである．

扁平足 (p. 79)
足の裏側には土踏まずがあり，立ったり歩いたりするときに，体重を支えるバネのような役目をしている．扁平足は，この土踏まずがなくなり，足の裏全体が平らになっている状態をいう．遺伝するが，生活習慣で治すことができる．

浮き趾（ゆび）(p. 79)
床面に接していない足の趾のことで，立っているときに足の趾が地面に接しておらず，歩いているときにも，足のつま先まで体重の移動が行われない場合をいう．よって，足跡に趾の跡が残らない状態が認められる．

保護伸展反応 (p. 79)
身体を突然動かされたときに，防御的に四肢を伸展して頭部を保護したり，支持して姿勢を安定させようと働く反応のこと．たとえば，赤ちゃんを抱き上げ，急激に身体を傾けると，傾けた方向に両腕を伸ばす．これが保護伸展反応（パラシュート反応ともいう）である．

背筋力指数 (p. 86)
背筋力を体重で除した値を背筋力指数と呼ぶ．育児に必要な指数は「1.5」，親の介護に必要な指数は「2.0」といわれている．1997 年（平成 9）に行われた最後の全国調査によると，14 歳女子の背筋力指数は「1.4」で，17 歳女子でも「1.5」に達していなかった．女子中高生の半数が「子育ても危ういレベルにしか育っていない」ことが考えられる．また，17 歳男子の背筋力指数は，30 年前の 11 歳男子と同レベル（「2.2」）まで低下しており，すでに「親の介護も危ういレベルに近づきつつある」といわれている．

前頭前野 (p. 87)
前頭連合野とも呼ばれ，脳の活動性の調節に重要な役割を果たす．記憶や学習と深く関連する．とくにはじめて体験する作業などで，この領域の活動が必要であり，慣れてくると別の脳の領域に任されるようになる．前頭前野は系統発生的にヒトで最もよく発達した脳部位であるとともに，個体発生的には最も遅く成熟する脳部位である．

ラダー運動 (p. 89)
ラダーとは梯子の意味だが，梯子状のトレーニング器具を地面に敷き，そのマスのひとつひとつをステップしていく運動である．ステップは，ひとつのマスを 1 歩ずつ順次進んで行く最も基本的なスタイルから，サイドステップを取り入れたり，ステップに身体の捻りを加えたりするものなど，競技特性に応じてさまざまなバリエーションが活用されている．

運動有能感 (p. 89)
運動の上達や成功の体験から得られる「やればできる」

という，運動に対する自信や自分に対する自信のこと．運動有能感は，幼少年期の運動経験によって基礎がつくられると考えられており，スポーツ活動を通して「できた！」とか「やった！」といった運動の上達や成功の体験が，子どもの運動有能感の形成に大きく影響する．

新体力テスト（p. 98）
文部科学省が国民の体力・運動能力の現状を明らかにするとともに，体育・スポーツの指導と行政上の基礎資料を得ることを目的に，毎年実施している調査．

競技パフォーマンス（p. 99）
競技スポーツの実践の場で発揮される能力．

競技特性（p. 99）
競技ごとに必要とされる特有の性質．

多用途筋機能評価装置（p. 101）
全身の各部位（各関節）の筋力を計測し，解析することができる装置．

マットスイッチ（p. 101）
垂直とびやリバウンドジャンプなどをリアルタイムで計測し，解析することができる装置．

自転車エルゴメーター（p. 101）
自転車に模した装置で，車輪を回転させ，それを運動負荷として負荷量と生体の反応を観察するための装置．

呼気ガス分析器（p. 101）
ブレスバイブレス方式で，ひと呼吸ごとの酸素摂取量や二酸化炭素排出量を算出できる装置．

ラボラトリーテスト（p. 104）
専門的な機材や装置を利用して実験室などで行うテスト．

フィールドテスト（p. 104）
専門的な機材や装置を利用せず，グラウンドや体育館などで簡単に実施することができるテスト．

脳性麻痺（p. 116）
厚生労働省の定義によると，胎児または乳児に生じた脳のさまざまな非進行性病変による運動機能障害ということになる〔欧米では幼児までを含む．英：cerebral palsy，CP〕．

脊髄損傷（p. 117）
脊髄に加わった外傷や虚血などの循環障害により脊髄が器質的に損傷されること．痛みやしびれ，四肢および体幹の運動障害，膀胱や直腸障害などが生じる．損傷の程度により完全損傷（四肢麻痺）と不全損傷（損傷部位により症状が異なる）に分かれる．

脳血管障害（p. 117）
脳梗塞，脳出血，およびクモ膜下出血により生じた脳の器質的病変に由来する運動障害や高次脳機能障害などの障害である．

パラリンピック（Paralympic）（p. 118）
4年に1度，オリンピック終了後にオリンピック開催都市で行われる，障がい者を対象とした世界最高峰のスポーツ競技大会．夏季と冬季で開催される．もう一つの(Parallel)＋オリンピック（Olympic）という意味．

サルコペニア（p. 124）
加齢による筋量の減少とそれに伴う筋機能の低下．筋力や筋パワーの低下を引き起こし，高齢者のQOLの維持や転倒リスクの増大へとつながるため，筋量の減少を防ぐことは重要である．

速筋線維（p. 124）
収縮力には優れるが，持久力では劣る筋線維．

遅筋線維（p. 124）
収縮力には劣るが，持久力には優れる筋線維．

最大酸素摂取量（p. 126）
$\dot{V}O_2max$で表す．持久力の指標．

全身持久力（p. 133）
多くの筋を使った運動をできるだけ長く持続する能力のこと．持続するためにはエネルギー供給が不可欠で，10分以上続く低強度の運動では，有酸素性のエネルギー供給能力が，1分〜数分以内の高強度の運動では，無酸素性のエネルギー供給能力も重要となる．最大酸素摂取量や最大酸素借などで評価される．

筋持久力（p. 133）
特定の筋を用いて，同じ動作を疲労せずに繰り返し継続する能力のこと．筋線維のなかでも，持久筋と呼ばれる筋をトレーニングする必要がある．懸垂や上体起こしなどで評価される．

技能関連体力（p. 144）
平衡性や敏捷性，協調性，スピード，パワー，反応時間といった要素から構成される円滑な動作を行うために必要な体力．競技者のスキルや日常生活動作の遂行を支える体力である．

重心動揺（p. 150）
身体の平衡性（バランス）を保持する能力を評価する指標のひとつ．足圧中心を計測し，その振幅，面積，位置，軌跡長から評価する方法が広く用いられている．

調整力（p. 155）
複雑な身体運動に必要な神経・筋系の調整能力のことで，自分のからだを思い通りにうごかすための姿勢調整や滑らかで機敏な動きを支える総合的能力．この能力には，敏捷性，平衡性，協応性，緩衝性，予測性が含まれる．

用語解説

認知機能（p. 156）
知覚から判断に至るすべての情報処理過程を包含するもので，具体的には，知覚，注意，記憶，学習，思考，判断といった知的で目にはみえない心の働きのこと．

筋断面積（p. 162）
腕部や脚部の筋肉の横断面積のことで，磁気共鳴画像法（MRI）などを用いて測定することができる．筋断面積は筋量ともよく相関する．したがって，筋量の発達の程度や各種トレーニングの筋肥大に対する効果を把握するために，多くの研究で筋断面積の測定が用いられている．

最大挙上重量（1 RM）（p. 164，p. 15 も参照）
RM とは repetition maximum の略．1 回の動作反復が可能な重量の最大値を示す．

筋力トレーニング（p. 164）
最大筋力を増加させるためのトレーニングで，レジスタンストレーニングともいう．神経系の要因を高める最大筋力型によるトレーニングと，筋系の要因を高める筋肥大型トレーニングに大きく分けられる．

最大筋力型によるトレーニング（p. 164）
高重量・低回数反復を用いたトレーニング．最大筋力，筋パワーは大きく増加する．ウエイトリフティングなどの競技で取り入れられている．

筋肥大型によるトレーニング（p. 165）
筋断面積（筋量）の増大のため，中程度の重量・比較的高回数反復を用いたトレーニング．

乳酸性代謝閾値（p. 173）
運動強度の増加に伴って，エネルギー基質は脂質から糖主体へと移行する．この際に乳酸が生成され，血中へ放出される．放出された乳酸は肝臓や非活動筋などで酸化（除去）されるが，除去能力を上回る乳酸が生成・放出されると，血中乳酸濃度は高まる．乳酸濃度の高まり始める強度のことを乳酸性代謝閾値と呼び，マラソンなどの低強度の運動を長時間継続する全身持久力の指標となる．

酸素借（p. 174）
運動を開始すると，必要なエネルギーを生成するために酸素摂取量が上昇する．しかし，その運動に必要な酸素摂取量（酸素需要量）に達するまでに，通常数十秒の時間を要す．その間，無気的なエネルギー供給によってエネルギーをまかなうことになり，これを酸素借と呼ぶ．単位時間あたりの酸素借は，運動強度が高強度になるほど大きくなるが，総酸素借が最大となるのは，2～4 分程度の最大運動時であり，これを最大酸素借と呼ぶ．

OBLA（onset of blood lactate accumulation）（p. 175）
血中乳酸濃度が 4 mmol/L に達する運動強度のこと．乳酸の除去と生成の均衡が取れる最大強度（最大乳酸定常）を推定するための指標．15～30 分程度で終了する運動時の全身持久力の指標となる．

索　引

アルファベット

% fat	29
1RM	15, 127, 164
AACD	158
ADL	144
BMI	21, 22, 29, 30
Equi Test	154
FFM	29
Four Square Step Test（FSST）	147
FT 繊維	64
ICF	112
JISS	100
LBM	29
LSD トレーニング	176
LT	173
LT インターバル	177
LT 強度	174
MLSS	175
OBLA	175
PHV 年齢	58
QOL	13, 144
Rapid Step Test	147
SD	48
ST 繊維	64
TST	146
T スコア評価表	102
T 得点（T スコア）	51
$\dot{V}O_2max$	18, 32, 115, 126, 136, 173
$\dot{V}O_2peak$	115
Z 得点	50

あ

アイソメトリック	31
握力	31
足関節方略	151
足把持力	153
アミノ酸の取り込み	128
アレルギー	87
アンドロゲン	61
インターバルトレーニング	177, 181, 182
浮き趾	79
運動	63
運動開始年齢	139
運動習慣	138
運動神経	73
運動制御	146
運動成績関連体力	12
運動前野	88
運動単位の動員能力	162
運動の中止	139
運動パフォーマンス	132
運動不足	85
運動有能感	89
横断的研究	44

か

開眼片足立ち	34, 153
外傷性脊髄損傷者	117
外乱応答バランス能力	153
下肢切断者	117
カスケード	92
下半身型（洋なし型）肥満	22
花粉症	87
紙ボールサッカー	90
加齢関連認知低下	158
間隔尺度	45
間欠的運動	175
記述統計	46
技能関連体力	144
協応性	155
境界点	49, 50
競技特性	99
競技パフォーマンス	99
協調性	93
筋萎縮	146
筋系の要因	162
筋持久力	30, 133, 172
筋繊維	163
筋線維組成	163
筋断面積	162
筋パワー	167
筋肥大	165
筋肥大型	165
筋量	124
筋力	30, 167
筋力トレーニング	164
クーリングダウン	34
車いすダンススポーツ競技	120
車いすトレッドミル	114
グレーディング	148
クロスカントリー走	181
健康関連体力	12, 13, 144
健康関連体力の構成要素	14
健康づくりのための身体活動基準 2013	19
恒常性	4
巧緻性	73, 148
高地滞在平地トレーニング法	180
高地トレーニング	177
高地―平地反復法	179
行動体力	2, 3, 26, 86, 98
行動体力の分類	6
行動の遅延	146
呼気ガス分析器	101
国立スポーツ科学センター	100
腰方略	151
50 m 3 往復走	105
50 m 走	36
50 m 方向変換走	105
骨化	60
骨端線	60
骨年齢	67
コーディネーショントレーニング	92
コーディネーション能力	92
コホート的研究	44
ゴールデンエイジ	74

索引

さ

最高酸素摂取量	115, 126
最高心拍数	136
最大挙上重量	127, 164
最大筋力	124
最大筋力値	165
最大酸素摂取量	18, 32, 115, 129, 136, 173
最大乳酸定常	175
最頻値	48
サーキットトレーニング	181
サルコペニア	124
酸素借	174
酸素需要量	175
持久筋	172
持久力	172
姿勢制御能力	152
膝伸展筋力	124
シット・アンド・リーチ	20
質の高い生活	13
自転車エルゴメーター	101
ジャグリング	92
縦断的研究	44
重度身体障がい者	120
柔軟性	20, 35, 149
10 m 障害物歩行	32, 155
手指動作	149
順序尺度	46
ジョイスティック	121
障害	112, 113
障がい者	112
障がい者スポーツ	118
障がい者の体力	113
生涯スポーツ	132
上肢エルゴメーター	114
上体起こし	31, 134
上半身型（りんご型）肥満	22
除（体）脂肪率	29
除（体）脂肪量	29
神経系の要因	162
神経支配比	146
身体組成	21
身体的体力	12
新体力テスト	28, 98
伸張―短縮サイクル	168
身長発育速度ピーク年齢	58
推測統計学	47
数量化	45
スキャモンの発育曲線	61
一般型	61, 72
神経型	61, 62, 72
生殖型	61, 62
リンパ系型	61, 62
ストループ効果	157
ストループテスト	157
ストレッサー	3
スペーシング	148
スポーツの語源	88
生活機能・障害・健康の国際分類	112
生活の質	144
正規分布	49
性差	67
成熟度	68
性徴	62
成長軟骨	75
成長軟骨層	59
静的バランス能力	153
性ホルモン	60
生理学的体力	12
生理的年齢	67
全身持久力	17, 32, 116, 133, 136, 172, 173
全身単純反応時間	147
ぜんそく	87
前頭前野	87
操作力	73
早熟	68
足圧中心	152
即座の習得	74
測定	45
測定学	44
測定尺度	45
測定評価	44
速度（スピード）	167
速筋繊維	64, 124, 163
ソフトボール投げ	36

た

体格	28
体格指数	21, 22, 29, 30
体型	28
体脂肪率	29
体脂肪量	29
体重	29
耐糖能異常	126
第二次性徴	62
代表値	47
タイプⅡ繊維	64, 124
タイプⅠ繊維	64, 124
タイミング	148
タイムドアップアンドゴー	154
体力	2, 12, 99, 113, 126
体力・運動能力調査	28, 134
体力学	44
体力章検定	44
体力テスト	26, 45
体力の組み立て	7
体力の構成	5
体力評価	44
立ち幅とび	31
ダブルダッチ	93
多用途筋機能評価装置	101
段階評価	49, 50
タンデムウォーク	154
タンデムバランス	154
力―速度関係	167
力と速度の関係	8
遅筋	173
遅筋繊維	64, 124, 163
中央値	47
中枢性運動麻痺	118
長座体前屈	35, 150
調整力	126, 155
土踏まず形成	79
低強度・低速度のトレーニング	166
低酸素	178
低酸素状態	167
定性変数	45
低体重	30
定量変数	45
テスト・バッテリー	26
同化ホルモン	166
統計	45
動作開始の素早さ	145
動作切り替えの素早さ	145
動作の速さ	145
同時収縮	151
動的バランス能力	153
糖尿病予備軍	126
トレーナビリティ	140, 168
ドロップジャンプ	169

な

内臓脂肪型肥満	22
20ｍシャトルラン	32, 104, 134
日常生活動作	144
乳酸性代謝閾値	173
乳酸耐性	175
認知機能	156
年齢	66
脳血管障害	117
脳性麻痺者	116
アテトーゼ型	116
痙直型	116

は

背筋力指数	86
背筋力の低下	85
廃用症候群	145
白質（脳）	93
発育曲線	67
パラリンピック	118, 119
パワー	3
晩熟	68
反動動作	168
ハンドボール投げ	36
反応時間	145, 146
反復横とび	35
肥満	21, 30
評価	46
標準偏差	48
標本	46
比率尺度	45
敏捷性	145
敏捷性体力	35
ファイブ・コグ検査	158
ファンクショナルリーチ	34, 153
フィールドテスト	104
伏臥上体そらし	35
不正規分布	49
踏み出し方略	151
プレ・ゴールデンエイジ	75
文脈干渉効果	78
閉眼片足立ち	126
平均値	47
平衡機能	150
平衡性	34
平衡性体力	150
ペグ移動	149
ペース走	177
変動練習	78
扁平足	79
防衛体力（生命体力）	2, 3, 26, 86, 98
保護伸展反応	79
母集団	47

ま

マットスイッチ	101
豆運び	148
無作為抽出	46
無酸素性作業閾値	32
名義尺度	46
メタボリックシンドローム	15, 22
免疫反応	87

や

有効支持基底面	151
有酸素トレーニング	128
4方向選択反応時間	147

ら

ラダー運動	89
落下棒反応	146
ラボラトリーテスト	104
立位体前屈	35
暦年齢	66
レジスタンストレーニング	164
連続ジャンプ（リバウンドジャンプ）	169
6分間歩行	32

執筆者略歴

池田　達昭（いけだ　たつあき）
筑波大学大学院人間総合科学研究科修了
現在　独立行政法人日本スポーツ振興センター　国立スポーツ科学センター　研究員
専門　体力学，トレーニング科学
博士（体育科学）

後藤　一成（ごとう　かずしげ）
筑波大学大学院体育科学研究科修了
現在　立命館大学スポーツ健康科学部　准教授
専門　トレーニング科学，運動生理学
博士（体育科学）

寺田　恭子（てらだ　きょうこ）
筑波大学大学院体育研究科修了
現在　名古屋短期大学現代教養学科　教授
専門　アダプテッド・スポーツ科学，車いすダンススポーツ
体育学修士

中谷　敏昭（なかたに　としあき）
筑波大学大学院体育研究科修了
現在　天理大学体育学部　教授
専門　体力測定評価，体力トレーニング論，運動生理学，バドミントン
博士（医学）

鍋倉　賢治（なべくら　よしはる）
筑波大学大学院体育科学研究科修了
現在　筑波大学体育系　教授
専門　体力学，マラソン
教育学博士

星野　聡子（ほしの　さとこ）
早稲田大学大学院人間科学研究科修了
現在　奈良女子大学生活環境学部　教授
専門　スポーツ精神生理学，スポーツ生理学
博士（人間科学）

宮口　和義（みやぐち　かずよし）
金沢大学大学院自然科学研究科修了
現在　石川県立大学教養教育センター　教授
専門　体育方法，測定評価，体力トレーニング論
博士（学術）

（五十音順）

はじめて学ぶ　健康・スポーツ科学シリーズ 5　**体力学**

第1版　第1刷	2014年2月10日	
第7刷	2025年2月10日	

検印廃止

JCOPY〈出版者著作権管理機構委託出版物〉
本書の無断複写は著作権法上での例外を除き禁じられています．複写される場合は，そのつど事前に，出版者著作権管理機構（電話 03-5244-5088, FAX 03-5244-5089, e-mail: info@jcopy.or.jp）の許諾を得てください．

本書のコピー，スキャン，デジタル化などの無断複製は著作権法上での例外を除き禁じられています．本書を代行業者などの第三者に依頼してスキャンやデジタル化することは，たとえ個人や家庭内の利用でも著作権法違反です．

編　　者　中谷　敏昭
発 行 者　曽根　良介
発 行 所　㈱化学同人
〒600-8074　京都市下京区仏光寺通柳馬場西入ル
編 集 部　TEL 075-352-3711　FAX 075-352-0371
企画販売部　TEL 075-352-3373　FAX 075-351-8301
振　替　01010-7-5702
e-mail　webmaster@kagakudojin.co.jp
URL　https://www.kagakudojin.co.jp
印刷　創栄図書印刷㈱
製本　藤原製本

Printed in Japan　©T. Nakatani et al. 2014　無断転載・複製を禁ず　ISBN978-4-7598-1703-4
乱丁・落丁本は送料小社負担にてお取りかえいたします．

はじめて学ぶ 健康・スポーツ科学シリーズ

● シリーズ編集委員 ●
中谷敏昭(天理大学)・鵤木秀夫(兵庫県立大学)・宮西智久(仙台大学)

各巻B5判・200〜240頁・2色刷

★ シリーズの特長 ★

◎ 健康・スポーツ科学, 体育系の大学, 専門学校で学ぶ1, 2年生を対象とした教科書シリーズ. さまざまな専門コースに進む前の基礎づくりに役立つ, 必須の科目をそろえた.

◎ 高等学校の生物や物理, 保健体育で学んだ内容と, 大学の専門分野で学ぶ内容を結びつけられるよう, 学びやすい構成に配慮した.

◎ 図表や写真を豊富に取り入れ, 各章ごとに学ぶポイントや役立つ知識, 復習トレーニングを掲載. 大学の講義で学ぶ楽しさと感動が味わえる.

シリーズラインナップ 〈全12巻〉
（■：既刊　■：未刊）

1 解剖学 224頁
齋藤健治【編】山田 洋・大山卞圭悟【著】

2 生理学 224頁
須田和裕【編】村上秀明・石津貴之・長谷川博・依田珠江【著】

3 スポーツ生理学 232頁
冨樫健二【編】秋間 広・石井好二郎・大槻 毅・片山敬章・河合美香・川田裕樹・今 有礼・髙橋英幸・瀧澤一騎・西島 壮・前田清司・宮木亜沙子・山口太一【著】

4 スポーツバイオメカニクス 240頁
宮西智久【編】岡田英孝・藤井範久【著】

5 体力学 220頁
中谷敏昭【編】池田達昭・後藤一成・寺田恭子・鍋倉賢治・星野聡子・宮口和義【著】

6 スポーツ・健康栄養学 240頁
坂元美子【編】赤田みゆき・賀屋光晴・武田ひとみ【著】

7 スポーツ医学【外科】
宮川俊平【編】石井壮郎・金岡恒治・金森章浩・坂根正孝・竹村雅裕・西野衆文・野澤大輔・原 友紀・福田 崇・向井直樹【著】

8 スポーツ医学【内科】 232頁
赤間高雄【編】浅川 伸・伊東和雄・内田 直・児玉 暁・坂本静男・清水和弘・曽根博仁・夏井裕明・難波 聡・渡部厚一【著】

9 アスレティックトレーニング 232頁
鹿倉二郎・鶴池柾叡【編】泉 秀幸・岩﨑由純・上松大輔・近江あゆみ・佐保 豊・篠原純司・陣内 峻・中村千秋・細川由梨【著】

10 衛生学：健康な環境づくりを支援する 240頁
近藤雄二【編】奥野久美子・久保博子・坂手誠治【著】

11 健康づくりのための運動の科学 200頁
鵤木秀夫【編】柴田真志・髙見和至・寺田恭子・冨樫健二【著】

12 スポーツ・運動・パフォーマンスの心理学 240頁
髙見和至【編】葦原摩耶子・小笠原正志・島本好平・杉山哲司・瀧元誠樹・武田大輔・土屋裕睦・豊田則成・蓑内 豊【著】

詳細情報は, 化学同人ホームページをご覧ください. https://www.kagakudojin.co.jp